Il court, il court, le *furet* des Abers

POL'art®

Aux Éditions Alain Bargain

Dans la collection ***POL'ART :***

Serge Le Gall
- Sombre dessein à Pont-Aven
- Meurtres du côté de chez Proust
- Eaux-fortes à Sainte-Marine

Loïc Gourvennec
- Le râle du basson

Yves Horeau
- Monsieur Butterfly

Renée Bonneau
- Nature morte à Giverny *(épuisé)*
- Séquence fatale à Dinard *(épuisé)*
- Sanguine sur la Butte

Stéphane Jaffrézic
- Toiles de fond à Concarneau
- Le Rubis de Châteauneuf-du-Faou

Michèle CORFDIR

Il court, il court, le furet des Abers

Collection

ENQUÊTES & SUSPENSE

Quadri Signe - Editions Alain Bargain
125, Vieille Route de Rosporden - 29000 Quimper
E-mail : editions.alain.bargain@wanadoo.fr
Site Internet : perso.wanadoo.fr/editions.bargain

PROLOGUE

C'est décidé.
Cela se passerait au bout du promontoire,
face à la mer.

Le fauteuil roulant se mettrait à descendre la pente,
lentement, très lentement.
Ce serait comme le début d'un morceau de musique,
quand on cherche ses notes en tapotant sur le clavier.
Un à un, les rayons des roues refléteraient le soleil.
Le bandage caoutchouté épouserait les aspérités du sol,
se comprimerait, s'écraserait.
Un caillou plus gros que les autres
manquerait de tout arrêter.
Mais le poids du véhicule,
allié à l'inclinaison de la pente,
aurait raison de l'obstacle.
Les éclats lumineux s'accéléreraient.
Les notes tâtonnantes deviendraient une mélodie.
Pourtant le paysage ne bougerait pas encore.
La mer serait immensément bleue et vide ;
la ligne d'horizon, tranchée comme au rasoir ;
le ciel, tout aussi bleu, tout aussi vide.
Quand les roues du fauteuil auraient fait un tour complet,
alors seulement le paysage commencerait à basculer.

L'horizon remonterait brusquement.
Les rochers avanceraient, becs et griffes dehors.
Tout en bas, les gencives des écueils,
pleines de bave et de crocs, mâcheraient
la chair ultramarine des vagues.
A partir de là,
la vitesse acquise ne permettrait plus d'atermoiement.
Il y aurait des grincements et des éclatements,
des ressorts qui tressautent,
une armature qui se démantèle,
et les cris de l'infirme arrimée à son siège
par les courroies de maintien.
Des cahots brutaux ébranleraient l'engin.
La structure métallique serait au bord de la dislocation.
Pourtant, le véhicule résisterait.
Tanguant, oscillant, il ne verserait pas mais foncerait,
au contraire, tout droit vers l'à-pic.
Il atteindrait le bord du précipice.
Rebondirait.
Et disparaîtrait dans le vide.

Oui, c'est comme ça que cela se passerait.
Comme ça que la chose se ferait.

I

Vendredi 10 juillet 1998.

Pour Henri Le Barzic, c'était un jeu. Un jeu auquel il gagnait assez souvent pour avoir sans cesse envie de recommencer.

Lorsqu'il était petit, il le pratiquait déjà, à la manière des enfants. Adolescent, il avait décroché. Trop timide, trop introverti pour ça. Plus tard, une fois sorti des errances brumeuses de l'âge ingrat, quand il s'était reconnu dans l'homme qu'il était devenu, il avait repris le jeu là où il l'avait laissé, mais en lui apportant des développements, des perfectionnements qu'un petit garçon aurait été incapable d'imaginer.

Debout dans l'encoignure d'une porte, face aux halles de la Place Saint-Louis, à Brest, Henri Le Barzic surveillait l'entrée d'une supérette. Cela faisait vingt minutes que la jeune femme qu'il avait prise en chasse, se trouvait à l'intérieur. Il l'avait repérée, le matin même, aux abords de la gare. Sportive, naturelle, un teint de pêche, une démarche dansante, qui traduisaient un bon équilibre et une santé sans problème. Conscient de tout ce que son propre comportement avait d'ambigu, Henri voulait pour partenaires des femmes simples, limpides, qui participeraient au jeu sans se dérober, avec cette spontanéité innée qui pousse à affronter l'obstacle pour le franchir. Ou s'y casser les dents.

La jeune fille qu'il guettait était de celles-là. L'expérience lui soufflait qu'avec elle, il aurait une chance de parvenir à la fin de la partie, plus vite que d'habitude. Il le faudrait car, ce soir, il était attendu à Kergouadal. Et, après deux mois de navigation au long cours, il n'était pas question pour lui de couper à ses obligations familiales.

Henri Le Barzic avait débarqué au port de commerce de Brest, la veille, assez tard dans la soirée. Il avait passé le commandement du navire à son successeur et pris un taxi jusqu'à l'appartement de la rue du Château. Comme il s'y attendait, il était désert. Sa femme terminait la tournée de promotion de son dernier bouquin et leur fille, Gwenola, se trouvait déjà en vacances à Kergouadal.

Ce matin, après une bonne nuit de sommeil et des semaines de privation, Henri n'avait pu s'empêcher de lancer le jeu.

Jadis, quand il était gamin, cela se passait généralement en fin d'après-midi, une fois ses devoirs scolaires expédiés. Il prétendait aller jouer au ballon avec des copains. Brest était alors en pleine reconstruction et c'est dans ces rues dont il ne restait souvent que le nom pour rappeler le temps d'avant les bombardements, qu'il avait pris l'habitude de suivre les passants. Il en choisissait un au hasard. Homme, femme, jeune, vieux, peu importe… Et il lui emboîtait le pas.

Qu'est-ce qui le poussait à marcher ainsi à travers la ville en ruine, relié à un inconnu par un fil invisible ?

Quel plaisir y trouvait-il ? Voir sans être vu, épier, deviner ce qui se cachait derrière une simple silhouette… Aujourd'hui, il se disait que c'était là un passe-temps bien innocent mais qui contenait, en germe, toute la subtile perversité du jeu auquel, adulte, il s'adonnait.

Pour tromper son impatience, Henri se mit à arpenter le trottoir. L'attente ne serait plus longue maintenant. Qu'elle le veuille ou non, la jeune fille finirait bien par quitter le refuge de la supérette ! Il connaissait d'ailleurs parfaitement la raison pour laquelle elle s'y attardait…

Lorsqu'il avait fait en sorte de se trouver à ses côtés, à un feu rouge de la rue Jean-Jaurès, elle l'avait reconnu. C'était la quatrième rencontre depuis le matin et elle venait de comprendre que ces face-à-face ne devaient rien au hasard. La peur avait alors amorcé son travail de sape. Tout à l'heure, quand elle sortirait, elle commencerait à se comporter de façon irrationnelle. Elle s'agiterait, courrait, tournerait en rond, prise dans la nasse invisible qu'il avait posée pour elle.

A ce stade-là, elle ne pourrait pas reculer. Elle réagirait d'une façon ou d'une autre. Mais, dans tous les cas, il serait gagnant. La technique qu'il avait perfectionnée au cours des ans, ne laissait aucune chance aux femmes sur lesquelles il avait jeté son dévolu.

Henri Le Barzic jeta un nouveau coup d'œil à sa montre et tressaillit. Le temps avait passé beaucoup plus vite qu'il ne le pensait. L'attente ne pouvait se prolonger, il allait être forcé d'interrompre le jeu avant la fin. Dommage ! Vraiment dommage… parce qu'aujourd'hui, il était tombé sur un morceau de choix !

Mais, ce soir, il avait promis à Mam d'être à Kergouadal. Et Mam n'était pas quelqu'un à qui l'on fait faux bond. Même quand on s'appelle Henri Le Barzic, qu'on a cinquante ans et que l'on commande les navires de la Compagnie Générale de Transports Maritimes, la prestigieuse CGTM.

*

Assise dans un wagon du TGV Atlantique, Estelle Caër, de son vrai nom Estelle Le Barzic, tentait de fixer son attention sur l'écran de son ordinateur. Mais sans cesse son regard s'évadait vers la campagne qui défilait derrière la vitre. Dieu sait pourtant si elle connaissait ce paysage, depuis le temps qu'elle effectuait des allers et retours entre Paris et Brest !

« Vous devriez avoir un pied-à-terre dans la capitale, lui répétait Roger Itey son directeur littéraire. Cela vous faciliterait la vie. » Évidemment ! Seulement c'était sans compter la flambée des prix dans l'immobilier, et Henri qui fronçait les sourcils rien qu'à l'idée de la savoir si souvent loin de Brest. Lui pouvait naviguer à l'autre bout du monde et ne rentrer à la maison que tous les deux ou trois mois, c'était dans l'ordre des choses et n'étonnait personne. Mais que sa femme déserte le domicile conjugal, même pour d'honorables raisons professionnelles, voilà qui semblait beaucoup plus difficile à admettre.

« Deux poids, deux mesures, comme toujours… » songea Estelle en s'efforçant de se concentrer sur son écran. Les e-mails qui s'y succédaient étaient d'une affligeante monotonie. La plupart émanaient de lecteurs qui se répandaient en éloges dithyrambiques ou en critiques haineuses, espérant recevoir en retour, un message personnel. Seulement là, ils en étaient pour leurs frais ! Estelle Caër, alléguant le manque de temps et son peu de goût pour le genre épistolaire, ne répondait jamais.

En réalité, elle écrivait trop lentement, trop laborieusement, pour pouvoir se consacrer à autre chose qu'à ses romans. Cela exigeait d'elle un travail de tâcheron, un acharnement d'élève peu doué... ce que personne ne savait car nul ne la voyait jamais écrire. Elle appelait ça, sa pudeur d'artiste. En vérité, elle aurait eu honte de dévoiler les lamentables efforts que nécessitait chacune de ses lignes.

Il en avait été ainsi dès la sortie de son premier roman, *Le Chariot de l'Aube*, huit ans auparavant. Depuis, il y avait eu quatre autres titres et un succès toujours au rendez-vous. L'écrivain croisa machinalement les doigts car elle savait combien l'engouement des lecteurs était aléatoire. Puis elle serra les dents. De toute façon, quoi qu'il advînt, jamais elle ne reviendrait en arrière, jamais elle ne reprendrait sa vie d'avant. Même si son couple en souffrait. Même si l'avenir donnait raison à Mam qui prétendait que sa renommée était bâtie sur du sable.

Henri refusait de comprendre ça. Durant ses congés, il prétendait avoir besoin de sa femme pour remplir ce qu'il appelait pompeusement, ses obligations sociales : apéros, parties de voile sur la rade, gueuletons qui se prolongeaient... Activités qu'il pouvait parfaitement accomplir sans elle, d'autant que, dragueur comme il l'était, celles-ci lui permettaient des rencontres faciles, dans le milieu qui était le sien. Estelle s'était d'ailleurs laissé dire que les petites bourgeoises brestoises rechignaient rarement à se faire courtiser par lui. Quant à elle, elle n'était pas jalouse.

Le seul domaine où Henri marquait des points, était l'éducation de Gwenola. Estelle reconnaissait que leur fille aurait eu besoin d'une mère plus présente. Elle tâchait d'organiser sa vie le moins mal possible tout en sachant que ce n'était pas suffisant. Baby-sitters, voisines et amies compréhensives, séjours à Kergouadal, présence de sa belle-sœur Annaïg qui palliait de son mieux l'absence des parents… la fillette n'était pas à plaindre, loin de là ! Et si, parfois, on lui faisait mener une vie un peu désordonnée, Estelle se disait que cela lui forgeait le caractère et développait sa faculté d'adaptation.

« Le plus dur est derrière, songea-t-elle alors que le TGV entrait en gare de Rennes. La petite enfance est passée et la situation ne peut que s'améliorer. Débrouillarde comme elle l'est, Gwen va se prendre en charge et gérera bientôt ses problèmes sans notre aide. En fin de compte, je suis sûre qu'elle nous sera reconnaissante de l'éducation que nous lui aurons donnée. »

Après quelques minutes d'arrêt, le train repartit. Il restait encore presque deux heures avant d'arriver à Brest. Là, Estelle ferait un saut à l'appartement afin de prendre ce dont elle aurait besoin pour un bref séjour à Kergouadal. Puis il lui faudrait une demi-heure de route pour rejoindre la propriété familiale, située aux environs de la Pointe de Corsen. Un profond soupir lui échappa. Dire qu'Henri osait l'accuser d'intransigeance alors qu'elle s'apprêtait à supporter Mam plusieurs jours d'affilée !

— Je ne comprends pas pourquoi tu te fais tant prier, lui avait-il lancé au moment de l'invitation. Tu as toujours adoré Kergouadal. Tu disais même que tu en ferais volontiers notre résidence principale…

— Oui, mais c'était en d'autres temps et en d'autres circonstances !

— Ne me dis pas que tu n'aimes plus la propriété, je ne te croirais pas.

— Non, l'endroit est trop beau pour ça. Seulement, Kergouadal ne sera jamais à moi, alors j'ai tiré un trait dessus.

— J'en hériterai.

— Justement !

— Que veux-tu dire ?

— Rien, laisse tomber…

Il l'avait saisie par le coude.

— Explique-toi !

— Mon pauvre ami, il n'y a rien à expliquer. Comment veux-tu que j'envisage de vivre à Kergouadal, seule avec toi ? Ce serait insupportable, tu le sais très bien.

— Je suis souvent absent, ce serait comme si la maison t'appartenait. Tu y ferais ce que tu voudrais.

« Et lui, que voulait-il exactement ? », se demanda Estelle, le menton dans la main et le coude sur le rebord de la fenêtre. Pris entre les arrivées et les départs, la navigation et les congés. Un pied à terre et l'autre à bord… Ici, ailleurs, toujours en partance. Délesté des contraintes ordinaires, des soucis quotidiens. Insaisissable somme toute, avec des zones d'ombre que nul ne perçait, et des plages de liberté auxquelles lui seul avait accès.

Elle secoua la tête. « Tout ça est bel et bon mais, en attendant, il m'a bien piégée avec sa semaine de vacances en famille, à Kergouadal ! Je me suis laissé faire, sans même savoir ce qu'il avait vraiment derrière la tête. »

Comme le train ralentissait, elle aperçut, sur le chemin longeant la voie, une fillette qui courait derrière un chien. Elle pensa aussitôt à Gwenola et un violent désir de l'embrasser la saisit. Après tout, que lui importaient Henri, sa mère, sa sœur et tous les autres ! Seule sa fille comptait. Et dans quelques heures, elle pourrait la serrer dans ses bras.

*

— Tiens ! Une revenante... s'exclama Noëlle Jagu en se précipitant vers la silhouette qui se profilait dans l'encadrement de la porte. Je me demandais si tu finirais par donner de tes nouvelles...

Elle déposa au coin du comptoir, la pile de livres qu'elle avait dans les mains et poursuivit :

— J'ai essayé de t'appeler sur ton portable mais, apparemment, ça ne captait pas.

— J'ai laissé la batterie se décharger.

— Toujours aussi distraite, hein !

Solenn Mercier l'admit volontiers et les deux jeunes amies s'embrassèrent.

— Alors raconte !... Comment ça se passe dans ton désert ? s'enquit la libraire. Tu t'y plais au moins ?

— Désert, c'est beaucoup dire. Mais je reconnais que c'est assez isolé.

— La ville ne te manque pas ?

— Pas encore... Il faut dire que Kergouadal est un endroit magnifique. Si tu voyais le parc, la maison et surtout le bord de mer !

— Attends que le temps tourne à la pluie... Je ne te donne pas trois jours pour plier bagage !

— Impossible. J'ai signé un contrat. Je ne serai de retour à Brest qu'à la fin des vacances scolaires. J'ai besoin de l'argent que je gagne là-bas parce que je ne compte pas arrêter mes études, moi !

Elles échangèrent un sourire de connivence. A la fin de la première année qu'elles avaient passée ensemble en fac de sciences, Noëlle avait hérité d'un local commercial, dans le quartier de Recouvrance. Elle s'en était entichée et avait décidé de le transformer en librairie. Après beaucoup de sueur, de poussière et de fatigue, "La Petite Tournée" avait ouvert ses portes. Les bénéfices étaient encore maigres mais Noëlle ne se décourageait pas, elle était sûre que la courbe de fréquentation ne tarderait pas à grimper.

Solenn ne partageait pas son optimisme.

Comment son amie espérait-elle concurrencer les grandes librairies de la ville, dans une boutique si exiguë que les moindres recoins, rayons, vitrines et tréteaux, croulaient sous les livres empilés les uns sur les autres ?

— Alors, raconte ! répéta la libraire d'un air gourmand. Et d'abord, comment se fait-il que tu sois à Brest aujourd'hui ?

— Le vendredi est mon jour de congé. J'ai quartier libre de neuf à dix-neuf heures.

— C'est tout ? Tes employeurs ne sont pas généreux.

Solenn refréna un geste d'impatience.

— Le boulot que j'ai trouvé cette année me convient parfaitement. Nourrie, logée, blanchie et un salaire correct... le tout dans un cadre splendide. J'aurais tort de me plaindre.

— Et tes patrons ?

— Je garde mes distances. La vieille dame est autoritaire et irascible mais j'essaie de ne la rencontrer qu'aux repas.

— C'est elle qui t'a engagée ?

— Oui, à la demande de son fils qui navigue au commerce.

— Elle vit seule ?

— Non, avec sa fille, une célibataire d'une quarantaine d'années, très gentille mais peu liante.

— Et la gamine dont tu t'occupes ?

— Oh ! elle, c'est un sacré phénomène ! Sa grand-mère m'avait prévenue mais...

A cet instant, le grelot de la porte tinta et un client entra dans la boutique. Comme il paraissait perdu face à l'amoncellement de la marchandise, Noëlle alla lui proposer ses services. Solenn en profita pour se choisir une demi-douzaine de romans en format de poche ainsi qu'un livre sur les oiseaux de mer. Mieux valait avoir sous la main de quoi occuper ses soirées, si le temps tournait au vilain. Elle feuilleta ensuite quelques ouvrages sur l'histoire et les sites du pays des Abers puis se plongea dans un bouquin consacré aux petits maîtres bretons du XIXe siècle. Elle n'en aimait pas vraiment le style et se dit que, même si elle en avait les moyens, jamais elle n'accrocherait ce genre de tableaux chez elle.

Puis elle haussa les épaules. De toute façon, la question ne se posait pas. Fin septembre, elle réintégrerait son neuf mètres carrés, à la cité universitaire de Lanrédec. Et toute l'année, elle vivrait grâce à la bourse d'étude que lui allouerait l'État et à ce qu'elle aurait gagné durant l'été, en servant de gouvernante à une gamine de onze ans et demi dont les parents, accaparés par leurs obligations professionnelles, prétendaient ne pas venir à bout.

Solenn remit l'ouvrage d'art à sa place et constata que d'autres clients se pressaient maintenant devant les étagères.

Elle jeta un coup d'œil impatient à sa montre. Elle avait rendez-vous chez son dentiste à seize heures trente. Si elle ne voulait pas être en retard, elle ne pouvait attendre davantage. Elle repasserait à “La Petite Tournée” tout à l'heure car elle voulait absolument parler à Noëlle de ce qui lui était arrivé aujourd'hui. Rien de vraiment grave, mais suffisamment bizarre et inquiétant pour qu'elle ait envie de s'en ouvrir à son amie.

*

« Rappelle-toi Barbara
Il pleuvait sans cesse sur Brest ce jour-là
Et toi tu marchais souriante
Épanouie, ravie… »

Annaïg Le Barzic fredonnait la chanson de Kosma et Prévert, assise dans le sable de Poulpic, la crique où elle avait l'habitude de descendre se baigner quand il faisait beau. L'endroit, situé à proximité de l'anse de Ruscumunoc, était difficile d'accès. On ne pouvait l'atteindre que par un sentier escarpé à travers les rochers, ou par la mer.

En été, de rares touristes y venaient en bateau. Il y avait aussi quelques randonneurs qui la découvraient par hasard. Mais ce n'était jamais la cohue et, début juillet, Annaïg était sûre d'avoir la petite plage pour elle toute seule.

« *Rappelle-toi Barbara*
Toi que je ne connaissais pas
Toi qui ne me connaissais pas... »

Quelle nostalgie dans cette chanson... Tant de chagrin et de désenchantement en si peu de mots ! Annaïg avait l'impression de la connaître depuis toujours, peut-être parce qu'on y parlait de Brest, la ville où elle était née et où elle avait habité dans son enfance. Peut-être aussi parce qu'en classe, on leur avait fait étudier ce poème. Le seul qu'elle ait jamais vraiment compris et aimé. Aujourd'hui, elle était passée de mode. On ne l'entendait jamais à la radio. Les vers de Prévert ne touchaient plus personne. Sauf, peut-être, les quadragénaires en mal d'amour qui attendent un homme, sur une plage déserte...

Annaïg enfonça ses doigts de pied dans le sable gris ocré auquel se mêlaient de minuscules fragments de coquillages. Dans sa tête, la chanson continua à tourner comme sur un disque rayé. Énervée, elle se leva, secoua sa serviette, tendit l'oreille et scruta la pointe rocheuse où le canot aurait dû apparaître. Rien…

Ces rencontres à la sauvette finissaient par la déprimer. Les amours clandestines ne sont excitantes qu'un temps, et les fruits défendus n'ont de saveur que pour les bouches très jeunes.

Cela faisait presque deux ans que Yoann Colin et elle s'aimaient en secret, au fond de criques isolées ou dans des chambres d'hôtel. A leur âge, c'était puéril et humiliant.

Ça ne pouvait plus durer, il fallait prendre une décision, se répétait Annaïg en arpentant le rivage, de l'eau aux chevilles. Placée devant le fait accompli, Mam s'inclinerait. Jamais elle n'oserait mettre ses menaces à exécution. Pourtant, la connaissant, elle savait que ce genre de pari était risqué et que Yoann aurait beaucoup à perdre si Mam se fâchait vraiment.

« *Rappelle-toi Barbara,*
Il pleuvait sans cesse sur Brest… »

Des éclaboussures mouillèrent le bas de son bermuda. Elle avait laissé son maillot dans son sac parce qu'elle était à peu près sûre que Yoann n'aurait pas envie de se baigner. « Encore faudrait-il qu'il arrive, » maugréat-elle en consultant sa montre. Une demi-heure qu'elle était là, à se morfondre, avec ce sable qui lui irritait la plante des pieds et cette rengaine dont elle ne parvenait pas à se débarrasser…

— Ho !

Le cri se répercuta contre les parois rocheuses. Annaïg se retourna. Debout à l'arrière de son canot, Yoann Colin godillait vigoureusement. En le regardant approcher, elle ravala aussitôt sa mauvaise humeur. C'était toujours pareil. Quand elle le retrouvait, elle envoyait au diable tout ce qui aurait risqué de gâcher leur rencontre.

— Je ne t'ai pas entendu arriver ! cria-t-elle alors que l'embarcation se dirigeait droit vers elle.

Lorsque celle-ci ne fut plus qu'à quelques mètres, Yoann la laissa glisser sur son erre puis, enjambant la lisse, il se retrouva lui aussi les pieds dans l'eau. Il stoppa le bateau des deux mains, se tourna vers Annaïg, la saisit contre lui et l'embrassa à pleine bouche.

*

— On se revoit quand ?

Assis sur la serviette de bain, Yoann regardait la mer. C'était le moment de lui parler, songea Annaïg, allongée à ses côtés. Il était détendu, content. Ensemble, ils avaient joué à la bête à deux dos dans un recoin des rochers. Tranquillement, furieusement. Puis ils avaient plané entre ciel et mer, dans le silence bleu des oiseaux et des poissons.

— Alors Nini ! Tu ne réponds pas ?

C'était une manie chez lui de l'appeler ainsi. Elle lui avait pourtant dit qu'elle n'aimait pas ça mais, comme d'habitude, il n'en faisait qu'à sa tête.

— Je n'en sais rien, marmonna-t-elle.

— Oh ! Qu'est-ce qu'il y a Nini ? Tu n'es pas de bon poil ? Tu n'as pas eu de plaisir ? fit-il en lui caressant distraitement le genou.

— Si… bien sûr que si ! Seulement je pensais que le moment était venu de prendre une décision.

— Quelle décision ?

Son sourire enjôleur avait disparu et il fronçait les sourcils, signe qu'il savait parfaitement de quoi elle voulait parler.

— J'en ai assez de ces rencontres secrètes. Cette situation ne peut plus durer

— On en a déjà discuté… sans jamais trouver de solution. Ta mère nous empoisonne la vie, que veux-tu que je te dise de plus ? Je ne peux rien faire, je lui dois trop de pognon. Quant à toi, ma pauvre fille, tu n'as pas plus de caractère qu'une limande. Dès qu'elle élève la voix, tu trembles dans ta culotte !

— Qu'est-ce que tu en sais ? Tu ne nous as jamais vues ensemble.

— Tu m'en racontes suffisamment pour que je l'imagine.

Un sourire revint sur le visage de Yoann.

— Bon ! Que veux-tu que nous décidions ? Vas-y, parle !

Annaïg comprit que, s'il se montrait soudain aussi conciliant, c'est qu'il savait pertinemment que ni le lieu ni le moment ne convenaient à une discussion sérieuse.

— Allez, ma biche, qu'est-ce qui te gêne dans notre liaison ? L'absence de confort, la clandestinité ?… Moi je trouve ça plutôt excitant. Mais il est vrai que ce qui me plaît, rebute généralement les autres. Je suis hors norme. Jamais nous ne formerons un couple ordinaire. Il faut en prendre ton parti.

Tous les arguments qu'Annaïg avait accumulés furent balayés par ce ton sans réplique. Yoann ne lèverait pas le petit doigt pour faire évoluer la situation dans le sens où elle le désirait. Le fait de devoir de l'argent à Mam n'en était pas la seule raison. Cet homme ne voulait pas s'encombrer d'une épouse, encore moins d'une famille. Il avait son bateau, sa maison, ses coins de pêche, ses copains… et elle, Annaïg Le Barzic, qu'il baisait avec plaisir chaque fois que l'occasion se présentait.

— La seule chose qui pourrait me faire changer d'avis, dit-il, et encore ce n'est pas sûr, serait que ta mère passe l'arme à gauche. L'unique façon pour elle de cesser d'emmerder le monde !

— Dis donc ! Tu as été bien content de la trouver quand tu avais besoin d'argent pour acheter le Stivel, et que les banques ne voulaient pas t'accorder de crédit !

— Oh ! Oh ! Voilà ma petite poulette qui défend sa basse-cour ! Tu sais que tu me plais quand tu te dresses comme ça sur tes ergots !

— Ça va, Yoann ! Ma mère est ce qu'elle est, et moi je déteste les hypocrites.

— Moi aussi, fit-il en redevenant sérieux. Je t'aime comme tu es, Annaïg. Ne change pas et surtout, n'essaie pas de tout chambouler autour de toi. Ça ne mènerait qu'à un désastre. Ton conformisme te va bien, il fait partie de ton charme. C'est un exotisme tout à fait particulier… Et pour moi, l'exotisme a toujours eu quelque chose d'irrésistible. Alors, dis-moi, on se revoit quand ?

*

Étienne Bréhant retira son sac à dos et le déposa à ses pieds puis il s'assit sur un rocher en se massant les épaules. Cela faisait plusieurs heures qu'il marchait sur le sentier côtier et malgré la beauté du panorama, il commençait à en avoir assez. Son barda de campeur pesait lourd, il faisait chaud et, en contrebas, le bleu profond de la mer éveillait en lui de furieuses envies de baignade.

Le jeune homme sortit une gourde de son sac et but le fond d'eau qui restait. Puis il déplia sa carte IGN et localisa l'endroit où il se trouvait. Derrière lui, la Pointe de Corsen, plus loin devant, le phare de Trézien. Kergouadal devait être caché par le promontoire qu'il voyait, en face de lui, à l'autre extrémité de la baie. C'était là qu'il avait prévu d'arriver, en début de soirée.

Restait maintenant à savoir si on l'autoriserait à planter sa tente dans le parc…

Il ne se faisait pas trop de soucis pour ça. Bien que lointains, des liens de parenté existaient entre sa famille maternelle et les Le Barzic, et il était persuadé que le mot écrit par sa grand-mère lui servirait de sésame. Il rangea sa gourde dans son sac et en sortit une paire de jumelles. Il suivit le vol de quelques goélands, identifia une sterne arctique puis un groupe d'huîtriers-pies. Un petit bateau de pêche travaillait sur un haut-fond. Des yachts tiraient des bords plus au large. Étienne conclut alors qu'il avait bien choisi son lieu de vacances.

Pourtant, ce n'étaient ni la beauté du paysage ni les sports nautiques qui l'avaient amené ici. Le vrai motif était plus intéressé. Il désirait rencontrer l'écrivain Estelle Caër et lui soumettre le roman qu'il venait d'achever et dont il transportait le manuscrit au fond de son sac. Si elle acceptait d'y jeter un coup d'œil, il pourrait certainement compter sur un appui de sa part. Un petit coup de pouce, quelques recommandations… Étienne était convaincu qu'il n'en fallait pas davantage pour lui ouvrir les portes de quelques grandes maisons d'édition parisiennes. Et à partir de là, tout espoir était permis…

Le jeune homme reprit ses jumelles et les braqua au-delà de la baie, sur le promontoire rocheux qui dominait la mer. L'endroit était escarpé, couvert d'épineux et de bruyères. Il allait abaisser ses lunettes afin d'observer la grève lorsqu'un éclat lumineux accrocha son regard. Un reflet du soleil sur du métal… Il affina le réglage mais n'aperçut personne. Il n'identifia pas non plus l'objet qui brillait, probablement un vélo ou une mobylette.

Étienne regarda à nouveau la surface de l'eau. Le bateau de pêche taillait sa route vers le large. Les yachts s'étaient éloignés, portés par une brise de terre qui forcissait au fur et à mesure que l'heure avançait. Puis il rangea la carte et les jumelles, tira la visière de sa casquette sur ses yeux et se remit en marche.

II

A peine rentrée chez elle, Estelle Le Barzic constata qu'Henri était, lui aussi, de retour. Il l'avait appelée sur son portable, plusieurs jours auparavant, pour l'informer que son navire faisait route sur Brest et qu'il débarquerait, dès le bateau à quai.

Depuis, elle était sans nouvelle mais ne s'inquiétait pas. Le temps où Henri et elle se téléphonaient juste pour entendre le son de leurs voix, où ils se murmuraient des mots juste pour aiguiser l'envie qu'ils avaient l'un de l'autre, était passé depuis longtemps. Aujourd'hui, ils ne s'appelaient que s'ils avaient quelque chose de précis à se communiquer.

Estelle fit rapidement le tour de l'appartement. Seuls les stores du salon étaient levés et la porte-fenêtre du balcon entrouverte. Les autres pièces étaient plongées dans une pénombre étouffante. Comme d'habitude, Henri avait laissé traîner ses affaires partout. « Il se croit encore à bord, avec un larbin pour ranger derrière lui. » Elle poussa un soupir puis résolut de ne pas s'énerver car elle savait cela inutile. Elle prendrait sa douche sans prêter attention à l'attirail de rasage et aux produits de toilette qui encombreraient la tablette et les bords du lavabo. Puis elle irait se changer et préparer son bagage. Lorsqu'elle aurait terminé, elle donnerait un coup de fil à la femme de ménage et lui demanderait de passer pour remettre l'appartement en état.

Estelle sortit de sa cabine de douche rafraîchie et d'humeur plus sereine. Les choses de la vie avaient retrouvé leur juste place. Henri ne possédait pas que des mauvais côtés, le séjour à Kergouadal ne serait pas forcément aussi désagréable qu'elle le craignait. Gwen apporterait de l'animation et de l'inattendu dans le cercle si fermé de la famille Le Barzic. Un sourire éclaira son visage. Cela faisait presque un mois qu'elle n'avait vu sa fille. Dès le lendemain, elle rattraperait le temps perdu. Baignades, vélo, promenades, excursions…

Se penchant sur son miroir, Estelle se maquilla avec soin et coiffa en chignon la masse de ses cheveux noirs. Ensuite, elle prépara sa valise. Des vêtements de sport uniquement, aucune mondanité n'était prévue. S'il y avait quelques invitations, ce serait à l'apéro. C'était là une façon si facile de recevoir des amis ou des voisins. Quelques bouteilles, des amuse-gueule et le tour était joué. Évidemment, ce genre de réception déplairait à Mam. Mais on se passerait de sa permission. D'ailleurs, rien ne l'obligerait à y prendre part. Elle pourrait se retirer dans la partie de la maison qu'elle s'était réservée. Grâce au ciel, Kergouadal était assez vaste pour que chacun y ait ses aises !

Estelle hésitait sur les chaussures à emporter lorsque le téléphone sonna à l'autre bout de l'appartement.

— Allô !

— Bonjour ! Armand Robert, journaliste et chroniqueur littéraire à France-Culture. Puis-je parler à Estelle Caër, je vous prie ?

— C'est moi.

— Ah ! Très bien… Je viens de terminer *Neige des Îles*, votre dernier roman, et je l'ai trouvé remarquable.

Estelle qui avait l'habitude de ce genre d'entrée en matière et savait qu'elle ne signifiait strictement rien, le remercia et attendit la suite.

— J'aurais aimé pouvoir m'entretenir avec vous, dans le cadre de mon émission bihebdomadaire *Laissez-moi vous dire*… Seriez-vous, sur le principe, d'accord pour m'accorder une interview ?

— Oui, naturellement.

— Dans ce cas, peut-être pourrions-nous d'ores et déjà prendre date…

— Heu… c'est que…

— Excusez-moi si je suis un peu abrupt dans mon propos mais j'ai un agenda très chargé.

— Je vois. Seulement nous sommes en début de vacances et je viens d'achever une tournée de dédicaces de plusieurs semaines. Mes obligations familiales…

— Évidemment, je comprends. Écoutez, je crois savoir que vous habitez le Finistère-Nord…

— C'est exact.

— Je dois passer une semaine en Cornouaille, mi-juillet. Nous pourrions profiter de cette opportunité pour nous rencontrer…

— Oui, ce serait tout à fait faisable… Puis-je savoir comment vous procédez habituellement ? Vos interviews sont-elles improvisées ou préparées ?

— Préparées, et avec soin. J'ai des collaborateurs qui me fournissent tous les renseignements dont j'ai besoin sur le parcours de celui que j'interroge. Une fois la documentation réunie, j'établis le plan de l'émission et prévois les questions qui me semblent les plus pertinentes sur la personnalité invitée, sa formation, ses activités…

— Et sur son œuvre, j'espère, l'interrompit Estelle. C'est tout de même là le plus important.

— Bien sûr. Seulement ce n'est pas forcément ce qui intéresse les auditeurs au premier chef. Pour être franc, je dois vous prévenir que l'entretien portera essentiellement sur votre personne : votre cadre de vie, social et familial, vos contacts avec le milieu littéraire, vos réussites, vos échecs et, surtout, vos débuts.

— Oh !

— Vous n'imaginez pas à quel point les gens sont curieux de connaître ce qui a pu pousser quelqu'un à écrire, composer ou peindre… Comment il s'y est pris, quelles ont été ses difficultés. Voilà pourquoi je privilégie beaucoup la première œuvre de mon invité.

— Qui est rarement la meilleure !

— D'accord, mais c'est un moment stratégique dans la vie de tout créateur.

— C'est vrai, en effet…

— Savez-vous qu'en fouinant un peu, poursuivit Armand Robert, on découvre souvent qu'à ce stade, il s'est passé de drôles de choses… une cuisine pas toujours très nette.

— Oui… et alors ?

— Il paraît que Rockefeller aurait un jour déclaré aux journalistes qui l'interrogeaient, qu'il acceptait de répondre à toutes leurs questions, hormis une seule : la façon dont il avait acquis son premier million.

— Hum…

— Oseriez-vous me donner la même réponse, à propos de votre premier bouquin ?

— Peut-être.

— Ah ! vous auriez donc, vous aussi, quelque chose à cacher ?

Le ton du journaliste était devenu brusquement incisif. Estelle qui commençait à redouter le tour que prenait la conversation, tenta de rompre les chiens.

— Écoutez, je n'ai pas beaucoup de temps. Nous pourrons reprendre cette conversation quand nous nous verrons.

Mais son interlocuteur ne semblait pas prêt à lâcher prise.

— Pour tout vous avouer, mes collaborateurs ont commencé à défricher le terrain à votre sujet. Je connais d'ores et déjà pas mal de choses vous concernant.

— Comme vous y allez ! Je peux très bien refuser de vous rencontrer.

— Bien sûr, seulement songez à la réaction de votre éditeur s'il apprenait que vous avez opposé une fin de non-recevoir à Armand Robert !

— …

— Bon ! Cessons ces enfantillages et revenons aux choses sérieuses… Selon ma documentaliste, il semblerait que pour écrire votre premier bouquin *Le Chariot de l'Aube*, vous vous seriez inspirée d'une œuvre publiée à la fin des années 50 et totalement tombée dans l'oubli depuis.

— Quoi ? Qu'est-ce que vous me chantez là ? Accusez-moi de plagiat pendant que vous y êtes !

— Hé ! C'est un peu ça, je le reconnais.

— Eh bien ! Vous ne manquez pas d'air ! s'étrangla Estelle.

— J'ai de quoi étayer mes propos.

— J'aimerais bien voir ça !

— Ne vous énervez pas et dites-moi si je me trompe. Est-il exact que vous avez écrit *Le Chariot de l'Aube* à Kergouadal, la propriété que votre famille possède près de la Pointe de Corsen ?

— En effet. J'ai passé huit mois là-bas, à rédiger la première mouture.

— Une première mouture qui ressemblait beaucoup à la version définitive.

— Qu'est-ce qui vous permet de dire ça ?

— J'ai mes sources.

— On peut savoir lesquelles ?

— J'ai été contacté par un de vos proches. Cette personne, apparemment très bien renseignée, se dit prête à me fournir la preuve de ses allégations.

— Oh !

— Hé oui… Seulement, comme je suis quelqu'un d'intellectuellement honnête, j'ai préféré vous parler de cette question avant de l'aborder tout à trac, face au micro. Cela vous laisse le temps de trouver une parade ou une explication. L'accusation est grave et pourrait vous causer un préjudice considérable, ce qui n'est pas le but de mon émission. De toute façon, si vous êtes clean, vous vous disculperez facilement.

— Pas sûr, répondit Estelle en s'efforçant de raffermir sa voix. Les accusations gratuites sont souvent les plus difficiles à réfuter. Si vous me donniez le nom de votre informateur, cela m'aiderait à y voir plus clair.

— Ça, chère Madame, c'est un peu trop demander !

Estelle boucla sa valise, la rage au ventre. Une rage doublée du remords de n'avoir pas détruit l'ensemble de ses notes, après avoir terminé la rédaction de son premier roman. Comment avait-elle pu se montrer à ce point négligente ? Mais aussi, comment prévoir que Mam irait fureter dans son bureau et ferait le rapprochement entre *Le Chariot de l'Aube* et le roman écrit par un illustre inconnu, quarante ans auparavant ?

« La garce a osé fouiner dans mes affaires... par curiosité, méchanceté et pour tromper l'ennui qui la taraude. Ah ! Quel plaisir elle a dû prendre en découvrant mes fiches et les emprunts que j'ai faits ! Peut-être même a-t-elle retrouvé l'exemplaire de... de... Bon Dieu ! Quel était le titre de ce foutu bouquin ? Je ne m'en souviens même plus. » Aujourd'hui, Estelle ne parvenait pas à comprendre pourquoi elle avait dû s'appuyer sur une œuvrette aussi médiocre pour pouvoir démarrer puis rédiger son premier roman. Cela ne lui était plus jamais arrivé depuis. Mais le fait était là et si, jusqu'à maintenant, elle avait cru être la seule à le savoir, il apparaissait qu'elle s'était trompée ! Mam était au courant et bien décidée à divulguer son secret.

C'était un retour de bâton auquel Estelle ne s'attendait pas mais qu'elle pouvait encore contrer. Mam voulait compromettre sa carrière et ternir sa réputation ? Qu'à cela ne tienne ! Elle était prête à tout pour l'en empêcher. S'il le fallait, elle agirait sans délai et sans le moindre état d'âme.

*

Solenn Mercier quitta l'immeuble de son dentiste, le cœur léger. La séance s'était passée beaucoup mieux qu'elle ne l'avait craint. La dent cariée avait pu être traitée sans anesthésie et il fallait reconnaître que les soins du docteur Duval étaient presque indolores. Pourtant, elle appréhendait terriblement les visites à son cabinet. La stridence de la fraise, sa bouche livrée sans défense aux instruments et surtout, la douleur qui, si elle ne se manifestait pas, était néanmoins là, prête à vous cisailler le crâne…

Solenn respira à fond et regarda le ciel où voguaient quelques petits nuages inoffensifs. Puis elle s'engagea dans la rue Saint-Exupéry et prit la direction de la "Petite Tournée". Il fallait vraiment qu'elle parle à Noëlle de ce qui lui était arrivé ce matin.

Si elle avait eu affaire à un ivrogne, un clodo ou un marginal, elle n'y aurait pas attaché d'importance. Le cas échéant, elle serait allée se plaindre au premier gendarme venu. Mais le type présentait bien et c'était elle qui aurait risqué de passer pour une cinglée !

En arrivant à la hauteur de la librairie, la jeune fille aperçut une demi-douzaine de personnes qui se pressaient entre les rayonnages. C'était peine perdue. Elle aurait d'ailleurs dû s'en douter. La fin de l'après-midi est toujours une heure d'affluence. Elle haussa les épaules et décida de regagner le parking de la gare, où elle avait laissé sa voiture.

Elle traversait le pont de Recouvrance lorsque son portable sonna au fond de son sac.

— Mademoiselle Mercier ! Ici Marie-Louise Le Barzic. Je vous appelle pour savoir si vous allez finir par rentrer. Ma petite-fille a besoin de vous !

— Oh ! Il lui est arrivé quelque chose ? s'inquiéta Solenn en reconnaissant la voix de sa patronne.

— Non, mais elle s'ennuie, répliqua celle-ci d'un ton acide. J'estime qu'au prix où nous vous payons, vous auriez la correction d'être de retour en fin d'après-midi. Le mot savoir-vivre a-t-il un sens pour vous ?

— Heu… oui, évidemment.

— Eh bien moi, je pense le contraire. J'imaginais avoir confié ma petite-fille à une personne dont la bonne éducation n'était pas en cause. Il semblerait que je me sois trompée.

Les yeux rivés sur les eaux scintillantes de la Penfeld, Solenn n'en croyait pas ses oreilles. Elle savait la vieille dame acariâtre, mais pas à ce point-là ! Une brutale envie d'envoyer cette bourgeoise pleine de fric sur les roses l'envahit. Seulement, elle avait besoin de travailler, un besoin vital… Elle ravala donc sa colère et répondit qu'elle se mettrait en route dès qu'elle aurait rejoint sa voiture.

— Quoi ! Ne me dites pas que vous êtes encore à Brest ! vociféra l'autre au bout du fil.

— Il est dix-huit heures et il faut à peine quarante minutes pour effectuer le trajet. Je ne serai pas en retard.

— Je l'espère pour vous !

— Écoutez ! J'ai signé un contrat d'engagement qui stipule que mon jour de congé se termine à dix-neuf heures. Avant ça, je suis libre de faire ce qu'il me plaît.

Puis, tendant son téléphone vers le flot de voitures qui passaient en grondant sur le pont, elle ajouta :

— D'ailleurs, je vous entends très mal, il est inutile de prolonger cette discussion.

— Pas si vite ! Ce n'est pas la fille d'un manœuvre de l'arsenal qui me dira quand la conversation que je mène est terminée ! Maintenant, écoutez-moi bien ! J'exige que vous soyez de retour avant dix-neuf heures. Le moindre retard et vous êtes virée ! Je n'admettrai aucune excuse. Les candidats ne manqueront pas pour briguer le poste que vous occupez, croyez-moi !

Sur quoi, la communication s'interrompit. La vieille dame avait raccroché.

Le rouge aux joues, Solenn rangea son portable et s'appuya à la rambarde du pont. Au-dessous d'elle, un dragueur de mines remontait lentement la Penfeld, se dirigeant vers les bâtiments de l'arsenal, là où son père travaillait depuis plus de trente ans. Un sans-grade, un sous-fifre, un smicard, mais qu'elle aimait bien parce que c'était un homme honnête et gentil, toujours prêt à rendre service à chacun et à défendre le droit des travailleurs. Son père que cette sorcière pleine aux as osait juger et mépriser !

Solenn sentit les larmes lui monter aux paupières. Ce n'était pas la première fois que la vieille dame se permettait ce genre de réflexion. Il était temps d'y mettre le holà.

« L'humiliation a un prix et je le lui ferai payer. Je ne sais pas encore comment, mais elle n'y coupera pas. »

La jeune fille se moucha, respira un grand coup puis

se secoua. Elle avait perdu assez de temps comme ça. A cette heure, surtout un vendredi, la circulation serait dense et, si elle arrivait en retard, elle était sûre que Marie-Louise Le Barzic se ferait un plaisir d'exécuter ses menaces.

*

Annaïg Le Barzic remontait le sentier en soufflant. Au-dessous d'elle, la marée recouvrait peu à peu les cailloux et le sable de la grève.

Tout en grimpant, elle remâchait son amertume. La situation était sans issue et sa vie, une sombre et lugubre impasse. Par pure commodité, elle acceptait une existence morose, aux côtés d'une geôlière féroce à laquelle il n'était pas question de résister.

Pas question, vraiment ? Il suffisait de dire non, de tout lâcher et voir ensuite ce qu'il advenait... Cela ne demandait qu'un peu de courage et de détermination.

Dans l'absolu, tout est facile. Et Annaïg savait parfaitement qu'elle baisserait les bras et ferait marche arrière, dès le premier obstacle.

Elle s'arrêta pour reprendre sa respiration. Le bain l'avait fatiguée... car elle s'était baignée après le départ de Yoann. Non pas qu'elle en ait eu vraiment envie, mais il fallait pouvoir donner le change à Mam, au cas où celle-ci vérifierait. Maillot de bain et serviette mouillés, cheveux humides... Sa mère ne tolérait pas d'être dupée. Elle abominait le mensonge, surtout venant de sa fille.

Annaïg s'était donc trempée dans l'eau à seize degrés

de l'Iroise ; elle avait effectué quelques brasses avant d'en ressortir transie. Comme elle avait oublié ses chaussures de plastique, elle avait boitillé sur les cailloux et s'était entaillé l'orteil sur un tesson de bouteille. Mais ce n'était rien. Rien comparé à la fureur de Mam si elle découvrait que le bain n'était qu'un prétexte et que sa fille descendait à Poulpic uniquement pour y rencontrer un homme.

Pourtant, quelles représailles aurait-elle pu exercer à son encontre ? Lui couper les vivres ?... Annaïg pouvait se débrouiller avec ce que lui rapportait son métier de brodeuse. Elle s'était forgé une excellente réputation et les commandes provenant de groupes folkloriques affluaient. La chasser de Kergouadal ?... Âgée et dépendante comme elle l'était, Mam aurait été la première à pâtir de cette mesure.

Toute à sa réflexion, Annaïg était parvenue au haut du raidillon. Elle déboucha sur le sentier des douaniers et retrouva sa bicyclette, cachée derrière un buisson de genêt. Faire du vélo était un exercice qu'elle appréciait énormément. Il la délassait des heures passées à broder. Les grands espaces lui reposaient la vue et elle aimait sentir fonctionner ses muscles raidis par l'immobilité. Et quand Gwenola l'accompagnait, son plaisir était décuplé.

Annaïg Le Barzic idolâtrait sa nièce. Elle était son lutin, son feu follet, son papillon, sa perruche, son oiseau des îles... Si elle avait pu, elle l'aurait installée à demeure à Kergouadal. Mais, bien sûr, c'était là un rêve impossible. Mam ne l'aurait pas toléré. Elle n'acceptait la fillette que durant les vacances scolaires...

« — Et c'est déjà beaucoup étant donné sa mauvaise éducation, son impertinence, le tapage qu'elle fait et ses caprices avec la nourriture ! Il faut vraiment que je sois de bonne composition pour parvenir à la supporter.

— C'est votre petite-fille. La seule que vous ayez.

— Et alors ? Ce n'est pas une raison pour qu'elle nous fasse mener une vie d'enfer et qu'elle accapare toute ton attention !

— Il faut bien que quelqu'un s'occupe d'elle.

— Elle a des parents que je sache ! Ils n'ont qu'à prendre leurs responsabilités. Ton rôle n'est pas de te substituer à eux.

— Voyons Mam ! Henri navigue et ma belle-sœur...

— Ne me parle pas de cette pimbêche ! Tu sais combien cela m'échauffe la bile ! Avec ses grands airs d'écrivain, son agenda surchargé, ses absences continuelles... Je me demande comment Henri peut tolérer une telle situation.

— Oh ! Ne vous préoccupez pas d'Henri, il y trouve certainement son compte !

— Que veux-tu dire ?

— Mam ! Vous le savez aussi bien que moi.

— En tout cas, j'ai la ferme intention de doucher prochainement la vanité de ta belle-sœur et lui faire reprendre pied sur terre.

— Pourquoi ? Son succès d'écrivain est sûrement mérité.

— Moins que tu ne le crois ! Tu vas voir, quand je m'en mêlerai, tout cela retombera aussi vite qu'un soufflé. Et Estelle Caër redeviendra madame Henri Le Barzic, ce qu'elle n'aurait jamais dû cesser d'être ! »

Annaïg enfourcha sa bicyclette en se disant qu'avec l'âge, sa mère devait commencer à divaguer. L'impotence, l'inaction, l'isolement... De tout temps, elle avait été une manipulatrice de premier ordre, experte à monter ses proches, les uns contre les autres. Mine de rien, elle tirait les ficelles, observant avec délice les dégâts provoqués par ses manigances. « Qu'on le veuille ou non, chacun de nous subit sa loi. Il n'y a que Gwen qui échappe à la règle. Bien sûr, elle n'a que onze ans et demi et, pour l'instant, Mam lui apparaît comme un fossile hors d'âge. Mais Dieu nous garde le jour où ces deux-là s'affronteront !... » Annaïg soupira puis jeta un coup d'œil à sa montre et accéléra. Elle ne s'était pas rendu compte que l'heure avait tourné et qu'il était aussi tard. Gwenola avait reçu l'autorisation de passer la fin de l'après-midi chez des voisins dont la fille, Nathalie, était sa grande copine. Elle s'y était rendue à vélo et on lui avait demandé d'être de retour à dix-huit heures trente au plus tard. Il ne faudrait pas qu'elle arrive à Kergouadal avant moi, songea Annaïg, alarmée. Mam trouverait n'importe quel prétexte pour la houspiller et la fillette rabrouerait sa grand-mère sans le moindre respect. Chacun de leurs tête-à-tête tournait immanquablement à l'empoignade.

*

Assis au volant de sa BMW, Henri Le Barzic ne décolérait pas. Après des embouteillages à la sortie de Brest, il était maintenant bloqué sur la D5, prisonnier du flux des voitures qui avançaient au pas. Il venait d'entendre, sur une radio locale, que ce ralentissement était dû à un carambolage à la hauteur de Guilers et qu'un itinéraire de délestage était en train d'être mis en place. Il se mordit les lèvres. Aujourd'hui, tout avait marché de travers. Non seulement le jeu avait tourné court mais quand il avait téléphoné à Mam pour tenter de reporter son arrivée au lendemain, il s'était fait remettre à l'ordre comme un gamin.

« — Garde tes excuses pour une autre fois ! Je veux m'entretenir avec toi dès ce soir.

— Voilà deux mois que je suis absent, ça peut bien attendre un jour de plus.

— Hors de question !

— Enfin Mam, je ne comprends pas ce qu'il y a de si urgent.

— Évidemment ! Tu n'as jamais su voir plus loin que le bout de ton nez ! Je te connais, Henri, ce qui a toujours primé chez toi, ce sont tes besoins immédiats. Pour les satisfaire, tu es incapables de tenir compte des contingences, cela en dépit du mal que je me suis donné pour te corriger.

— De quoi parlez-vous ? Soyez plus claire, je vous en prie.

— Je serai claire lorsque je t'expliquerai de vive voix de quoi il retourne. En attendant, sache que des rumeurs très déplaisantes me sont parvenues, des bruits sur certains divertissements pervers auxquels, paraît-il, tu te livrerais durant tes congés… J'espère que ce sont des ragots parce que je ne tolérerai pas que tu ternisses, pour quelque raison que ce soit, l'honneur de la famille. »

Qui avait bien pu la mettre au courant et quelles preuves possédait-elle, pour s'être montrée aussi incisive ?

Henri tâcha de se calmer en allumant une cigarette. L'autoritarisme de Mam, allié à la conscience qu'il avait de sa propre veulerie, le plongeait dans un état dépressif qu'il avait du mal à contrôler. Atteindre la cinquantaine sans avoir réussi à franchir des obstacles que tout adolescent normalement constitué surmontait avant dix-huit ans, était affligeant. Affligeant mais bien réel... Il avait beau se répéter qu'il n'avait pas de comptes à rendre à sa mère et qu'il était libre d'agir comme bon lui semblait, quand elle prenait ce ton cassant, il redevenait un petit garçon docile, prêt à tout pour la satisfaire.

Henri sentit une sueur froide lui couler entre les épaules. Que savait-elle exactement ? Elle avait parlé de divertissements pervers, mais connaissait-elle seulement le sens précis de ces termes ? Il n'en était pas certain. Elle devait, cependant, se sentir sûre d'elle pour l'avoir menacé comme elle l'avait fait. « Je te jure, Henri, que si ce que l'on m'a rapporté est vrai, je saurai y mettre fin. J'en ai les moyens ! » Ses dénégations et ses exclamations stupéfaites avaient-elles été suffisamment convaincantes pour semer le doute dans l'esprit de Mam ? Peut-être... Et peut-être pas.

A nouveau, il sentit une vague d'angoisse le submerger. Il regarda autour de lui. Des visages lunaires flottaient dans l'habitacle des voitures, grosses cages de tôle agglutinées les unes aux autres en un long ruban gris. Henri eut brusquement envie de foncer dans le tas. Emboutir les pare-chocs. Broyer le véhicule qui le précédait et se forger un passage vers la liberté.

S'évader. Ne pas se rendre à Kergouadal. Ne pas

retourner à Brest. Laisser tomber les bateaux et la navigation. Disparaître sans laisser de trace. Échapper à la confrontation.

Surtout, échapper à la confrontation…

A cet instant, le cortège des voitures se remit lentement en marche. Le serpent ondulait à travers la campagne, rampant vers une destination indéterminée.

Machinalement, Henri passa la première puis la seconde. Il n'était qu'une écaille sur le dos du reptile. Il suivait le mouvement. Un mouvement qui le conduirait irrémédiablement à Kergouadal.

III

Étienne Bréhant s'était égaré. Le chemin qu'il suivait depuis presque une demi-heure n'avait plus rien à voir avec le sentier des douaniers. Il était plus large, plus praticable. Tournant le dos à la côte, il serpentait au milieu d'une lande inextricable. Les ronciers et les prunelliers qui le bordaient, bouchaient la vue et empêchaient le jeune homme de se repérer. Devait-il revenir sur ses pas ou continuer ? Il n'en avait pas la moindre idée.

Il marchait à contrecœur, conscient que le soleil baissait et que l'heure avançait, lorsqu'il parvint à un carrefour. A une centaine de mètres, sur le chemin qui croisait le sien, zigzaguait un vélo. Un vrai coup de chance ! Il fit un signe de la main. La cycliste, une gamine, mit pied à terre et retira de ses oreilles les écouteurs de son walkman.

— Salut ! Qu'est-ce que tu fais là ?

— Une randonnée. Et je suis bien content de te rencontrer parce que je me suis perdu.

— Pas étonnant ! T'es pas le premier... Y a plein de sentiers par ici et pas un seul poteau indicateur. Comment veux-tu que les touristes s'y retrouvent...

Étienne approuva d'un signe de tête.

— Tu connais le coin ?

— Comme ma poche.

— Alors tu vas pouvoir me renseigner.

— Volontiers.

La fillette enleva la casquette de base-ball dont la visière lui mangeait la figure, puis ses lunettes de soleil, et le jeune homme découvrit un visage triangulaire encadré de cheveux châtains, un grand front et des yeux sombres qui le regardaient sans curiosité particulière.

— Où est-ce que tu veux aller ?

— A Kergouadal.

— Oh !

La gamine eut une brève expression étonnée puis reprit son air imperturbable.

— Tu connais ? s'enquit Étienne.

— Et comment ! C'est là que j'habite.

— Ça alors ! Quelle coïncidence !

— T'es invité à Kergouadal ?

— Euh... pas précisément. Pourtant, je compte bien y passer quelques jours.

La fillette fronça les sourcils, perplexe.

— Comment tu t'appelles ?

— Étienne Bréhant, et toi ?

— Gwenola Le Barzic.

— Dans ce cas, nous sommes vaguement cousins.

Cette révélation ne parut pas l'intéresser outre mesure et elle se mit à mâchouiller un brin d'herbe.

— J'suis pas sûre que ma grand-mère acceptera de te recevoir.

— Je ne lui demanderai pas grand-chose, juste un petit coin de gazon, au fond du parc, pour y planter ma tente.

— Là, tu tombes mal parce qu'elle a horreur des campeurs, des camping-cars et des touristes en général.

— Elle fera peut-être une exception pour moi puisque j'appartiens un peu à la famille…

— Ça m'étonnerait !

Le ton était si catégorique qu'il ébranla un instant la bonne humeur du jeune homme.

— Qu'est-ce qui te fait croire ça ?

— Mam est quelqu'un qu'on ne peut pas amadouer. Elle est… intraitable. Comme moi d'ailleurs !

Le regard était redevenu froid et distant. Quelle drôle de petite bonne femme, se dit Étienne en songeant qu'elle avait des parents bien désinvoltes pour la laisser rouler seule, sur des chemins déserts où une mauvaise rencontre est toujours possible.

— Eh bien, je verrai ça quand j'irai la saluer, déclara-t-il en souriant.

— Je ne te le conseille pas. Ce sera un “non” catégorique. Et insister ne servira absolument à rien.

— Ah ? Et qu'est-ce que tu ferais à ma place ?

— Je m'adresserais à ma tante Annaïg, dit-elle d'une voix radoucie. Avec elle, il y a moyen de s'arranger.

— Merci du conseil et à bientôt peut-être !

— Hé ! Va savoir !

La casquette enfoncée sur le front, les écouteurs dans les oreilles, la fillette enfourcha son vélo et s'éloigna. Étienne réalisa alors qu'elle ne lui avait pas indiqué l'itinéraire à suivre. Il haussa les épaules et prit la même direction qu'elle, persuadé qu'il finirait par arriver à Kergouadal.

*

Après avoir quitté l'anse de Poulpic, Yoann Colin s'était dirigé vers le large. Il y avait, dans les parages, quelques méchants cailloux à fleur d'eau qu'il voulait dépasser avant de mettre cap au nord et relever le tramail qu'il avait mouillé en venant. A quelques encablures du rivage, il avait aperçu Annaïg qui entrait lentement dans l'eau pour se baigner. Sacrée Nini ! Arriverait-elle un jour à s'affranchir de la tutelle de sa mère et envoyer promener ce vieux dragon ? Yoann en doutait beaucoup. Si, à quarante ans, le cordon n'était pas coupé, il ne le serait jamais ! A moins de forcer le destin. Mais c'était là une autre histoire…

Il aimait bien cette femme et appréciait la relation qu'il avait avec elle. En sa compagnie, sa virilité n'était jamais remise en cause. Pas besoin de faire des prouesses ni de prouver quoi que ce soit. Contrairement aux minettes qu'il levait parfois en boîte, le samedi soir, elle n'exigeait aucune performance et il n'avait pas à lui démontrer qu'au lit, un jules de quarante piges valait largement les blancs-becs à peine sortis de l'adolescence.

En dépit de son apparence, Annaïg était une partenaire qui en valait bien d'autres. Dévêtue, elle était presque jolie, avec des accès de pudeur un peu désuète, des gentillesses émouvantes et une candeur naturelle qui, tout en le déroutant, intensifiait son désir. Si elle avait su s'habiller, se maquiller, se coiffer, elle aurait été tout à fait sortable.

Oui, mais dans ce cas, songeait Yoann, elle aurait trouvé beaucoup mieux qu'un marin pêcheur désargenté, réputé cavaleur, noceur, bagarreur et au passé peu reluisant. Car il fallait reconnaître que les casseroles qu'il traînait derrière lui, faisaient un boucan du diable malgré le mal qu'il se donnait pour l'étouffer. Et si un jour la vieille Le Barzic apprenait qu'il baisait sa fille, il comprendrait presque le scandale qu'elle ne manquerait pas de faire.

Yoann haussa les épaules avec impatience. On n'en était pas là ! Pour l'heure, il avait à régler un problème beaucoup plus crucial : le remboursement du prêt que la vieille dame lui avait consenti, cinq ans auparavant. Jusqu'à la fin de l'année dernière, il avait toujours pu faire face à ses obligations mais ce n'était plus le cas maintenant. Ces derniers mois, la pêche avait été désastreuse. Du matériel s'était perdu à cause des intempéries et le moteur de son bateau avait nécessité des réparations urgentes. Aujourd'hui, il ne possédait plus un sou !

La solution aurait été de négocier un report d'échéance, sans attendre un rappel à l'ordre de sa créancière. Mais rien qu'à l'idée de devoir se justifier devant cette mégère, Yoann sentait ses poils se hérisser. Il savait qu'il n'aurait à attendre de sa part ni sympathie, ni compréhension, mais des questions humiliantes, des calculs mesquins, des demandes d'explication interminables. Elle ne manquerait pas non plus de lui rappeler les erreurs de jeunesse qui lui avaient valu la prison, un casier judiciaire et une fin de non-recevoir des banques. Et pour finir, elle attendrait qu'il lui exprime sa reconnaissance pour la confiance qu'elle avait placée en lui. Confiance qu'aujourd'hui, il ne méritait plus…

Cette scène s'était déjà produite une fois, le printemps

dernier. Et il était ressorti de Kergouadal plus lessivé qu'après un coup de chien en mer d'Iroise.

« Et merde ! », grommela le pêcheur, le poing serré sur la manette des gaz. « Je ne vois pas pourquoi j'irais ramper à Kergouadal alors que j'ai peut-être le moyen de m'en sortir autrement. Si je le lui demande, Annaïg se mettra en quatre pour me dépanner. » Il n'avait jamais discuté argent avec elle mais avait entendu parler les gens.

Même en tenant compte de l'exagération des on-dit, il était sûr qu'elle devait posséder un petit magot – dont apparemment elle ne profitait pas – ou des bijoux qu'il pourrait monnayer.

Tout en remâchant sa rancœur, Yoann s'était rapproché de l'endroit où était mouillé son tramail. Il ralentit et ne tarda pas à localiser la bouée-repère rouge qui dansait sur les vagues. Il gaffa la ralingue et se mit à haler le filet, démaillant les poissons au fur et à mesure qu'ils se présentaient. Lorsqu'il eut fini, il ébaucha un sourire. Une quinzaine de lieus jaunes, des rougets, quelques mulets et surtout une vingtaine de bars de belle taille frétillaient dans le bac en plastique. Un excellent coup mais qui, hélas, ne résoudrait pas ses difficultés financières !

Il regarda ses poissons d'un œil amer en songeant que sa créancière n'avait absolument aucun besoin de l'argent qu'il lui devait. Qu'il la paie ou non ne changerait strictement rien à sa façon de vivre !

Un sentiment d'injustice le prit à la gorge. A quoi bon travailler comme un forçat si ce qu'il pêchait ne lui permettait pas de boucler ses fins de mois ? Autant mettre sac à terre et pointer au chômage ! Saloperie de vie ! jeta-t-il le nez dans le vent. Puis, la casquette sur les yeux, il remit son filet en ordre, vira de bord et reprit la direction d'où il venait. Un bon coin de pêche ne s'abandonne pas comme ça. Avec un peu de chance, il renouvellerait son coup… Même si cela ne servait à rien. Même s'il aurait mieux valu récupérer la reconnaissance de dettes que la vieille Le Barzic devait conserver quelque part à Kergouadal. Puis, une fois en possession de ce papier, le détruire, le brûler, le bouffer s'il le fallait, pour ne plus avoir à y penser et pouvoir repartir d'un bon pied.

Yoann Colin plissa les paupières et regarda l'horizon. Dans le bac, les poissons avaient cessé leurs soubresauts. Il poussa un peu sur la barre et vira vers la côte. « La chance sourit aux audacieux, murmura-t-il. Et moi, je n'ai plus rien à perdre ! »

Les rochers, rosis par le soleil déclinant, se rapprochèrent. Derrière le canot, le sillage serpentait comme un chemin perdu, bientôt effacé par le désordre bleu de la mer.

*

Étienne Bréhant était maintenant à peu près sûr de marcher dans la bonne direction. Il avait hâte d'arriver. La fatigue raidissait ses muscles et les bretelles de son sac lui sciaient les épaules. Mais, après un tournant, alors qu'il pensait être tout près du but, il tomba sur une clôture qui barrait le chemin. Il s'était encore fourvoyé !

Il avança néanmoins jusqu'à un petit portail au-delà

duquel le sentier continuait, et tenta de l'ouvrir. Sans succès. Il revenait lentement sur ses pas lorsqu'il entendit grincer des gonds. De l'autre côté de la barrière, une vieille femme était en train de secouer la poignée du portillon qui finit par s'entrebâiller.

— Fichue porte ! Il n'y aura bientôt plus moyen de l'ouvrir ! Ho, vous ! Qu'est-ce que vous faites là ? dit-elle en découvrant le jeune homme.

— Je me rends à Kergouadal mais je crains de m'être perdu.

— Pas du tout ! La propriété commence ici. On ne voit pas la maison parce qu'elle est cachée par les arbres. Ce portail est une entrée secondaire. Je l'emprunte chaque fois que je vais voir Marie-Louise. Pour moi, c'est un raccourci… Alors comme ça, vous rendez visite aux Le Barzic ? J'espère que vous êtes attendu.

— Non… pas vraiment. Je veux leur faire une surprise.

— Mon pauvre garçon ! Ce n'est pas le genre de surprise que ces gens apprécient. Ils sont de la vieille école, surtout Marie-Louise… On ne va pas les voir sans s'annoncer.

— Ah bon ! fit Étienne que l'inquiétude gagnait. Pourtant, on m'a dit qu'Annaïg Le Barzic était quelqu'un d'affable.

— Oh ! Annaïg ne compte pas ! C'est de sa mère dont je parle… Et je peux vous dire qu'elle n'est pas facile et qu'elle prend souvent les gens pour des imbéciles ! Écoutez un peu ce qu'elle m'a fait, cet après-midi : elle m'avait téléphoné pour que je passe la voir, sous prétexte qu'elle se sentait seule et délaissée, ce qui n'est pas étonnant vu le caractère qu'elle a. Alors moi, bonne âme, je décide de faire un saut chez elle, histoire de lui remonter le moral… et je ne trouve personne ! C'est un comble, non ?

Étienne acquiesça puis lui demanda si elles se connaissaient depuis longtemps.

— Depuis toujours, répondit la vieille femme comme si cela coulait de source. Nos propriétés sont limitrophes, nos parents étaient amis. Nous avons passé toute notre jeunesse ensemble.

Sur quoi, elle se lança dans l'évocation de souvenirs lointains qu'Étienne écouta patiemment, tout en se demandant comment l'interrompre sans se conduire comme un goujat. Enfin, elle reprit son souffle et il en profita pour s'enquérir de son nom, espérant ainsi la faire changer de sujet.

— Comment ! Je ne vous l'ai pas dit ?… Je m'appelle Suzanne Le Couédic et suis la propriétaire de Coat Even qui jouxte Kergouadal.

Elle lui tendit la main, tout sourire. Étienne se présenta à son tour.

— Et maintenant, si vous le permettez, fit-il, je vais continuer mon chemin. Il commence à être tard et…

— Si vous comptiez rencontrer Marie-Louise, vous risquez d'être déçu. Comme je vous l'ai dit, il n'y avait personne quand je suis passée. C'est pourquoi je suis partie me promener ailleurs.

— Votre amie était peut-être sortie…

— D'abord ce n'est pas mon amie, elle a cessé de l'être depuis longtemps. Ensuite, elle n'a pas pu s'absenter, vu qu'elle est invalide.

— Ah ! J'ignorais.

— Elle se déplace en fauteuil roulant ou à l'aide d'un déambulateur si elle n'a que quelques mètres à faire… Voilà pourquoi je vais la voir quand elle me le demande. Pourtant, nous nous disputons souvent. Tous les prétextes lui sont bons pour me tomber dessus.

— Je vois, fit Étienne soucieux d'éviter une nouvelle litanie de souvenirs. Maintenant, il faut vraiment que je m'en aille. J'attendrai devant la maison, quelqu'un finira bien par arriver.

— Oui, vous avez raison.

Elle réfléchit un instant et reprit :

— Tout compte fait, Marie-Louise était peut-être bel et bien en train de se promener dans le parc. Son fauteuil est muni d'un moteur électrique. J'aurais dû y penser. Seulement, voyez-vous, ma mémoire me fait parfois défaut. Je… je confonds les jours et les heures… quelquefois les gens quand je ne les connais pas bien…

La vieille dame avait soudain le regard vague, un air décontenancé qui contrastait avec la volubilité dont elle venait de faire preuve.

— Je… excusez-moi, je dois rentrer chez moi…

Un peu abasourdi, Étienne la regarda disparaître au bout du chemin puis il poussa résolument le portail et pénétra dans la propriété.

IV

Le parc de Kergouadal n'était en fait qu'un espace à demi sauvage où prospéraient des pins et des mimosas que l'on avait laissés grandir outre mesure. Des camélias et des rhododendrons étalaient leurs branchages sur ce qui, jadis, avait peut-être été un gazon anglais. Seuls, les abords de la maison semblaient recevoir les soins d'un jardinier. Une plate-bande fleurie, des massifs de rosiers et de fuchsias, quelques hortensias et, sur la terrasse qui longeait le devant du bâtiment, des vasques débordant de géraniums écarlates.

Comme l'avait dit Suzanne Le Couédic, la résidence n'était pas très éloignée du portillon. A peine Étienne eut-il marché quelques minutes qu'il l'aperçut au détour du sentier. C'était une grande bâtisse de pierre, datant du XIXe siècle, à l'architecture sobre mais assez quelconque. Perpendiculairement à elle, une suite de dépendances devaient servir de garage et de remises.

A l'orée du petit bois, le chemin rejoignait l'allée principale. Étienne s'y engagea et constata rapidement que la maison semblait déserte. Portes et fenêtres fermées, aucune voiture garée à proximité... Devant l'entrée, il avisa une cloche qu'il fit sonner plusieurs fois. Comme personne ne se montrait, il entreprit de faire le tour du bâtiment. Il savait que dans les habitations bourgeoises, la cuisine se situait généralement à l'arrière.

Il ne se trompait pas car il sentit bientôt un délicieux fumet d'oignons grillés, de thym, de laurier, allié à l'odeur un peu acide du vin cuit et des clous de girofle. Un ragoût mijotait quelque part. Il aperçut alors une porte-fenêtre grande ouverte et frappa au vantail. La cuisinière qui ne l'avait pas entendu approcher, sursauta puis le regarda d'un air pas trop rassuré.

— Oui ? Qu'est-ce que vous voulez ? Vous cherchez quelqu'un ?

— En effet. Mais je n'ai trouvé personne.

— Ah ? Pourtant madame Le Barzic ne devrait pas être loin. Et les autres vont débarquer sans tarder. Et vous, qui êtes-vous ?

— Une cousin éloigné des Le Barzic.

— Ah ! Dans ce cas…

La cuisinière laissa ses casseroles et avança jusqu'au pas de la porte.

— Toute la famille doit passer quelques jours à Kergouadal. C'est pourquoi on m'a demandé de venir faire la cuisine. Annaïg n'a pas voulu s'en charger. Je la comprends, la pauvre est suffisamment occupée comme ça. Mais on ne m'a pas dit qu'il y aurait un invité supplémentaire. Notez que, pour moi, ça n'a pas d'importance. Question cuisine, je prévois toujours large. Ce soir, je servirai un civet de lapin. J'espère que vous aimez ça.

Étienne lui répondit que oui puis, pour éviter d'autres questions, il retourna s'asseoir sur les marches de la terrasse afin d'y attendre l'arrivée des Le Barzic.

*

— Ainsi mon mari a des cousins du côté paternel ! s'exclama Estelle Le Barzic. Il ne m'en a jamais rien dit… Et c'est à ce titre que vous venez nous voir ? Simplement pour lier connaissance ?

Étienne hocha la tête.

— Je fais une randonnée dans la région. Comme ma grand-mère m'avait parlé de sa parenté avec vous, j'ai pensé que c'était l'occasion de vous rencontrer… et de vous demander l'autorisation de planter ma tente quelques jours, dans un coin du parc.

Estelle arqua ses sourcils parfaitement épilés et esquissa une moue dubitative.

— Vous avez de la chance d'être tombé sur moi parce que si c'était à ma belle-mère que vous aviez eu à faire, elle vous aurait renvoyé comme un malpropre.

— Oui, j'ai entendu dire qu'elle n'était pas très commode.

— Sa réputation la précède, à ce que je constate !

Étienne se mit à rire et attendit la suite.

— En fait, je ne suis pas habilitée à vous donner quelque permission que ce soit, déclara Estelle. Je n'ai pas voix au chapitre en ce qui concerne la conduite de cette maison. C'est ma belle-sœur qui s'en charge. Moi, je ne suis ici que pour quelques jours.

— Un endroit magnifique… la côte est vraiment très belle, fit Étienne en songeant que cela ne lui laisserait pas beaucoup de temps pour discuter littérature avec elle et la convaincre de jeter un coup d'œil à son manuscrit.

— Oui, sans doute… Maintenant je vous prie de m'excuser. Je vais monter mon bagage et faire un brin de toilette avant d'aller affronter la reine-mère.

— Apparemment, elle n'est pas chez elle.

Estelle qui avait saisi son sac, se retourna, interloquée.

— Qu'est-ce que vous en savez ?

Étienne s'apprêtait à lui répondre lorsqu'une cycliste déboucha de l'allée et vint s'arrêter à quelques mètres d'eux. Estelle alla à sa rencontre et l'embrassa. Puis elle lui présenta Étienne et lui expliqua la raison de sa présence à Kergouadal.

— Oh ! Moi je ne vois aucun inconvénient à ce que vous campiez dans la propriété, elle est assez vaste pour ça, fit Annaïg Le Barzic. Seulement, vous devrez faire en sorte que ma mère ne s'aperçoive de rien parce qu'il en résulterait des tracas sans fin.

Étienne la remercia, perplexe. Cette femme avait bien quarante ans mais il était clair qu'elle était à la botte de sa mère et vivait dans la crainte de la contrarier.

— Ne me dis pas que tu t'es baignée ! s'exclama alors Estelle en effleurant les cheveux humides de sa belle-sœur. L'eau doit être encore glaciale.

— Ça me fait du bien. C'est tellement sain. Pense à tous les oligo-éléments que le corps absorbe ainsi !

— Peut-être… mais moi je suis à peine capable d'y tremper les doigts de pieds ! Question santé, je préfère avaler les mélanges polyvitaminés qu'on trouve dans toutes les pharmacies.

— Ce n'est pas du tout la même chose !

— D'accord ! Note que je suis en aussi bonne forme que toi, sans m'imposer ce genre de torture.

Étienne qui les observait se dit qu'il était rare de voir deux femmes aussi différentes. Autant la première semblait dynamique, épanouie, extravertie, autant l'autre était terne, réservée, repliée sur elle-même. L'une avait le visage maquillé, les cheveux noirs et brillants, les ongles vernis. L'autre, le teint pâle, des gestes gauches et des vêtements incroyablement ordinaires.

— Est-ce que tu as déjà rencontré Mam ? demanda Annaïg à sa belle-sœur.

— Non, je viens d'arriver... Il paraît d'ailleurs qu'elle n'est pas chez elle.

— Comment ça, pas chez elle ?

— C'est ce que me disait ce jeune homme quand tu as déboulé à bicyclette.

— En effet, je n'ai trouvé personne, en dehors de la cuisinière, déclara Étienne. J'ai frappé, appelé, sans résultat.

Annaïg paraissait étonnée.

— A cette heure, Mam devrait se trouver dans les parages. Je vais aller jusqu'à sa chambre voir si elle y est.

— C'est ça, fit Estelle. Mais avant, indique à notre invité un endroit où planter sa tente.

Étienne qui se demandait si on finirait par s'occuper de lui, sourit puis écouta les explications d'Annaïg.

Par chance, il y avait derrière le bois de pins, un coin convenant tout à fait au camping.

— Vous y serez très bien. C'est plat, couvert d'herbe et, surtout, il y a un point d'eau. Un robinet que mon père avait fait installer je ne sais plus pourquoi et qui fonctionne toujours.

— C'est plus que je n'en attendais.

— Tant mieux. Allez-y tout de suite ! Si vous avez besoin de quoi que ce soit, voici mon numéro de portable. Surtout, ne revenez pas ici sans me prévenir. Vous pourriez tomber sur ma mère, ce qu'il vaut mieux éviter. Donnez-moi aussi votre numéro, en cas de nécessité.

*

— Mam a disparu ? C'est impossible ! s'exclama Henri Le Barzic. Vous savez bien que, sans aide, elle ne peut aller loin. Elle doit être en train de circuler dans le parc ou attendre qu'on vienne à sa rencontre.

— Les batteries du fauteuil sont peut-être déchargées… suggéra Estelle.

— Non ! Elles sont vérifiées chaque semaine, rétorqua Annaïg, l'air soucieux. Par contre, le fauteuil lui-même a pu être endommagé.

— Ne vois donc pas toujours tout en noir ! Je suis sûr que Mam joue les martyres quelque part, en attendant qu'on se lance à sa recherche. Ce serait tout à fait dans son style !

— Oh, Henri ! Ne sois pas cynique ! Ce n'est pas bien de parler comme ça.

— Bien ou pas, peu importe ! Mam ne risque absolument rien et moi je meurs de soif. La chaleur et le temps que j'ai passé dans les embouteillages m'ont complètement déshydraté.

Henri prit place dans un des fauteuils de la terrasse et attendit que sa sœur lui servît à boire.

Celle-ci ne tarda pas à revenir, une canette de bière à la main.

— Est-ce que vous avez soigneusement visité la maison ? Vous êtes sûres que Mam ne fait pas un somme dans un coin ?

— Nous avons passé en revue tout le rez-de-chaussée et les dépendances.

— Et l'étage ?

— Tu sais bien qu'elle ne peut y accéder seule.

— Bon, dans ce cas, asseyez-vous et buvez quelque chose avec moi, ça vous calmera.

Estelle jeta un coup d'œil agacé à son mari, puis à Annaïg qui arpentait la terrasse en se tordant les mains.

— Et ma fille, où est-elle ? s'enquit Henri après avoir avalé sa bière d'un trait. Je ne l'ai pas encore vue.

Annaïg le regarda, les yeux écarquillés.

— Quelle heure est-il ?

— Dix-neuf heures dix.

— Déjà !

— Oui, pourquoi ?

— Mon Dieu ! Avec tous ces imprévus, j'ai complètement oublié Gwen.

— Et alors ? Remets-toi, tu es toute pâle. Elle doit se promener avec la jeune fille que nous avons engagée pour la surveiller.

— C'est que… le vendredi est le jour de congé de Solenn Mercier. Gwen ne peut donc pas être avec elle.

— Où se trouve-t-elle dans ce cas ? fit Estelle d'un ton inquiet.

— Je l'avais autorisée à passer l'après-midi chez une copine. Elle y est allée à vélo mais devait impérativement être rentrée à dix-huit heures trente.

— Impérativement ! s'esclaffa Henri, je ne te savais pas stricte à ce point-là ! Gwenola aura oublié l'heure, il n'y a pas de quoi fouetter un chat.

Puis regardant les deux femmes, il se frotta les mains, l'air réjoui.

— Eh bien, nous voilà avec deux disparitions sur les bras ! Notre séjour s'annonce palpitant !

— Il n'y a pas là matière à plaisanter, rétorqua sa sœur, les lèvres pincées.

— D'accord, mais je vous répète qu'il est trop tôt pour se faire du mouron. Si ça se trouve, Gwen et Mam se sont rencontrées et on ne va pas tarder à les voir rentrer ensemble.

— En attendant, voici Solenn ! s'exclama Annaïg en pointant le doigt vers une petite Peugeot vert turquoise qui remontait l'allée et venait se garer à côté des autres voitures. Vous verrez, c'est une jeune fille vraiment très bien.

— Tant mieux ! Comment l'avez-vous recrutée ?

— Par petites annonces. Elle est étudiante à la fac de sciences de Brest.

Henri hocha la tête avec satisfaction puis éclata de rire, en montrant un vélo qui débouchait à l'angle de la maison.

— Ah ! Voilà Gwenola ! Voyez que j'avais raison, il ne lui est rien arrivé.

— L'heure, c'est l'heure ! objecta Annaïg.

— Oh ! Je t'en prie ! Ça fait deux mois que je n'ai pas vu ma fille. Ne va pas gâcher nos retrouvailles pour quelques minutes de retard !

*

Secouée par ce qu'elle venait de découvrir, Solenn Mercier grimpa quatre à quatre l'escalier qui menait à sa chambre et se laissa tomber sur son lit.

Incroyable ! Stupéfiant ! Comment une telle chose était-elle possible ?…

Elle était sûre de son fait et la comédie que venait de jouer Henri Le Barzic n'avait pas entamé sa conviction. Il avait beau avoir troqué son blouson de cuir contre une saharienne, son jean contre un pantalon de lin, cela ne suffisait pas à donner le change. Dès qu'elle l'avait aperçu, à l'autre bout de la terrasse, elle l'avait reconnu. C'était le type qui l'avait suivie durant une partie de la journée, à Brest.

Au moment des présentations, pas un muscle de son visage n'avait tressailli. Son regard ne s'était pas attardé sur elle plus qu'il ne fallait. Il l'avait considérée avec un intérêt poli puis s'était enquis de la conduite de sa fille, de sa santé et de son assiduité à ses devoirs de vacances. Solenn avait répondu qu'on ne l'avait pas chargée de lui faire réviser son programme scolaire. Sur quoi, il s'était exclamé qu'il y tenait beaucoup et que, puisqu'on avait la chance d'avoir engagé une étudiante de l'UBO, il fallait en profiter.

— Naturellement, les cours que vous donnerez à Gwenola vous seront rétribués en sus, avait-il ajouté, grand seigneur.

Puis il s'était penché vers sa femme et lui avait dit en aparté mais suffisamment fort pour que Solenn l'entendît : « Elle m'a l'air très bien, cette petite. Tout à fait ce qu'il faut à Gwenola. »

Estelle avait acquiescé, un sourire de façade aux

lèvres, et cru bon d'ajouter à voix haute que, même s'ils étaient souvent absents, ils n'en demeuraient pas moins des parents attentifs au bien-être et à l'éducation de leur fille.

Solenn respira à fond. Elle devait maintenant reprendre son calme et décider de la conduite à adopter. Si elle jetait le pavé dans la mare et exigeait une explication de la part d'Henri Le Barzic, il y avait gros à parier que celui-ci jouerait les innocents, l'accuserait de fabuler et la mettrait à la porte.

Si elle voulait garder son emploi, il fallait donc faire comme si rien ne s'était produit. De son côté, Henri ferait probablement profil bas, trop content de s'en tirer à si bon compte.

Lorsqu'elle redescendit, la jeune fille devina aussitôt que quelque chose ne tournait pas rond. Des éclats de voix lui parvenaient du salon et quand elle y entra, elle découvrit les trois Le Barzic en grande discussion avec Paulette Le Foll, la cuisinière, et un inconnu qu'on lui présenta comme un cousin éloigné. Sans qu'on eût besoin de le lui expliquer, elle comprit que l'objet de leur inquiétude était l'absence inexpliquée de la grand-mère.

Henri paraissait avoir pris les choses en main et organisait une fouille systématique du parc.

— Ah ! Si Mam acceptait parfois de nous écouter ! enrageait-il. Si elle voulait bien se munir d'un portable, nous saurions où aller la récupérer. Mais non ! Il faut toujours qu'elle n'en fasse qu'à sa tête !... Bon ! Inutile de revenir là-dessus ! Voilà ce que je vous propose : nous allons nous diviser en trois groupes. Chaque groupe aura un secteur à explorer. Ce sera bien le diable si nous ne la retrouvons pas d'ici une demi-heure.

— D'autant qu'avec son fauteuil, elle ne peut sortir des sentiers, renchérit sa sœur.

— Exact ! Donc, si vous êtes d'accord, nous allons procéder comme suit : le premier groupe sera composé d'Estelle et d'Annaïg qui inspecteront toute la partie ouest de la propriété. Le deuxième, de Solenn et de Paulette…

— Non, impossible ! protesta la cuisinière. J'ai mon repas sur le feu et avec mes pauvres jambes, je ne serais bonne à rien.

— Moi, j'irai avec Solenn…

Tout le monde se tourna vers le canapé où Gwenola sirotait un jus de fruit.

— Excellente idée ! s'exclama son père. Un moussaillon comme toi a les yeux perçants et de bonnes oreilles…

— Et un vélo ! J'irai plus vite qu'à pied et je connais tous les petits chemins.

— D'accord ! Solenn et toi, vous vous chargerez du secteur allant de la maison au portillon, derrière le bois. Étienne et moi explorerons tout le reste. C'est le plus gros morceau mais à nous deux, nous en viendrons à bout. Heureusement, il ne fait pas nuit avant vingt-trois heures. Nous aurons donc tout le temps de…

— Tu as oublié quelque chose, papa !

Gwenola avait quitté le canapé et rejoint les adultes. Le nez en l'air, elle les regardait en se mordillant le pouce.

— Il arrive à Mam de sortir du parc, poursuivit-elle.

Henri fronça les sourcils :

— Qu'est-ce que tu racontes ?

— Elle aime bien se promener sur le sentier des douaniers jusqu'au promontoire.

— Tu en es sûre ? s'écria Annaïg, alarmée.

Gwenola hocha vivement la tête puis attrapa une pêche dans le compotier et mordit dedans à pleines dents. Le jus se mit à couler sur son menton et sur ses doigts. Son père se gratta la tête et interrogea du regard sa femme et sa sœur. Toutes deux semblaient perplexes. Il se tourna alors vers sa fille.

— Ça lui arrive souvent ?

— Assez… Je l'ai aussi vue sortir par le portillon, derrière le bois, et longer le chemin.

— Diable ! Voilà qui élargit le champ des recherches… mais ne change rien au plan que je vous ai proposé. Chaque groupe se munit d'un portable pour rester en contact avec les autres. Si d'ici une demi-heure, personne n'a retrouvé Mam, retour à la terrasse pour faire le point. Et maintenant, assez de temps perdu. Mettons-nous en route !

V

— A ton idée, qu'est-ce qui est arrivé à Mam ? demanda Gwenola, son visage pointu levé vers Solenn.

Toutes deux avaient quitté la terrasse depuis une vingtaine de minutes.

La fillette avait effectué de nombreuses allées et venues à bicyclette sans découvrir le moindre indice. Elle avait rejoint la jeune fille alors que celle-ci parvenait au petit portail.

— Allons jeter un coup d'œil de l'autre côté, proposa-t-elle. J'ai exploré tout notre secteur, Mam n'y est pas.

— Tu en es vraiment sûre ?

L'enfant la considéra avec dédain puis, d'un pas décidé, alla secouer le portillon qui s'ouvrit en couinant. Toutes deux s'engagèrent dans le chemin. Penchée en avant, Gwenola avançait lentement, les yeux rivés au sol.

— Qu'est-ce que tu cherches ?

— Les traces de son fauteuil roulant.

Solenn constata alors que, par endroits, le chemin était couvert d'une terre aussi fine que de la farine, où les empreintes restaient marquées.

— Tu es très observatrice, c'est bien.

La fillette ne dit mot et continua de marcher, pliée en

deux. Au bout d'une centaine de mètres, elle se redressa.

— Je ne pense pas que Mam soit passée par ici. Mais tant qu'on y est, on peut continuer jusqu'au croisement.

— D'accord, fit Solenn, impressionnée par sa détermination.

— Tout à l'heure, tu ne m'as pas répondu. A ton avis, qu'est-ce qui est arrivé à Mam ?

— Aucune idée. Et toi ?

Gwenola hocha gravement la tête.

— J'ai envisagé plein de possibilités… et je peux te dire qu'il y a du souci à se faire.

— Ah bon ! Pour moi, la seule explication est un incident mécanique.

— Parce que tu manques d'imagination, décréta la fillette qui se mit à énumérer sur ses doigts. Un : l'accident. Le fauteuil a versé, elle s'est cassé la jambe, le bras, le dos… ou même la tête. Je pencherais pour la tête parce qu'autrement, elle aurait répondu à nos appels. Deux : crise cardiaque ou attaque cérébrale. Trois : agression. Un voleur a pu la dévaliser après l'avoir assommée.

— Gwen ! Tu ne crois pas que tu exagères ? Que veux-tu qu'on vole à ta grand-mère ?

— Ses bijoux, pardi ! Son collier de perles, ses bagues, son alliance de brillants, sa montre Oméga grand luxe. Moi, si j'étais un malfaiteur, je me dirais que ça vaut le coup.

— Évidemment, on peut voir ça comme ça… Mais qui te dit qu'elle portait ses bijoux cet après-midi ?

La fillette éluda la question et poursuivit :

— Il y a aussi l'enlèvement avec demande de rançon. Mam est riche.

— Oh ! Qu'est-ce que tu en sais ?

— Je le sais ! C'est ma famille et ça m'intéresse. Alors j'écoute ce qui se raconte et je ne l'oublie pas.

Solenn sourit.

— Il m'avait bien semblé que tu possédais une bonne mémoire. Mais je m'en rendrai mieux compte quand nous ferons tes devoirs de vacances.

Gwenola se rembrunit.

— Oh ! Ne t'inquiète pas ! Ce ne sera pas si terrible. Une ou deux heures par jour…

— Hein ! Autant ?… Ah non ! C'est impossible.

— Pourquoi ? Tu n'as rien à faire de toute la journée.

— Là, tu te goures complètement ! J'ai au contraire beaucoup d'occupations.

— Ah bon ! Je ne m'en étais pas aperçue.

— Normal ! Ce sont mes affaires et je ne veux pas que tu y fiches ton nez !

— Ce n'est pas mon intention. Maintenant, si ton père me demande de revoir avec toi le programme scolaire, j'accepterai. Le passage en sixième est parfois délicat.

— Ouais ! Et ça va bien t'arranger. Tout le monde sait que tu as besoin de fric ! ricana la fillette.

— Et alors ? Ce n'est pas une honte, répondit Solenn, déconcertée par cette brusque bouffée d'animosité. Tu me déçois, Gwen. Je ne pensais pas que tu jugeais les gens à l'épaisseur de leur portefeuille.

La fillette eut un rire méprisant puis retourna au portail en sautillant.

*

Alors qu'elles rebroussaient chemin sans avoir retrouvé la vieille dame, Annaïg et Estelle abordèrent la question de la santé de Mam. L'arthrose dont elle souffrait empirait malgré les soins qu'on lui prodiguait, et il paraissait évident qu'arriverait un moment où sa fille ne suffirait plus à la tâche.

— Qu'est-ce que tu envisages ? demanda Estelle. Il faudra bien, un jour, chercher une maison de retraite médicalisée pour ta mère…

— Pour l'instant, nous avons un problème plus immédiat, éluda Annaïg. Je suis de plus en plus inquiète de ce qui a pu se produire.

— Cet incident m'amène à me poser une question. Es-tu sûre que ta mère a encore toute sa tête ? Le fait de se perdre est l'un des premiers symptômes de la sénilité.

Annaïg s'arrêta net.

— Je te vois venir ! Tu n'attends que le moment où Mam sera morte ou déclarée irresponsable pour pouvoir profiter de Kergouadal en toute tranquillité !

— Mais pas du tout ! Sache que pour Henri et moi, la propriété représenterait plus une charge qu'un avantage.

— Tu n'as pas toujours dit ça.

— Oui, mais les temps ont changé.

Les deux femmes traversaient un bosquet de rhododendrons dont l'épais feuillage tamisait la lumière. Estelle enleva ses lunettes de soleil et considéra sa belle-sœur d'un œil apitoyé. Vivre sous la férule de Mam l'avait vieillie avant l'âge. Avait-elle eu des amants, des rêves, des projets ? Probablement…

Qui n'en a pas ? Que tout cela eût été sacrifié sur l'autel de la dévotion filiale lui paraissait inconcevable.

Mam était un tyran, chacun pouvait le constater. Mais les tyrans n'existent que grâce à ceux qui baissent la tête devant eux.

Jusqu'où était allée la soumission d'Annaïg ? Nul ne le savait vraiment.

— Puisque nous en sommes à ce chapitre, reprit-elle, as-tu déjà pensé à ce que deviendra la propriété, après la mort de ta mère ?

— Il sera temps d'en parler le jour venu.

— Oh ! Ne jouons pas les hypocrites, s'il te plaît ! Je ne peux croire que tu n'y as jamais songé.

— Kergouadal restera dans la famille.

— Ah oui ! Et quel arrangement prévois-tu ? Ça m'étonnerait qu'Henri accepte l'indivision.

— Tu... tu en es sûre ? dit Annaïg en levant vers sa belle-sœur un regard incrédule.

— Ton frère gagne bien sa vie mais il dépense énormément. Je me demande souvent ce qu'il fait de son argent. En outre, Kergouadal présente trop d'inconvénients. L'isolement, l'entretien, les charges fiscales... Une telle résidence secondaire est un luxe que nous ne pourrons nous permettre.

— Pourquoi ne pas en faire votre habitation principale ?

— Tu rigoles ? Notre vie est à Brest. Moi, la campagne, ça va un jour ou deux, quand il fait beau. Sinon je m'y ennuie à mourir.

— Pourtant, pour écrire, c'est un endroit idéal. Le silence, la tranquillité...

— Une pièce bien insonorisée dans notre appartement me suffit.

— Mais Henri…

— Henri navigue neuf mois sur douze. Quand il est à terre, il veut voir du monde, non pas s'enterrer au fond de la cambrousse.

— Et lorsqu'il sera en retraite ?

— Il a encore plusieurs années d'activité devant lui.

Les deux femmes se remirent lentement en marche.

— Tu ne nous aimes pas beaucoup… fit soudain Annaïg. Tu ressembles à quelqu'un pour qui l'heure des comptes va bientôt sonner.

— Attends ! Soyons claires ! rétorqua Estelle. Ta mère est une harpie et je ne peux pas la sentir. Mais je n'ai rien contre toi. Quant à Henri… il y a longtemps que j'ai fait mon deuil de son amour. Il m'a causé trop de déceptions, trop de désillusions… Mais il est toujours mon mari et je m'en accommode parce que je ne le tiens pas pour entièrement responsable de l'échec de notre mariage. Après la mort de notre petit garçon, plus rien n'a été pareil… Je… j'étais tellement traumatisée que… que je ne supportais plus Henri, physiquement parlant. Pendant des mois, je me suis refusée à lui. Quand j'ai repris pied, c'était trop tard, il s'était détaché de moi.

Annaïg ne répondit rien. La tragédie qui avait endeuillé la famille, cinq ans auparavant, était encore dans toutes les mémoires. Les circonstances en avaient été si terribles…

Pauvre petit Lionel qui avait échappé à la surveillance de sa mère, un après-midi, à la plage, et dont on avait retrouvé le corps, ramené par la marée, deux heures plus tard. Après un tel drame, une mère survit comme elle peut…

Jetant un coup d'œil à sa belle-sœur, Annaïg s'aperçut qu'elle avait les larmes au bord des paupières. C'était ainsi chaque fois que l'on parlait de son enfant disparu. Elle s'empressa donc de changer de sujet.

— Pour en revenir à Mam, je reconnais qu'elle est de plus en plus difficile à vivre.

— Ce dont tu es en partie responsable. En ne lui résistant pas, tu as aggravé ses mauvais penchants.

— Oh ! Mais je lui résiste… à ma façon.

— Je suis heureuse de te l'entendre dire, seulement je n'en crois pas un mot.

— Je t'assure que je m'arrange pour préserver une partie de ma vie privée. Je… j'ai mon jardin secret.

Estelle la considéra sans dissimuler son étonnement.

— C'est ton droit le plus strict et ce n'est pas moi qui te critiquerai, bien au contraire.

— Voilà pourquoi je ferai tout mon possible pour rester à Kergouadal, même après le décès de Mam. De toute façon, elle n'a que soixante-quinze ans et, en dehors de son arthrose, elle se porte aussi bien que possible.

— Bien sûr… bien sûr… Seulement, que ce soit demain ou dans dix ans, cela arrivera un jour et tu dois t'y préparer.

Estelle perçut un éclair affolé dans les yeux de sa belle-sœur. Elle eut un peu honte d'elle-même. Parler ainsi était cruel. Mais fuir la réalité ne menait jamais à rien.

*

Après avoir battu toute la moitié est de la propriété, Étienne et Henri longèrent la clôture et finirent par déboucher sur le sentier côtier.

— Nous avons fait grillager le bord du chemin pour ne pas être dérangés par les pique-niqueurs. Certains sont d'un sans-gêne incroyable. Grâce à cette petite entrée, nous pouvons accéder facilement au promontoire ou descendre à l'anse de Poulpic si nous voulons nous baigner, dit Henri en promenant son regard aux alentours. Je ne vois pas trace de ma mère par ici, ça devient préoccupant... En tout cas, je vous remercie d'être venu à la rescousse. J'imagine qu'après avoir marché toute la journée, vous devez être éreinté.

— Oui, mais c'est normal de s'entraider... surtout entre cousins !

— A ce propos, je n'ai pas très bien compris à quelle branche de la famille vous appartenez. Mais vous m'expliquerez ça plus tard. Pour l'instant, je vais appeler ma sœur pour savoir ce qu'il en est de son côté.

Après quelques secondes de conversation, Étienne comprit que les femmes avaient fait chou blanc, elles aussi.

— Nous devrions pousser jusqu'au bout de la pointe. Votre mère a pu aller admirer le panorama, suggéra-t-il en se souvenant soudain des éclats lumineux qu'il avait aperçus dans ses jumelles. Tout à l'heure, alors que je me trouvais de l'autre côté de la baie, j'ai vu le soleil se refléter sur du métal. J'ai cru que c'était un vélo mais il pouvait aussi s'agir d'un fauteuil roulant.

Les deux hommes foncèrent sur le sentier et parvinrent rapidement à l'extrémité de l'éperon rocheux où un terre-plein avait été aménagé.

La pente était escarpée et recouverte d'une végétation clairsemée. En contrebas, une paroi à pic masquait le pied de la falaise.

Henri regarda autour de lui, désemparé.

— J'avais vraiment espéré la trouver ici.

Étienne, qui inspectait le sol, lui fit remarquer des traces de pneus.

— Ça ne veut rien dire, on croise beaucoup de vélos sur le chemin.

Le jeune homme sortit alors ses jumelles d'une poche de sa veste et examina la pente. Vieux papiers, sacs en plastique, canettes vides et, plus bas, un morceau d'étoffe accrochée à un épineux. Il passa les jumelles à Henri.

— Effectivement, il y a du tissu pris à une branche… Il faudrait que le vent le fasse flotter pour qu'on le voie mieux… Attendez ! Il se déplie ! Ça ressemble à un foulard. Noir, blanc avec des dessins verts. Je… j'ai l'impression de l'avoir déjà vu au cou de Mam…

Étienne reprit les lunettes et les dirigea vers le ressaut rocheux.

— Vous en êtes sûr ?

— Quasiment, fit Henri d'une voix blanche. Cela signifierait que… que…

— Pas forcément. Une rafale a pu l'emporter… Pour en avoir le cœur net, il faut descendre jusque-là. Je vais y aller. Il n'y a pas grand risque et je ne suis pas sujet au vertige. Une fois sur la corniche, j'apercevrai le bas de la falaise. Si votre mère a eu un accident, je vous appellerai.

Henri acquiesça d'un signe de tête, il paraissait accablé comme si une issue fatale ne faisait aucun doute. Étienne jugea cela un peu prématuré. Puis il haussa les épaules et s'engagea prudemment dans la descente.

VI

— Si je vous ai demandé de vous réunir ici, en cette fin d'après-midi, c'est pour vous faire part des résultats de l'enquête préliminaire, ouverte après le décès de madame Marie-Louise Le Barzic, le 10 juillet dernier.

L'officier de police Sophie Gilot promena son regard sur les trois personnes assises en face d'elle, dans le salon de Kergouadal. La fille, le fils et la belle-fille de la défunte.

— Après avoir procédé à un examen minutieux des lieux où le drame s'est produit, nos agents n'ont découvert aucun indice indiquant que la chute mortelle de votre parente aurait pu avoir une origine autre qu'accidentelle. Le rapport d'autopsie du médecin légiste atteste qu'il n'y avait pas trace d'alcool, de somnifère ou de psychotrope dans le corps de la défunte. Parmi les multiples blessures répertoriées, plusieurs étaient suffisamment graves pour avoir entraîné la mort. Sauf si l'un d'entre vous le désire, je vous en épargnerai l'énumération. Sachez toutefois que madame Le Barzic a eu les vertèbres cervicales brisées et une importante fracture du crâne, au niveau du temporal gauche. Cela permet d'affirmer que sa fin a été instantanée et sans souffrance ce qui, j'espère, atténuera un peu votre chagrin.

Le lieutenant Gilot fit à nouveau une courte pause, laissant à la famille la possibilité de poser des questions ou de demander quelques précisions. Comme chacun se taisait, elle poursuivit :

— Comme vous le savez, au terme de sa chute, votre mère était toujours retenue à son fauteuil, la ceinture de maintien n'ayant pas cédé. Grâce à ça, le corps n'a pas été entraîné par les courants marins ce qui a permis de le récupérer rapidement. Ainsi que vous avez pu le constater avant-hier, après la remontée, le fauteuil n'était plus qu'un amas de ferraille. En conséquence, nous en sommes malheureusement réduits aux conjectures pour expliquer comment et pourquoi l'engin s'est brusquement mis à dévaler la pente. Erreur humaine, fausse manœuvre de la part de madame Le Barzic, défectuosité des systèmes de freinage ou de blocage des roues… Impossible de le déterminer.

Pour l'heure, je suis autorisée à vous annoncer que si l'hypothèse d'un suicide ne peut être complètement exclue, l'enquête préliminaire conclut néanmoins à la mort accidentelle de Marie-Louise Le Barzic. En conséquence, rien ne vous empêche plus de procéder à la préparation des funérailles ni d'entreprendre les démarches administratives subséquentes à un décès. La restitution du corps peut s'effectuer dès maintenant.

— Qui se chargera du transport ? Vos services ou les pompes funèbres ?

— Les pompes funèbres. La société que vous aurez choisie doit contacter nos services qui lui fourniront tous les documents nécessaires, répondit Sophie Gilot d'une voix unie.

Elle savait, par expérience, que si elle voulait éviter tout débordement de chagrin, elle ne devait surtout pas sortir de son rôle d'officier de police efficace et compétent. Mais apparemment, les trois personnes qui lui faisaient face tenaient le coup. Elles avaient encaissé le choc de l'accident et semblaient prendre leur épreuve avec calme.

— Et maintenant, que va-t-il se passer au niveau de la procédure judiciaire ?

— L'affaire sera classée sans suite par le procureur de la République. Évidemment, si dans les prochaines semaines, un élément nouveau et déterminant devait être découvert, le dossier serait réouvert et l'enquête reprise.

— Qu'entendez-vous par élément nouveau et déterminant ?

— Eh bien, par exemple… un témoin qui se manifeste. La presse a fait état de l'accident. Quelqu'un a pu voir quelque chose qui lui a paru inattendu, anormal, et venir nous en parler.

— Vous n'écartez donc pas tout à fait la thèse de l'agression ?

— Non. Dans l'état actuel des choses, rien ne nous permet de l'étayer mais cela ne signifie pas que nous l'excluons totalement.

— Malgré ça, l'inhumation peut avoir lieu sans retard ?

— Bien entendu… Le rapport d'autopsie est clair. Madame Le Barzic est morte des blessures causées par sa chute. C'est un fait avéré sur lequel personne ne reviendra. Vous pouvez être rassurés à ce sujet.

— Connaît-on l'heure du décès ?

— Le légiste la situe entre dix-huit et dix-neuf heures.

— On ne peut pas être plus précis ?

— Non. Comme vous le savez, le corps a séjourné dans l'eau. La mer était haute et c'est grâce au fauteuil coincé dans des écueils qu'il n'a pas dérivé. Nous savons que votre mère n'est pas morte noyée mais l'heure de son décès reste approximative.

— De toute façon, cela ne revêt aucune importance pour nous.

— C'est vrai. Ah ! Un dernier point… Il faut que le jeune homme qui a découvert le corps signe sa déposition. J'ai ce document dans ma serviette. Savez-vous où je suis susceptible de le trouver ?

— Il campe dans le parc. Je vais l'appeler sur son portable. S'il est là, cette formalité pourra se faire séance tenante.

— Très bien, je vous en remercie.

*

— Et maintenant, qu'est-ce qui va se passer ? lança Estelle, affalée dans un fauteuil.

Henri jeta un coup d'œil par la fenêtre. Le lieutenant Gilot était en train d'embarquer dans sa voiture de fonction.

— Eh bien, comme les formalités sont terminées, nous allons enterrer Mam avec tout le décorum qu'elle aurait souhaité. Ensuite, la vie reprendra son cours.

— Alors, c'est déjà fini ? On ne verra plus de policiers fouiner dans tous les coins ? s'écria Gwenola qui avait été autorisée à revenir au salon, en compagnie de Solenn.

— Oui et c'est tant mieux ! répondit sa mère. Personne ne regrettera la présence de la police dans nos murs.

— Moi si ! Pour une fois qu'il se passait quelque chose de marrant à Kergouadal !

— Gwen ! protesta Henri. Je te rappelle que ta grand-mère est morte et que ça n'a rien d'un divertissement.

— Est-ce que j'aurai des habits noirs pour la cérémonie ? demanda la fillette, les yeux brillants.

— Ma chérie ! s'exclama Estelle. Plus personne ne porte le deuil, les enfants moins que les autres. C'est passé de mode.

— Dommage ! J'aurais bien aimé vous voir avec de grands voiles noirs sur la figure, Tatie et toi !

— Des funérailles ne sont pas un spectacle.

— Et Mam… On va la garder ici quelques jours, dans son cercueil ? reprit Gwenola, l'air toujours aussi guilleret. Et tous les gens qui la connaissent viendront défiler devant elle ?

— Non, je ne pense pas. Elle reposera dans un funérarium. Enfin ça, c'est à ton père et à ta tante d'en décider. Moi, ce que je dis…

L'enfant se tourna vers Annaïg.

— Oh, Tatie ! Mam serait tellement mieux ici, avec plein de fleurs, des couronnes, des cierges ! Je te jure que je serai sage. On ne m'entendra pas…

— Eh bien moi, j'en ai assez entendu ! tonna Henri. Heureusement que nous sommes entre nous, je n'ose imaginer ce que penseraient les gens en t'écoutant.

Puis se tournant vers Solenn : « Emmenez-la dans le parc, à vélo, à la plage, peu importe ! Nous avons à discuter et je ne veux pas être interrompu à tout bout de champ par une péronnelle qui n'a pas le moindre sens des convenances. »

— Papa !

— Dehors !

Gwenola lui jeta un regard noir puis se dirigea, la tête haute, vers la porte-fenêtre. Étienne Bréhant que l'on avait convoqué pour la signature de sa déposition, retint un sourire. Cette gamine était impayable ! A plusieurs reprises, elle était venue le voir au campement et, chaque fois, elle l'avait amusé par ses remarques acides et le jugement insolite qu'elle portait sur son entourage.

En l'écoutant, il s'était parfois demandé si elle n'avait pas hérité du caractère impérieux que l'on prêtait à sa grand-mère.

Comme il se levait afin de laisser les membres de la famille converser entre eux, Annaïg le retint par le bras.

— Étienne nous a été d'un grand secours dans ces moments difficiles. Je propose que nous l'invitions à venir loger dans la maison. Il y a deux chambres d'amis inoccupées.

— Naturellement ! Cela va de soi ! s'exclama Henri. J'aurais dû y penser moi-même.

— Je vous remercie mais je ne peux pas accepter, surtout en pareilles circonstances... Je comptais d'ailleurs abréger mon séjour et repartir dès demain.

— Ah non ! Il n'est pas question que vous changiez votre programme !

— D'autant, ajouta Estelle d'un ton charmeur, que cela nous permettra de parler littérature puisque vous êtes dans la branche, vous aussi.

Étienne qui était parvenu, entre deux portes, à lui faire part de son admiration, ne pouvait laisser échapper l'occasion.

— Puisque vous insistez, je veux bien rester quelques jours encore… à condition de ne pas quitter ma tente. Je me plais beaucoup au fond du parc.

— Comme vous voudrez, jeune homme ! déclara Henri en le prenant par l'épaule et en le raccompagnant sur la terrasse.

Là, il ajouta à voix basse : « Entre nous soit dit, je serai rassuré en sachant qu'il y a un homme dans les parages. Dès ce soir, je dois me rendre à Brest où j'ai quelques affaires à régler. Je vous avoue que laisser les femmes seules après un tel choc, me contrariait. N'ayez donc aucun scrupule à prolonger votre séjour. Considérez ça comme un service personnel que vous me rendez. »

*

— La police a conclu à une chute accidentelle et l'inhumation aura lieu mardi, à quatorze heures trente, en l'église de Saint-Renan ! lança Annaïg, la porte à peine refermée derrière elle. Je me suis échappée dès que j'ai pu mais ça n'a pas été facile, je t'assure.

Elle avait le souffle court et cet air effarouché qui éveillait en Yoann un agacement teinté de tendresse.

— En semaine, il y a toujours moyen de trouver un prétexte pour s'absenter… poursuivit-elle. Mais un dimanche, en fin d'après-midi, c'est autre chose !… J'ai pensé à la pharmacie de garde. J'ai prétendu qu'à cause des événements, j'avais oublié de renouveler mon médicament contre l'hypertension. Comme je dois le prendre tous les jours…

Yoann retint un geste d'impatience.

— J'espère que maintenant que ta mère est morte, tu vas perdre cette fichue habitude d'expliquer tes moindres faits et gestes. Tu as quarante ans, que diable ! Et aucun compte à rendre à personne.

— Bien sûr ! Seulement, vu les circonstances, cela aurait semblé bizarre que je sorte sans motif. Si tu ne m'avais pas envoyé de message sur mon portable, je n'aurais même pas cherché à te voir avant les obsèques. Comme personne n'est au courant pour nous deux, je…

— Encore une chose qui va devoir changer !

— Naturellement, mon chéri ! Mais laisse-moi un peu de temps, tout a été si brutal.

La voix d'Annaïg se cassa. Elle regarda autour d'elle, désemparée. Il lui était déjà arrivé de rejoindre Yoann dans la petite maison qu'il habitait près de Lanildut, mais toujours de nuit. Il la guidait alors à travers le couloir obscur et l'emmenait directement jusqu'à sa chambre.

Aujourd'hui, elle le trouvait assis à la table de la salle, raide, presque maussade.

— Qu'est-ce qu'il y a ? Tu as l'air fâché, chevrota-t-elle, au bord des larmes.

Il repoussa sa chaise et s'approcha d'elle.

— Excuse-moi, Nini, je suis un vrai ours, dit-il en la prenant dans ses bras.

Puis il la fit asseoir et lui sourit gentiment. « Tu es venue comment ? »

— En voiture. Je l'ai garée à une centaine de mètres d'ici. Je… je ne voulais pas attirer l'attention.

— Tu as bien fait. C'est vrai qu'il ne faut rien précipiter. On s'est montrés discrets jusqu'à présent et ça ne nous a pas trop mal réussi. Autant continuer ainsi quelques semaines encore.

— C'est ce que je me disais.

— Bon, puisqu'on est d'accord, raconte-moi comment ça s'est passé !

— Tu veux parler de l'enquête ?

Il hocha patiemment la tête car il savait que la brusquer ne menait à rien.

— Comme je te l'ai dit, la police a conclu à un accident dû à une fausse manœuvre de Mam ou à une défectuosité du fauteuil. Sauf fait nouveau, l'affaire sera classée sans suite.

— Voilà une bonne nouvelle !

— C'est aussi ce que nous avons pensé. Maintenant, dis-moi pourquoi tu voulais me voir. Qu'est-ce qu'il y a de si urgent ?

Yoann posa sa large main sur celle d'Annaïg.

— Écoute-moi bien, Nini ! Ce que je vais te dire, tu le sais certainement, mais je veux que les choses soient claires… Après un décès, la succession est ouverte. C'est le déballage intégral, tout apparaît au grand jour : la fortune, les dettes, les biens immobiliers et aussi les créances. Ce dernier point me concerne au premier chef. Quand ta mère m'a prêté de l'argent, je lui ai bien entendu signé une reconnaissance de dettes. Cette transaction s'est faite sans passer par un homme de loi. Le document se trouve certainement à Kergouadal, rangé parmi d'autres papiers. Il est donc possible de le récupérer mais il faut le faire tout de suite. Si nous attendons, il entrera dans la succession et ma dette ne sera pas effacée. Comprends-tu ?

— Voyons, mon chéri, tu sais bien que jamais je ne te réclamerai quoi que ce soit !

— Toi non, mais il y a ton frère. Et lui ne me fera pas de cadeaux !

Annaïg hocha tristement la tête.

— Donc, reprit-il, en rentrant, ou mieux cette nuit, quand tout le monde sera couché, tu iras dans la chambre de ta mère et tu te débrouilleras pour trouver ma reconnaissance de dettes. Est-ce qu'elle avait un coffre-fort ?

— Non. Tout est sous clé dans son secrétaire ou sa grande armoire.

— Tant mieux. Tu sais où sont les clés ?

— Oui.

— Dans ce cas, il n'y aura pas de problème, fit Yoann, un large sourire aux lèvres.

— Mais, c'est que… il y a beaucoup de papiers, des cartons, des enveloppes, des classeurs… Je ne saurai pas où chercher.

Il soupira, agacé.

— Annaïg, ne fais pas l'enfant ! Ne me dis pas que tu n'as jamais aidé ta mère à gérer ses affaires !

— Non ! Elle s'en chargeait toute seule. Je l'emmenais juste à sa banque ou chez son notaire quand cela s'avérait nécessaire.

— Et tu n'as jamais eu ton mot à dire ? Elle ne t'informait de rien ? s'exclama-t-il, sidéré.

— Non. Mon père ne possédait aucun bien. Tout ce qu'elle avait, Kergouadal entre autres, lui venait de sa famille. Elle m'allouait une pension mensuelle pour les services que je lui rendais mais rien ne l'y obligeait et…

— Bon, d'accord… Revenons à nos moutons ! Ce soir, tu vas fouiller dans ses affaires d'ici que tu trouves le dossier qui me concerne. Cela fait, tu l'emportes dans ta chambre et tu le brûles.

— Je… je n'ai pas de cheminée.

Yoann la regarda interloqué.

— Ce que je veux dire, c'est qu'une fois que tu auras mis la main sur ce dossier, tu te démerdes pour le faire disparaître. Comment… je m'en bats l'œil !

— Je… je vais voir ce que je peux faire mais je ne te promets rien.

Repoussant violemment sa chaise, il contourna la table et la saisit par le bras.

— Tu dois réussir ! martela-t-il. Trop de choses sont en jeu pour que tu te contentes d'essayer. J'ai remboursé une partie du fric mais, ces derniers mois, c'était devenu impossible. Et ce n'est pas faute d'avoir travaillé comme un nègre. Si tu ne détruis pas cette reconnaissance de dettes, autant que je saborde mon bateau et tout mon matériel avec.

— Ne t'énerve pas, Yoann !

— Je ne m'énerve pas mais quand je pense au pactole que vous allez toucher, je me dis que ce que je vous dois encore peut bien passer à l'as, vous ne vous en porterez pas plus mal !

— Je te comprends, seulement je ne pense pas que nous hériterons tant que ça. Ma mère vivait de la pension de mon père…

— Et que crois-tu que vous rapportera la vente de Kergouadal ?

Annaïg posa sur lui des yeux horrifiés.

— Je ne tiens pas à ce que Kergouadal soit vendu ! C'est ma maison, là où je vis depuis si longtemps. Et puis, maintenant que Mam est morte, tu pourrais venir y habiter avec moi. Pas tout de suite, bien sûr…

— Le gigolo de Madame ! Très peu pour moi, merci !

— Mais tu dis toi-même que tu ne veux plus d'une liaison secrète.

— D'accord ! Mais entre ça et vivre à tes crochets, il y a de la marge !

Puis, la prenant par l'épaule, il lui murmura à l'oreille :

— Assez parlé, ma Nini ! Maintenant, on va faire un petit câlin tous les deux…

Elle se raidit et secoua la tête.

— Je n'ai pas le cœur à ça. Et à Kergouadal, on va se demander où je suis passée, si je tarde trop.

— Oublie un peu la sainte famille ! Ce n'est pas souvent que tu viens chez moi et…

— Non, je t'assure que…

Sourd à ses réticences, il l'attira contre lui, passa une main sous son pull et l'entraîna vers sa chambre.

Les sentiments confus que Yoann éprouvait pour cette femme le troublaient. Il ne parvenait pas à démêler son besoin de la protéger de l'envie qu'il avait d'elle, les bouffées d'exaspération et la tendresse qu'elle lui inspirait. Elle était si décalée. Se comportant tantôt comme une ingénue, tantôt comme une vieille fille. Soit avec audace, soit d'une frilosité insupportable. Souple jusqu'à en être insaisissable, ou raide comme une marionnette. Si imprévisible qu'elle réduisait à néant la connaissance qu'il avait des femmes. Et des êtres humains en général.

Couché sur le dos, Annaïg à demi assoupie à côté de lui, Yoann songea alors que la mort de Marie-Louise Le Barzic avait laissé une place à prendre. Sa fille avait montré dans la soumission une complaisance indubitable. Saurait-elle se passer de la domination à laquelle elle avait été accoutumée depuis l'enfance ? Pas sûr... Les yeux au plafond, il amorça un sourire. L'emprise d'un être sur un autre était quelque chose à quoi il n'avait encore jamais goûté. Peut-être cela valait-il la peine d'être essayé. Oui, éventuellement, mais plus tard...

Pour l'heure, il fallait réveiller Annaïg et lui renouveler les consignes. Elle devait retrouver la reconnaissance de dettes. C'était impératif s'il ne voulait pas voir le fruit d'années de travail réduit à néant. Ensuite, il pourrait repartir sur de nouvelles bases.

Avec elle.

Ou sans elle.

Dans le fond, ça n'avait pas grande importance.

VII

« La vieille est morte… morte… morte… », fredonnait Estelle en esquissant quelques pas de danse. Maintenant qu'elle était seule dans sa chambre, elle pouvait se laisser aller à de tels enfantillages. Elle avait fait suffisamment de simagrées ces jours derniers pour avoir le droit d'exprimer enfin sa bonne humeur. De toute manière, elle était persuadée qu'aucun membre de la famille ne regrettait Mam. Sauf Annaïg, et encore, par intermittences. Les souffre-douleur éprouvent toujours un inexplicable attachement pour leur bourreau et elle ne devait pas échapper à la règle. Mais bon, elle s'en remettrait. Maintenant que le regard féroce de sa mère s'était définitivement éteint, peut-être finirait-elle même par s'épanouir. Estelle le souhaitait sincèrement car elle avait de l'amitié pour sa belle-sœur.

Tout en chantonnant, elle alla jusqu'à la commode Louis-Philippe, dressée à côté de la porte. Ce soir, elle avait décidé de retrouver coûte que coûte ses notes sur *Le Chariot de l'Aube.* Mais avant de fouiller les affaires de sa belle-mère, elle voulait être sûre qu'elle ne les avait pas oubliées dans un coin de sa propre chambre. Elle se souvenait qu'il s'agissait de copies doubles, format A4, rassemblées dans une chemise cartonnée bleu ciel.

Elle inspecta les trois tiroirs qui ne contenaient que des vêtements d'été et de la lingerie défraîchie. Puis elle passa à la grande armoire bretonne. Là aussi, des quantités d'habits vieillissaient dans le noir. C'étaient essentiellement des effets appartenant à Henri, et elle ne s'en occuperait pas. Son mari vivait sa vie, courait la gueuse, entretenait peut-être une maîtresse… grand bien lui fasse ! Mais qu'il ne s'attende pas à ce qu'elle se charge de l'intendance de leur ménage ! Ce temps-là était révolu.

Dire que sa mère n'était pas enterrée et que, déjà, il se précipitait à Brest, sous prétexte d'affaires à régler… A qui pensait-il faire avaler ça ? En l'occurrence, ce soir, son absence l'arrangeait plutôt car elle lui permettrait d'inspecter tout à son aise les deux pièces qu'avait occupées Mam. Elle les mettrait sens dessus dessous s'il le fallait mais ne s'en irait pas sans avoir récupéré ses notes. Sa belle-mère ne risquait plus de s'en servir, seulement Estelle ne voulait pas courir le risque de les voir à nouveau tomber dans de mauvaises mains. Celles d'Henri ou d'un notaire peu scrupuleux, par exemple…

Il était vingt-trois heures quand elle gagna silencieusement les deux pièces de la maison qu'avait occupées Mam. Elle en ferma les grands rideaux puis alluma et regarda autour d'elle. Où la vieille chipie avait-elle caché les papiers dérobés ? Ces dernières années, elle n'était venue ici que rarement, quelques visites de politesse lorsque sa belle-mère était souffrante. Elle en trouvait l'aménagement lourd, oppressant. Des tapis, des meubles massifs, d'innombrables bibelots, d'énormes plantes vertes qui masquaient la lumière… Même en plein midi, on avait l'impression d'être dans un mausolée.

« Procédons avec logique, » marmonna-t-elle en se dirigeant vers un secrétaire d'acajou. Elle en ouvrit l'abattant et se rendit compte tout de suite qu'aucune des étagères n'était assez grande pour contenir son dossier. Dans les tiroirs situés en dessous, il n'y avait que des albums de photos, des papiers de famille, des polices d'assurance. Elle voulut alors inspecter le classeur métallique situé derrière la porte mais il était verrouillé.

Passant dans la chambre à coucher, elle examina le contenu de l'armoire, de la table de nuit et d'un ravissant bonheur-du-jour en bois de rose, le seul meuble dont elle aurait aimé hériter. Rien, pas la moindre enveloppe cartonnée bleue... A l'évidence, celle-ci était rangée dans le classeur. Il faudrait en demander la clé à Annaïg.

Estelle allait se retirer lorsqu'elle entendit un grincement de porte et une exclamation étouffée. Puis elle aperçut sa belle-sœur qui se glissait dans la pièce.

— Oh ! Qu'est-ce que tu fais là ? s'étonna-t-elle en la voyant.

— Et toi ?

— Je suis venue chercher des papiers dont le notaire pourrait avoir besoin pour ouvrir la succession.

— A cette heure ?

— Je n'arrivais pas à dormir. Toi non plus, apparemment.

Estelle expliqua qu'elle cherchait un de ses manuscrits.

— Qu'est-ce qui te fait penser qu'il se trouve ici ?

— Je soupçonne ta mère d'avoir fouiné dans mes affaires et fait main basse sur des papiers qui ne lui appartenaient pas.

— Tu les as trouvés ?

— Non. Le classeur où elle a dû les ranger est verrouillé.

— Qu'à cela ne tienne ! J'en ai la clé, ouvrons-le ! Les documents dont j'ai besoin y sont probablement…

Il ne fallut que quelques instants à Annaïg pour découvrir le dossier qu'elle prétendait être venue chercher. Il était déposé bien en évidence, sur un rayon du meuble. Les deux femmes passèrent ensuite en revue le contenu des autres compartiments. Les papiers de toute une vie étaient amassés là et pour les inventorier, une journée n'aurait pas suffi. Estelle commençait à désespérer lorsqu'elle avisa, tout en bas, le dos bleu d'une chemise. Elle la sortit de la pile, l'ouvrit…

— Ce sont mes notes ! s'exclama-t-elle. Ta mère me les avait bel et bien barbotées !

Puis elle s'accroupit, fouilla un peu et tomba sur un vieux bouquin qu'elle reconnut aussitôt. Elle s'en empara et le glissa dans la chemise dont elle referma les attaches élastiques noires.

— Je ne comprends pas. Pourquoi Mam te les aurait-elle volées ?

— Va savoir ! Tu la connaissais aussi bien que moi. Sa malveillance et sa méchanceté ne faisaient qu'empirer avec l'âge.

— C'est vrai, répondit Annaïg en feuilletant une pile de dossiers qu'elle venait de sortir du classeur. Tiens ! Qu'est-ce que c'est que ça ?…

Elle avait ouvert une grande enveloppe et en extirpait un ensemble de lettres et quelques photos. « On dirait une correspondance. » Elle se plongea dans la lecture puis leva des yeux stupéfaits.

— Ce… ce sont des lettres d'amour.

— Oui et alors ?

— Des lettres d'amour adressées à Mam. Des déclarations, des demandes de rendez-vous… Tu te rends compte !

— Ta mère a dû avoir une aventure.

— Oh ! mais… mais c'est impossible ! Elle, toujours si stricte, si à cheval sur les principes…

— Oui, avec les autres. Elle était peut-être beaucoup plus tolérante vis-à-vis d'elle-même. Ces lettres sont-elles signées ?

— Non. Il y a juste un M à la fin.

— Regardons les photos, elles nous mettront peut-être sur la voie.

Les deux femmes allumèrent une lampe de bureau et se munirent d'une loupe.

— Tu reconnais quelqu'un ?

— Là, ce sont mes parents en compagnie d'amis. Le petit garçon est Henri.

— Et sur celle-ci ?

Estelle tendit un instantané où figurait ce qu'il est convenu d'appeler un beau couple. L'homme et la femme, âgés d'une trentaine d'années, se tenaient par la taille et regardaient l'objectif en souriant. Au dos était inscrite une date : 15 octobre 1953.

— Je… je crois qu'il s'agit de Suzanne Le Couëdic et son mari.

La troisième photo était un portrait en pied de ce dernier.

— C'est sans doute lui l'auteur des lettres et l'amant de ta mère, déclara Estelle. Comment se prénommait le mari de Suzanne ?

— Je n'en sais rien. Il est mort jeune, je ne l'ai pas connu.

— Il serait intéressant de se renseigner.

— Pourquoi ? C'est le passé et cela ne nous regarde pas.

Elle avait l'air mal à l'aise, comme gênée par l'inconduite de sa mère.

— Allez ! Ne t'en fais pas, dit Estelle en la prenant par l'épaule. Tous ces gens-là sont morts.

— Pas Suzanne.

— Elle a dû tirer un trait là-dessus depuis longtemps.

— Pas sûr. Je l'ai souvent entendue se quereller avec Mam. Je n'y prêtais pas attention parce je me disais que ressasser le passé était pour elles une façon de se distraire. Dernièrement, il m'est arrivé de voir Suzanne sortir de la maison en marmonnant toutes sortes d'insultes, de menaces… Je n'y ai pas accordé d'importance parce que j'ai l'impression que la pauvre devient un peu sénile.

— Tu as bien fait. Remettons ces vieux papiers à leur place. J'ai trouvé ce que je cherchais et toi aussi.

— Oh moi ! Je n'en ai pas terminé avec la paperasse, gémit Annaïg. Ça ne fait même que commencer.

— Après un décès, personne n'y échappe.

Annaïg referma le classeur puis se tourna vers sa belle-sœur.

— Puisqu'on est là toutes les deux et si tu n'as pas sommeil, nous pourrions inventorier les bijoux de Mam et faire le partage avant l'ouverture de la succession. J'en ai parlé à mon frère, il est d'accord…

— Comme tu veux. Si tu penses que c'est mieux ainsi…

Déjà Annaïg se dirigeait vers la grande armoire à linge.

Elle l'ouvrit et en sortit un coffret dissimulé derrière une pile de draps.

— Mam adorait porter ses bijoux. Elle préférait courir le risque d'un cambriolage plutôt que de les enfermer dans un coffre bancaire. D'ailleurs, il n'y en a pas pour une fortune.

Estelle qui les connaissait pour les avoir vus portés par sa belle-mère, ne tenait pas à en hériter. Si elle n'avait craint de vexer sa belle-sœur, elle lui aurait proposé de garder tout le lot.

— Gwen aimait beaucoup les regarder avec sa grand-mère, dit Annaïg en déposant le coffret sur la table. Quand Mam était de bonne humeur, elle lui permettait de les essayer et de s'admirer dans le miroir.

— Gwen s'intéressait à ça ? s'exclama Estelle stupéfaite.

— Tu ne le savais pas ? C'est assez normal pour une fillette de son âge.

— Euh… oui, peut-être. Dans ce cas, c'est elle qu'il faudrait consulter pour le partage. Moi, je ne suis pas attirée par ce genre de babioles.

Annaïg secoua la tête.

— Je ne pense pas qu'Henri verrait ça d'un bon œil.

Puis elle plaça la lampe de bureau sur la table et ouvrit le coffret.

— Seigneur ! Mais… mais il en manque !

— Quoi ! Tu es sûre ?

— Parfaitement. Le collier de perles et la montre Oméga. Peut-être une ou deux bagues…

— Ils ont pu être rangés ailleurs.

— Impossible. Quand Mam ne les portait pas, elle les déposait toujours dans le coffret. Elle affirmait qu'un bijou qui traîne est un objet de tentation auquel peu de gens savent résister. D'autre part, si l'on en égare un, le doute s'installe et on se met à soupçonner tout le monde.

Tout en parlant, Annaïg avait sorti des écrins. Elle les aligna puis les ouvrit. L'un d'eux était vide.

— C'est celui de la topaze montée en pendentif que mon père avait rapportée du Brésil. Une très belle pièce.

— Oui, je m'en souviens, dit Estelle qui revoyait la grosse pierre jaune ballotter lourdement sur la poitrine de Mam. Dis-moi si je me trompe… Il me semble que ta mère ne portait pas de bijoux, au moment de son accident ?

— Non, sauf son alliance.

— Il faudrait peut-être signaler leur disparition à la police.

— Ah non ! Pas question ! Je ne veux plus voir les flics fouiner partout. Tant pis ! De toute façon, ils n'avaient pas grande valeur.

— Est-ce qu'ils étaient assurés ?

— Je n'en sais rien. Tirons un trait là-dessus !

— Je veux bien, seulement leur disparition soulève l'hypothèse d'une agression. Imagine… Alors que Mam admirait le panorama, un voyou a pu passer par là et remarquer les bijoux. Il a voulu s'en emparer, elle ne s'est pas laissé faire, s'est débattue. Le fauteuil a été bousculé, les freins ont lâché et la chute a eu lieu. Homicide involontaire !... Le voleur paniqué a pris la fuite en emportant son butin...

— Ça se tient, reconnut Annaïg. Mais je n'alerterai pas la police pour autant parce que, même si ta supposition est juste et qu'on rattrape le rôdeur, cela ne ressuscitera pas Mam.

Annaïg replaça les écrins dans le coffret et remit celui-ci à sa place. Elle paraissait avoir oublié son projet de partage immédiat et Estelle ne jugea pas opportun de le lui rappeler.

Une fois de plus, elle se dit qu'elle ne comprendrait jamais comment fonctionnaient les Le Barzic. L'hypothèse d'un crime crapuleux, avec tout ce que cela comportait d'odieux, ne semblait pas affecter sa belle-sœur outre mesure. Tout ce qui comptait pour elle, c'était maintenant d'offrir à sa mère des obsèques dans la plus pure tradition, puis de faire son deuil à Kergouadal, en toute tranquillité.

*

Malgré la pluie qui menaçait et les nuages montant de l'Atlantique, les rues du centre de Brest étaient encore pleines de monde.

Il était onze heures du soir. Les cinémas et les restaurants se vidaient mais les passants flânaient dans la clarté crépusculaire de juillet.

La lumière rose puis mauve du ciel avait longuement déployé ses charmes de femelle en fête. Maintenant, la parade bleuissait et les rues s'enfonçaient dans la sombre indigence de la nuit.

L'odeur de la mer commençait à ramper sur les trottoirs des vieux quartiers. C'était là, dans l'encoignure des portes et le renfoncement des murs, que les ombres allaient se mettre à bouger. Fermentation obscure, elles grandiraient, enfleraient, déborderaient des caves et des terrains vagues puis noieraient la ville dans leur noire obésité.

Henri Le Barzic descendait la rue de Siam. Il regardait discrètement les terrasses des cafés où s'attardaient les promeneurs. Ni l'heure ni l'endroit n'étaient propices au jeu.

Il aurait plus de chance dans les quartiers périphériques ou, mieux encore, à proximité des cités universitaires où logeaient, durant l'été, des stagiaires venus d'un peu partout. Brest était une ville relativement sûre et les jeunes filles ne craignaient pas d'y circuler seules la nuit.

Il jeta un coup d'œil à sa montre et décida de rejoindre le pont Schumann par le quartier de l'Harteloire. Là, ce serait bien le diable s'il ne tombait pas sur une femme en train de rentrer chez elle. Parvenu au bout de la rue de Siam, il bifurqua à droite, longea la Penfeld et s'engagea dans les rues obscures. Il marchait lentement en pensant à sa mère. Jamais il ne saurait si les menaces qu'elle avait proférées auraient été suivies d'effet. Mais une chose était claire, elle avait fini par découvrir ce qu'il lui cachait depuis toujours.

Au téléphone, l'attaque avait été directe, ce qui était dans son style. La brutalité avait toujours été sa méthode favorite pour faire plier son fils. Mais il avait très vite compris qu'elle possédait des preuves ou des témoignages solides et que, cette fois, il ne s'en tirerait pas par une pirouette.

Aujourd'hui, la bouche de Mam était close. Aucun ordre, aucune menace ne franchirait plus ses lèvres. La statue du commandeur s'était définitivement cassé la gueule.

Pourtant, il ne respirait pas mieux. Ne se sentait pas plus léger. Ni plus jeune. Ni plus libre. Les trottoirs de Brest où marchaient les femmes solitaires étaient aussi sales et aussi gris qu'au temps de la reconstruction, quand il tremblait à l'idée de ce qui se passerait si Mam apprenait comment il passait ses fins d'après-midi.

« — Où étais-tu passé ? Pourquoi rentres-tu si tard ?

— J'ai joué au ballon… raccompagné un copain… regardé un chantier… aidé une vieille dame… discuté avec un invalide de guerre…

Œil acéré, lèvres pincées, index accusateur.

— Je suis sûre que tu me mens, Henri. Un jour, je découvrirai la vérité et là, je te ferai regretter ta fourberie ! J'ignore quand ce sera, mais cela arrivera, tu peux en être certain ! »

Mam se trompait. Jamais elle n'avait réussi à percer son secret. Au fil des ans, Henri avait fini par ne plus y attacher d'importance. Il ignorait ses allusions et laissait entendre que, comme son père avant lui, il avait des maîtresses. En vieillissant, sa mère avait perdu ses moyens d'investigation. De redoutable, elle n'était devenue que gênante. C'était du moins ce qu'il croyait jusqu'à vendredi dernier.

Henri pressa le pas. A une centaine de mètres, une silhouette féminine venait de surgir de la rue Kéravel pour tourner dans la rue Fautras. Menue, un mètre cinquante-cinq à peine, mince mais bien roulée, cheveux blonds flottant sur les épaules, jean moulant un joli petit cul. En aucun cas une gamine… Henri ne donnait pas dans le fruit vert, les fillettes délurées ne l'avaient jamais attiré. Celle qui allait devant lui avait dans les vingt-cinq ans, il en était sûr rien qu'à voir sa façon de marcher. Elle avançait d'un pas rapide mais détendu. Les rues sombres et désertes ne semblaient pas l'impressionner.

Henri n'aimait pas les nanas qui s'effarouchent à la moindre alerte, celles qui se mettent à courir comme des dératées dès qu'elles ont un petit doute. Avec elles, pas le temps d'instiller la peur. Pas le temps de monter un scénario, de combiner une stratégie…

La passante avait maintenant atteint la place Édouard Mazé et se dirigeait vers l'avenue Clémenceau, bien éclairée et encore assez fréquentée. Ce serait le moment de se faire repérer. Henri pressa le pas. Lorsque la jeune femme déboucha sur l'avenue, elle alla jusqu'à un passage pour piétons et attendit que le feu passe au vert. Henri vint se planter au bord du trottoir, juste à côté d'elle.

Quand le feu devint rouge, ils s'engagèrent ensemble sur la chaussée. Là, il accéléra. Parvenu sur le trottoir d'en face, il se retourna et la dévisagea un bref instant, le temps qu'elle enregistre son visage. Puis il poursuivit son chemin. Dans la vitrine d'un magasin, il vit qu'elle se dirigeait vers la rue Duguesclin. Il s'y engagea avant elle, ralentit, se laissa dépasser, traversa la rue, bifurqua à gauche afin de rejoindre la rue Lamotte-Picquet. Il la longerait jusqu'à son croisement avec la rue Duguesclin. Là, il se tiendrait à l'affût dans une encoignure de porte et en surgirait au moment où la jeune femme passerait devant lui. Elle le reconnaîtrait, c'était certain.

A partir de cet instant, le jeu pourrait commencer.

VIII

Solenn Mercier posa sur Gwenola un regard perplexe. Décidément, elle ne comprenait rien à cette gamine. Avant midi, elle avait sauté de joie quand sa mère leur avait proposé de se rendre toutes deux à Brest faire quelques courses. « Cette enfant n'a rien de convenable à se mettre pour les obsèques. Allez-y ensemble, je suis trop occupée pour vous accompagner. Je vous donne carte blanche. » Et maintenant qu'elles étaient à pied d'œuvre, dans le centre commercial de Coat ar Gueven, l'enthousiasme de la fillette était retombé et Solenn se demandait bien pourquoi.

— Par quoi veux-tu commencer ? Les chaussures, le corsage, la jupe ?…

— La jupe ? s'écria Gwen, horrifiée. Ça va pas la tête ? Je ne mets jamais de jupe !

— Tu ne comptes pas aller en short ou en jean à l'enterrement de ta grand-mère ?

— Les habits de deuil sont passés de mode. Maman et Tatie me l'ont dit.

— Si tu ne veux pas de jupe, on peut choisir une robe, rétorqua la jeune fille en s'engageant sur l'escalator.

A mi-étage, comme elle n'obtenait pas de réponse, elle se retourna et découvrit Gwenola debout au bas de l'escalier, qui la regardait d'un œil courroucé.

— Eh bien ! Tu viens ?

Cette gamine et ses caprices d'enfant gâté commençaient à lui taper sérieusement sur les nerfs.

Une heure plus tard, elles avaient fait toutes les boutiques sans parvenir à se mettre d'accord.

— Qu'est-ce que tu veux, à la fin ? explosa Solenn. Tu refuses systématiquement tout ce qu'on te propose. Si tu as envie de me faire devenir chèvre, dis-le tout de suite, je saurai à quoi m'en tenir !

Gwenola haussa les épaules en ricanant.

— Y a rien qui me plaît.

— Pourtant, ce n'est pas le choix qui manque !

— Tu parles ! Dans le style “Petites Filles Modèles”, d'accord... Mais moi, j'en veux pas ! C'est pas la peine d'insister, on ne trouvera rien ici.

— Dis-moi où tu as envie d'aller.

— Dans la friperie de la rue Branda.

— Quoi ? Tu ne parles pas sérieusement. Et d'abord, comment connais-tu cette boutique ?

— Avec mes copines, on va souvent y essayer des fringues.

— Ta mère est au courant ?

— Pff...

— Tu y as déjà acheté des vêtements ?

— Oui, avec mon argent de poche. Un foulard, un châle, un chapeau et même une jupe.

— Tu viens de dire que tu n'en portais jamais !

— C'était pour Mardi Gras.

— Ah ! Je vois... Seulement je te signale que demain, ce n'est pas le carnaval mais les funérailles de ta grand-mère. Sur ce, assez plaisanté ! Puisque tu n'arrives pas à te décider, je vais le faire pour toi. Nous avons suffisamment perdu de temps comme ça.

— Tu… t'as pas le droit !

— Eh bien, je le prendrai ! Si tu crois que je vais me laisser tourner en bourrique plus longtemps, tu te trompes. Mademoiselle, s'il vous plaît !…

Une vendeuse qui passait par là, s'arrêta tout sourire.

— Nous cherchons quelque chose qui convienne à des obsèques.

— As-tu une préférence ? s'enquit l'employée en se tournant vers la fillette qui ne daigna pas lui répondre.

— Ne faites pas attention à elle, elle est fâchée. Je choisirai à sa place. J'ai repéré une jupe écossaise dans le rayon du fond… un corsage blanc à manches courtes, là sur ce portant… Et il nous faut aussi une veste.

— Ce petit blazer peut-être… Nous l'avons en marine, vert ou bordeaux.

— Marine, ce sera parfait.

— Voilà un ensemble tout à fait seyant, approuva la vendeuse.

— Tout à fait plouc, oui ! ronchonna Gwenola. Quelle touche je vais avoir là-dedans ! Je n'ose même pas y penser.

— Vous ajouterez une paire de chaussettes blanches, poursuivit Solenn, imperturbable.

— Et le tableau sera complet ! explosa la fillette. Dès qu'on sera rentrées, je raconterai à maman comment tu m'as obligée…

Solenn se retourna et plongea son regard dans le sien.

— D'accord, fais-le ! Mais avant, dis-toi bien que si ta mère ne t'a pas accompagnée cet après-midi, c'est qu'elle doit connaître ta façon de te conduire et qu'elle a été bien contente de pouvoir me refiler la corvée !

Devant sa bouche bée et ses yeux écarquillés, elle se dit qu'elle y était allée un peu fort mais la gamine l'avait bien cherché et, visiblement, elle n'était pas habituée à ce qu'on lui tienne tête.

Comme elles se dirigeaient vers la sortie, Solenn annonça qu'elle renonçait au magasin de chaussures.

— Tu trouveras bien une paire de sandales à te mettre, à Kergouadal.

Gwenola marmonna quelques mots incompréhensibles puis, comme Solenn lui demandait de répéter, elle s'arrêta au milieu de l'allée.

— Demain, maman me forcera à porter les habits que tu as achetés. Elle sera sûrement très contente de ce que tu as choisi, peut-être même qu'elle te félicitera... Mais moi, je te jure que je te revaudrai ça... et au centuple !

Solenn éclata de rire et alla acquitter ses achats, puis elles regagnèrent la Peugeot garée dans le parking souterrain. Sur la route du retour, Gwenola s'absorba dans la contemplation du paysage. Elle finit par se détendre et sembla oublier leur querelle.

— Qu'est-ce que tu as envie de faire tout à l'heure, quand nous serons rentrées ? demanda Solenn. Tes parents et ta tante seront certainement au funérarium.

— J'sais pas.

— On pourrait aller se baigner ou se promener...

— L'eau est trop froide et du vélo, j'en fais tous les jours... En plus, je n'ai pas la permission d'aller chez ma copine, à cause du deuil et tout ça.

— D'ici quelques jours, tout rentrera dans l'ordre. Tu pourras revoir ton amie.

— Ouais… Note que, dans le fond, je ne l'aime pas tellement, elle est pas marrante.

— Ah ! Tu ne m'avais jamais dit ça.

— Bien sûr ! Il y a plein de choses que je ne t'ai pas dites.

— Chacun a le droit d'avoir des secrets.

— Hum… Tu vois moi, si j'avais le choix, je vivrais toute l'année à Kergouadal.

— Tu t'y ennuierais ! Pense à toutes les distractions et aux activités que tu peux pratiquer à Brest.

— Je vais peut-être pouvoir le faire maintenant que Mam est morte, poursuivit la fillette sans prêter attention à son objection. Sauf si Kergouadal est vendu, bien entendu.

— Vendu ? Ta tante y semble très attachée… Elle aurait du chagrin.

— Bof… Elle se consolera avec son mec.

— Hein ?

Gwenola eut un sourire finaud.

— Je te l'ai dit, il y a plein de choses que je sais… que je suis seule à savoir. Personne ne fait attention à moi, je compte pour du beurre… Note que ça m'est égal parce que, comme ça, je fais ce qui me plaît.

— Et qu'est-ce qui te plaît ?

— Eh bien… surveiller les gens, par exemple… Essayer de découvrir ce qu'ils aimeraient cacher. Au grenier, j'ai trouvé une paire de jumelles. Tout le monde croit que j'observe les oiseaux.

— Ce qui n'est pas le cas ?

— Bien sûr que non ! C'est comme ça que j'ai découvert que Tatie rencontrait un homme. Et un costaud en plus !

— Écoute Gwen, c'est là une chose qui ne regarde personne. Ta tante a le droit de faire ce qu'elle veut, on ne doit pas s'en mêler.

— Je les ai vus ensemble plusieurs fois, insista la fillette. Ils s'embrassaient... et même pire !

— Ça suffit ! Je ne veux pas en entendre davantage. D'ailleurs nous arrivons.

*

Suzanne Le Couëdic leva les yeux de sa bassine à confiture et s'essuya le front. Les framboises mélangées aux groseilles rouges bouillottaient gentiment. Il y en avait encore pour un bon quart d'heure avant de pouvoir les mettre en bocaux. La vieille dame soupira et alla respirer l'air frais, à sa fenêtre.

Les fruits du jardin donnaient bien cette année et elle ne pouvait se résoudre à les laisser perdre, malgré la fatigue que ce travail entraînait. Elle n'en dirait rien à son fils car Jean serait alors capable de venir arracher les arbustes, sans lui demander son avis. De toute manière, cela faisait longtemps qu'elle avait constaté que moins elle en disait, moins on la tarabustait sur sa façon d'occuper ses journées. Il n'y avait qu'à Marie-Louise Le Barzic qu'elle en parlait parce qu'elle était de son temps et envisageait les choses de la vie à peu près de la même manière.

Debout à sa fenêtre, Suzanne regardait la petite route qui longeait son jardin. Quelques années auparavant, elle avait fait abattre sa haie, refusant d'être cloîtrée plus longtemps derrière ce mur de verdure. Elle aimait voir passer les gens. Cyclistes, cavaliers, randonneurs, avec lesquels il lui arrivait souvent de bavarder. « Tu es trop sociable, un jour tu te feras agresser, » lui prédisait son fils. A quoi elle répondait qu'elle préférait mourir de mort violente plutôt que d'un cancer ou de la maladie d'Alzheimer.

C'était aussi ce que pensait Marie-Louise… Et là, on pouvait dire que son vœu avait été exaucé. Suzanne étouffa un rire grelottant. Elle avait beau se répéter qu'elle n'aurait plus à supporter sa langue de vipère ni son caractère de chien, elle ne parvenait pas à imaginer la vie sans elle. Amie, ennemie, rivale, complice… Avec qui se disputerait-elle désormais ? Auprès de qui critiquerait-elle son fils et sa belle-fille, l'aide-soignante, la femme de ménage, les touristes qui louaient les maisons voisines ? La vieille dame soupira puis tressaillit. Elle n'allait tout de même pas regretter celle qui, jadis, lui avait volé son mari… et qui, dernièrement, avait songé à s'en prendre à Jean !

« Ces temps-ci, elle dépassait vraiment les bornes, » marmonna-t-elle en revenant à ses confitures. Fallait-il qu'elle eût l'esprit dérangé pour débiter de telles horreurs sur sa propre famille ! Que lui avait fait la pauvre Annaïg pour être sans cesse la cible de ses moqueries ? Et Estelle, sa belle-fille… pour quelle raison dénigrait-elle systématiquement son talent d'écrivain et ses ambitions littéraires alors qu'elle n'y connaissait rien ? Quant à Henri… Seigneur ! où était-elle allée chercher les abominations dont elle l'accusait ?

Suzanne secoua la tête et se mit à touiller sa confiture. Lorsqu'elle en jugea la consistance adéquate, elle la coula dans les bocaux alignés sur le plan de travail. Puis elle lava la bassine, traîna un fauteuil de rotin près de la fenêtre et s'y écroula. Elle avait mal aux jambes et des élancements dans le bas du dos. La chaleur et les vapeurs de la cuisson la faisaient haleter. Heureusement, personne n'était là pour assister à ce coup de barre. « La vieillesse, quelle pénitence, quelle décadence ! », soupira-t-elle en s'efforçant de rythmer sa respiration. Évidemment, elle n'en était pas encore à dégoiser dans un fauteuil roulant. Elle perdait un peu la mémoire mais ça n'allait pas plus loin. Elle plissa les paupières, éblouie par la lumière du dehors, puis poussa un nouveau soupir. Malheureusement, depuis quelque temps, Marie-Louise avait commencé à se prendre au sérieux et croire ce qu'elle racontait. Médire ne lui suffisait plus. Elle prétendait vouloir passer à l'acte. Quand Suzanne s'en était rendu compte, elle avait tenté de la raisonner. Autant parler à un mur ! « Je les tiens, tous autant qu'ils sont ! répétait l'infirme en brandissant son poing fermé. Je vais en profiter pour remettre les pendules à l'heure. J'en ai les moyens ! »

Une vieille folle, une sorcière malfaisante qui jugeait, accusait, menaçait les siens par pure méchanceté, voilà ce qu'était devenue la belle Marie-Louise Le Barzic, songeait Suzanne. Elle, si fière de son statut social, de sa famille, de ses ancêtres... Elle qui, après la guerre, se pavanait à Brest, aux côtés de son mari, présidait les comités de bienfaisance, organisait des collectes et des soirées au profit des sinistrés, visitait les victimes des bombardements dans leurs baraques. Oui, voilà ce qu'elle était devenue… Cela aurait été plus triste que blâmable et Suzanne aurait continué à la plaindre, si cette harpie n'avait jeté son dévolu sur Jean.

La vieille dame renifla, gémit puis, se redressant, alla s'appuyer au rebord de la fenêtre. Jamais Marie-Louise n'aurait dû franchir cette limite. Voilà pourquoi le poing vengeur de Dieu s'était abattu sur elle, mettant fin à ses vilenies et délivrant le monde de sa présence pernicieuse. « Les meules du Seigneur broient lentement mais elles broient inexorablement, murmura-t-elle. Vouloir s'attaquer à la réputation de Jean a été l'ignominie de trop. »

*

Le matin des obsèques, Annaïg profita de l'absence de son frère et de sa belle-sœur qui étaient retournés au funérarium, pour fouiller à nouveau dans les papiers de sa mère.

Cette fois, il fallait absolument récupérer la reconnaissance de dettes car Yoann se mettait vite en colère quand quelque chose contrecarrait ses projets. D'ordinaire, elle savait comment s'y prendre pour le calmer. Mais là, faire preuve de diplomatie ne suffirait pas. Si elle ne rapportait pas le document, elle n'osait imaginer ce qui se passerait. Peut-être irait-il même jusqu'à se détacher d'elle…

C'était une idée qu'Annaïg ne supportait pas. Elle, si chaste durant tant d'années, avait pris goût au corps de cet homme, un goût intense, immodéré, comme si son propre corps voulait rattraper le temps perdu. Elle ne l'avouait qu'à elle-même car elle savait que sa réserve, sa pudeur, entraient pour beaucoup dans le désir que Yoann éprouvait pour elle.

Ce plaisir qu'ils partageaient, sa façon de s'y prendre avec lui et le cadeau qu'elle allait lui faire en lui restituant la reconnaissance de dettes devraient renforcer les liens qui les unissaient. C'était du moins ce qu'elle espérait en pénétrant chez sa mère.

Le soleil matinal y entrait à flots. Les meubles de noyer semblaient moins sombres. Les tapis d'Orient avaient retrouvé la couleur sang de bœuf qui faisait leur beauté. Même les tristes plantes vertes paraissaient revivre. Grâce à toute cette lumière, Annaïg n'eut pas l'impression de commettre un acte répréhensible en ouvrant le classeur métallique. De toute façon, si quelqu'un avait le droit de consulter les archives de Mam, c'était bien elle !

Les papiers étaient rangés avec ordre et elle découvrit facilement l'ensemble de la comptabilité de sa mère. Une chemise portant le nom de Yoann Colin y figurait. Annaïg ouvrit le rabat et en sortit la reconnaissance de dettes ainsi que les quittances des sommes déjà remboursées. Elle se rendit compte alors qu'il ne se faisait pas de souci pour rien. Ce qui lui restait à payer représentait encore un joli paquet ! Elle glissa le tout dans un sac de plastique blanc, referma le classeur et quitta la pièce, le cœur en fête.

Il fallait maintenant se débarrasser au plus vite de ces documents. Le mieux eût été de les remettre dès aujourd'hui à Yoann. Seulement, à cette heure, il était en mer et ne rentrerait que tard dans l'après-midi.

Annaïg sourit en pensant à leur prochaine rencontre. Où, quand, comment combiner un tête-à-tête ?... Elle songea alors que plus rien, désormais, ne l'empêchait de recevoir Yoann chez elle. Il suffisait d'oser franchir le pas.

Henri serait estomaqué et ne cacherait pas sa réprobation mais cela n'irait pas plus loin. Lui qui courait le jupon à longueur d'année, n'aurait pas le front de se mettre en travers de son bonheur !

Estelle approuverait. Paulette Le Foll bougonnerait dans sa cuisine. La seule personne dont Annaïg ne prévoyait pas la réaction, était Gwenola. Elle pouvait aussi bien recevoir Yoann les bras ouverts que le bouder des semaines durant. Cette petite était si imprévisible !... Il fallait reconnaître que la pauvrette n'avait pas une enfance facile, entre un père toujours absent et une mère qui consacrait plus de temps et d'attention à ses bouquins qu'à sa fille. Comment s'étonner dès lors qu'elle soit d'humeur aussi fantasque ?

De retour à son atelier, Annaïg le parcourut des yeux afin de trouver un endroit où cacher les papiers compromettants. Elle finit par choisir une commode où elle rangeait du matériel professionnel et les glissa dans une pile de patrons. Puis elle se prépara à rejoindre le funérarium afin d'assister à la mise en bière de Mam, prévue à onze heures trente.

IX

Étienne Bréhant regagna son campement dès le service funèbre terminé. Ce n'étaient pas les premières obsèques auxquelles il assistait mais jamais encore il n'avait observé un rituel aussi ostentatoire. La messe concélébrée par plusieurs prêtres, les chants grégoriens, les prières psalmodiées en latin et enfin, le lent défilé de la foule devant le cercueil... Tout cela lui avait fait toucher du doigt la place qu'occupait la famille Le Barzic dans la région et la considération dont elle jouissait.

Jusque-là, Étienne n'en avait pas eu conscience. Il est vrai que les événements peu ordinaires auxquels il avait été mêlé avaient dû rompre les habitudes quotidiennes et bousculer les rapports que les Le Barzic entretenaient avec le voisinage. Ces funérailles somptueuses venaient de remettre les choses en place.

A peine de retour, il troqua son pantalon de toile contre un jean, retira la veste qu'Henri lui avait aimablement prêtée, puis alla s'asseoir à l'ombre, une canette de bière à la main. Toutes ces mondanités lui avaient donné soif.

La chaleur qui régnait depuis la veille lui faisait apprécier la fraîcheur et la verdure de la propriété. Qu'allait devenir ce magnifique endroit ? Resterait-il dans la famille ou serait-il vendu à quelque gros bonnet parisien ? C'était aussi la question que se posait Solenn avec qui il s'était rendu en voiture aux obsèques. Selon elle, ni Annaïg ni Henri n'avait de quoi racheter la part de l'autre.

« — Ils peuvent rester en indivision, avait-il rétorqué. Maintenant que la vieille est morte, Henri et sa femme y viendront peut-être plus souvent.

La jeune fille s'était esclaffée.

— Penses-tu ! Leur couple n'est qu'une façade, chacun vit sa vie de son côté. Si tu veux mon avis, Estelle n'attend que le moment où son mari touchera l'héritage pour demander le divorce… et une pension alimentaire substantielle ! »

Leur conversation s'était interrompue car ils arrivaient sur la place de l'église de Saint-Renan.

Au retour, comme on leur avait demandé de ramener Gwenola, ils avaient abordé des sujets plus anodins.

Une fois sa bière avalée, Étienne s'allongea dans l'herbe et se mit à penser à la suite de ses vacances. Dans quelques jours, il reprendrait sa randonnée le long du sentier des douaniers. D'ici là, il n'avait aucun projet précis sinon une rencontre en tête-à-tête avec Estelle Caër. Il lui confierait son manuscrit en la priant d'y jeter un coup d'œil et de lui donner son avis. Ensuite, si tout se passait selon ses vœux, elle l'emporterait avec elle et le présenterait à un lecteur de sa maison d'édition ou mieux, à son directeur de collection. Cautionné par Estelle Caër, Étienne était persuadé qu'il aurait une chance d'être publié.

— Qu'est-ce que tu fais là, couché par terre ? Tu dors ?

Le jeune homme sursauta et se redressa. Gwenola se tenait debout à quelques mètres et le considérait d'un œil intrigué.

Elle aussi s'était changée. Un bermuda à fleurs avait remplacé la jupe plissée et le blazer. Avec sa casquette sur le front et ses lunettes de soleil, elle était telle qu'il l'avait rencontrée la première fois.

— Tu as faussé compagnie à Solenn ?

— Elle avait envie d'être un peu tranquille. Je lui ai dit que j'allais jouer dehors. En fait, j'avais envie de discuter avec toi.

— Ah bon ! Et de quoi ?

La fillette se mit à tortiller une mèche de cheveux autour de son index.

— Tu as aimé l'enterrement ?

— Euh...

— Moi, j'ai trouvé ça nul. C'était vraiment pas la peine qu'on m'oblige à m'habiller comme une sainte nitouche.

— Tu étais très mignonne dans ta tenue de pensionnaire.

— Pff... Alors l'enterrement, qu'est-ce que tu en as pensé ?

— C'était une cérémonie qui faisait honneur à ta grand-mère.

— C'est tout ?

— Que veux-tu que je te dise de plus ?

— Je n'ai vu personne pleurer... même pas renifler. Qu'est-ce que tu réponds à ça ?

— Rien, fit Étienne qui aurait bien voulu la voir s'en aller.

Mais la fillette ne l'entendait pas ainsi. Elle s'assit dans l'herbe, à côté de lui.

— Personne ne pleurait parce que personne n'était triste.

— Ça ne veut rien dire. On peut garder sa peine à l'intérieur…

Visiblement, elle n'en était pas convaincue.

— A mon avis, tout le monde est plutôt content que Mam soit morte.

Étienne qui avait pu se rendre compte qu'elle n'était pas loin de la vérité, lui répéta que les transports de chagrin n'étaient pas forcément le signe d'une grande tristesse, puis il lui demanda ce qu'elle-même avait éprouvé.

— Oh, rien de spécial… Je regardais la figure des gens.

— Pourquoi ?

— Ah ! T'aimerais bien le savoir !

— C'est vrai.

— Eh bien, je te le dirai pas !

— Tant pis !… Maintenant, j'ai envie d'aller me baigner.

— Non, attends ! Je t'ai pas raconté le principal.

— Écoute, Gwen, il fait chaud, on discutera de ça plus tard.

— Si je te disais que la chute de Mam n'était peut-être pas un accident… que quelqu'un a pu pousser son fauteuil.

Étienne soupira. Qu'est-ce que cette gamine avait encore inventé ?

— Bon, vas-y ! Je t'écoute.

— Personne n'aimait Mam, elle commandait tout le monde et quand on refusait de faire ce qu'elle voulait, c'était terrible.

Le jeune homme réprima un sourire. Le vieux dragon était probablement la seule personne devant laquelle Gwen filait doux, ce qu'elle ne devait pas du tout apprécier.

— Et alors ?

— Pour le moment, je n'ai pas encore trouvé grand-chose mais je cherche. Je… j'ai quelques pistes.

— Je ne comprends pas. Que veux-tu dire exactement ?

— Eh bien, voilà… Je trouve que les policiers ont bâclé leur boulot. Ils ne se sont pas vraiment donné de peine pour mener l'enquête. Alors moi, j'ai décidé de faire comme ceux du “Club des Cinq”, je vais chercher à leur place.

— Ça ne va pas la tête ? s'écria Étienne en la saisissant par le bras. Ce n'est pas un jeu et je te conseille de rester tranquille.

— Je ferai ce qui me plaît ! Et c'est pas toi qui m'en empêcheras.

— Bon d'accord. De toute façon, je suis de passage et cette histoire ne me concerne pas.

Gwenola lui jeta un coup d'œil en biais puis sourit.

— Écoute, j'ai envie que tu me croies alors je vais te dire quelque chose que personne ne sait.

Elle arbora un air de conspirateur et lui rapporta, à voix basse, que l'après-midi de sa mort, Mam portait plusieurs bijoux et qu'elle ne les avait plus lorsqu'on l'avait retrouvée au pied des rochers.

— C'est vrai, j'y étais, reconnut Étienne.

— Je l'ai croisée quand j'allais chez Nathalie avec mon vélo, poursuivit la fillette. Elle m'a fait signe de m'arrêter parce qu'elle voulait savoir où je me rendais. C'est là que j'ai remarqué sa montre en or, son collier de perles et la grosse pierre jaune qui pendait à son cou.

— Elle a pu les retirer avant de se rendre au promontoire…

Gwenola secoua vigoureusement la tête.

— Non ! Maman et Tatie ne les ont pas trouvés dans leur coffret quand elles sont allées mettre de l'ordre dans les affaires de Mam. Je les ai entendues en discuter, hier soir, sur la terrasse. Les bijoux ont disparu. Tu trouves pas ça bizarre, toi ?

— Si ! Tu aurais dû en parler à la police.

— J'pouvais pas ! Moi aussi je pensais que Mam les avait enlevés avant de partir se promener. Ce n'est qu'hier soir que j'ai appris…

— C'est vrai, concéda le jeune homme. Mais je pense qu'il y a une explication simple et logique à ce mystère. Inutile d'échafauder tout un roman !

— Tu crois pas que Mam a été attaquée par un voleur ?

— Possible mais peu probable.

— T'as jamais entendu parler des drogués qui tuent pour vingt ou trente euros ?

— Si, bien sûr.

— Alors…

Comme Gwenola ne semblait pas vouloir en démordre, Étienne tenta de changer de sujet.

— Tu as parlé de “quelques” pistes. Qu’est-ce que tu entendais par là ?

Le visage de la fillette s’éclaira.

— Ah ! Ah ! Je vois que je commence à t’intéresser !

*

— Cette gosse est une infernale commère ! s’exclama Solenn. D’abord elle écoute aux portes, ensuite elle ragote à qui mieux mieux. Et comme elle ne comprend pas la moitié de ce qu’elle entend, elle invente le reste. Et toi, tu te laisses prendre à son jeu !...

Étienne ne répondit pas, trop occupé à décortiquer la part d’araignée qu’il avait dans son assiette. Solenn attendit un peu puis plongea la main dans le plateau de fruits de mer déposé entre eux, sur la table du restaurant. Elle choisit quelques praires, des huîtres, une douzaine de bigorneaux, se beurra une tranche de pain et avala une gorgée de Muscadet.

Deux heures auparavant, en voyant les Le Barzic rentrer à Kergouadal, accompagnés de cousins et d’amis, elle avait proposé à Étienne de s’éclipser discrètement. « Allons nous faire une petite bouffe dans un resto de la côte. Je suis sûre qu’on peut en trouver un, pas loin d’ici. »

— C’est bon ?

— Et comment ! On a bien fait de sortir. A Kergouadal, l’atmosphère commençait à être pesante.

Tandis qu’ils dégustaient leurs fruits de mer, la salle à manger s’était peu à peu remplie. Au-delà de la baie vitrée, ils avaient vue sur le port du Conquet. La marée était haute et, dans le soleil déclinant, les coques blanches des bateaux de plaisance viraient au rose. Plus bas, comme ramassés sur eux-mêmes, les navires de pêche appartenaient à un autre monde. Celui du travail, de la nuit, du froid et des poissons qu'on entasse dans les bacs et les cales.

Solenn goba sa dernière huître, le regard fixé sur un yacht qui entrait dans le port, il louvoyait entre bateaux et bouées puis, brusquement, il amena la voilure et s'arrêta.

— En voilà un qui tâte ! dit-elle admirative.

— Tu fais de la voile ?

— Ça m'arrive quand j'ai le temps. Et toi ?

— Non. J'ai le mal de mer.

A cet instant, le brouhaha qui éclata à l'autre bout de la salle, détourna leur attention. Un vieux monsieur avait renversé une bouteille de vin sur les genoux de son voisin.

— Pour en revenir à ce que nous disions tout à l'heure, fit Étienne alors que l'agitation se calmait, cette histoire de bijoux disparus soulève quand même pas mal de questions. En outre, ce n'est pas la seule chose que Gwen m'ait apprise.

— Quels bobards a-t-elle bien pu te raconter ?

— Tu n'as pas l'air de l'aimer beaucoup.

— Ce n'est pas ça… seulement je commence à la connaître et je me méfie d'elle comme de la peste.

— Selon elle, l'après-midi de l'accident, sa grand-mère se serait violemment disputée avec une voisine, Suzanne Le Couëdic.

— Cette vieille bique se querellait avec tout le monde.

— Oui, mais au moment de partir, Suzanne aurait claironné : « J'aurai ta peau, Marie-Louise ! Ça, je te le jure ! Tu es trop mauvaise pour continuer à… »

— A quoi ?

— La petite n'a pas entendu la suite.

— Ça ne m'étonne pas ! Je te répète que cette môme adore semer le doute dans l'esprit des gens. Et qu'est-ce qu'elle t'a raconté d'autre ?

— Il paraît que quelques jours avant sa mort, Mam serait allée faire un tour d'inspection dans la cuisine où elle aurait eu une prise de bec avec Paulette Le Foll.

— Pour quelle raison, grand Dieu ?

— Gwen l'a entendue crier à propos de vaisselle sale, de frigo plein de restes périmés… « Sans compter la tambouille que tu nous sers ! Si ça continue, tu pourras rester chez toi, j'engagerai quelqu'un d'autre ! »

— Quelle teigne ! s'exclama Solenn, outrée. D'abord, je trouve qu'on mange tout à fait convenablement à Kergouadal. Ensuite, elle savait très bien que Paulette a besoin de ce boulot, sa retraite de veuve ne lui permet pas de vivre… En tout cas, une chose est sûre, il y a gaffe à faire avec une pipelette comme Gwen dans les parages. Si tu savais ce qu'elle m'a dit à propos de sa tante !

En quelques mots, la jeune fille mit Étienne au courant des rencontres clandestines d'Annaïg avec un inconnu.

— Cette môme passe son temps à courir partout et à fureter dans tous les coins. L'accident de sa grand-mère n'a fait qu'aggraver ce penchant.

— C'est vrai. Mais moi, je commence à trouver ça inquiétant.

— Horripilant, tu veux dire !

— Non, ça me préoccupe vraiment, à tel point que je me demande si je ne vais pas aller en parler à la police.

— Quoi ? Tu rigoles ?

— Pas du tout. Mis bout à bout, tout ce que m'a appris cette gosse pourrait remettre en question la thèse de l'accident.

Solenn le regarda, abasourdie.

— Je n'arrive pas à croire que tu te sois laissé embobiner. Gwen est une enfant intelligente, imaginative mais désœuvrée. Le décès de sa grand-mère lui fournit une occasion en or de tromper son ennui. Elle joue au détective.

— C'est bien ce qui me tracasse. Admets qu'elle ait raison et que ce ne soit pas un accident. Sa curiosité et sa tendance à se vanter pourraient lui attirer de sérieux ennuis, voire lui faire courir un vrai danger.

— On ne peut pas la museler.

— Non, mais l'éloigner temporairement de Kergouadal.

— Eh bien, je te laisse le soin d'exposer ta théorie à ses parents ! Ils te riront probablement au nez. Dans le cas contraire, si tu réussis à les convaincre, je te signale que je perdrai mon emploi. J'aimerais que tu prennes cela en considération avant de leur parler.

— Merde ! Je n'avais pas envisagé cet aspect de la question, fit Étienne, l'air penaud. Je… je vais y réfléchir. Tu comprends, si je ne fais rien et s'il arrive quelque chose à Gwen, je me le reprocherai toute ma vie.

— Allons ! Allons ! Cette gosse se fait mousser et comme elle a trouvé une poire pour avaler tout ce qu'elle dit, elle va s'en donner à cœur joie. Ce qui nous promet des joyeusetés nombreuses et variées pour les jours à venir…

X

— Ce que je retiens dans ce que vous venez de m'apprendre, déclara le juge d'instruction Auffray en se carrant dans son fauteuil, c'est que l'enquête préliminaire, ouverte à l'occasion du décès de madame Marie-Louise Le Barzic, a été close de façon prématurée et que les conclusions auxquelles a abouti l'information étaient un peu hâtives.

— Oui et non, Monsieur le juge. Lorsque je vous ai rendu mon rapport d'enquête, rien n'indiquait que la mort n'était pas accidentelle.

— Et qu'est-ce qui vous a fait changer d'avis, Lieutenant ?

La voix du juge était cassante et l'homme, visiblement contrarié.

Sophie Gilot qui comprenait son mécontentement, s'efforça néanmoins de ne pas avoir l'air de se justifier.

Au moment où elle avait délivré ses conclusions, elle ne pouvait présager l'apparition d'éléments nouveaux. De toute façon, ce genre de rebondissement était fréquent et il n'y avait pas là matière à reproches ou à mauvaise humeur.

Mais le juge Auffray, frais émoulu de l'École Nationale de la Magistrature, siégeait au tribunal de Brest depuis peu et sans doute était-ce là, pour lui, une manière d'asseoir son autorité. Il en fallait cependant bien davantage pour impressionner le lieutenant Gilot. Vingt-cinq ans de carrière l'avaient vaccinée contre les lubies de son entourage professionnel.

Elle sortit donc un dossier de sa serviette et, après s'être adossée à son siège, elle entreprit de convaincre son interlocuteur du bien-fondé de sa démarche.

— Deux faits nouveaux et un témoignage m'ont amenée à reconsidérer la conclusion de mon enquête, déclara-t-elle posément.

La nature l'avait dotée d'une voix puissante dont elle jouait en virtuose. Haussant et baissant le ton à volonté, elle mettait à profit toute l'ampleur de son registre. La plupart des gens y étaient sensibles, surtout en cours d'interrogatoire lorsqu'elle passait brutalement d'un mugissement cyclonique à un chuchotement apitoyé, d'un martèlement mezzo voce à une inflexion glaciale et sans appel.

— Je vous écoute, fit le juge en croisant les bras sur son bureau.

— Hier, un dénommé Étienne Bréhant s'est présenté à la PJ et a sollicité une entrevue que je lui ai accordée. Au cours de celle-ci, il m'a fait part de ses préoccupations. Depuis quelques jours, ce jeune homme est l'hôte de la famille Le Barzic et, de ce fait, il a été le témoin privilégié du drame qui s'est déroulé à Kergouadal, le 10 juillet dernier. Je l'avais d'ailleurs entendu, comme tous les occupants de la maison, le lendemain de l'accident. Il était donc en position d'observer les différents protagonistes et a recueilli, à son corps défendant, certaines confidences qui lui ont paru suffisamment significatives pour qu'il vienne me les rapporter.

— Vous avez parlé de faits !

— J'y arrive, Monsieur le juge. Il semblerait d'abord que plusieurs bijoux appartenant à la défunte se soient volatilisés.

— Il “semblerait”… Vous n'en êtes pas sûre ?

— Il faudrait pour cela que j'interroge les principaux intéressés.

— Une plainte pour vol a-t-elle été déposée ?

— Non. Mais vu les circonstances, il faudra peut-être envisager une commission rogatoire et une perquisition.

Le juge Auffray hocha la tête d'un air agacé.

— Ils ont pu être égarés. Selon vos dires, la maison est vaste.

— Je vous l'accorde. Je pense néanmoins que cette question mérite d'être éclaircie.

— Hum… et ensuite ?

— Il ressort du témoignage d'Étienne Bréhant que la défunte était unanimement détestée par son entourage.

— Ce qui n'est pas un fait mais une situation ! ricana le juge.

— J'en suis consciente. Seulement, conséquence de cette “situation”, des menaces ont été proférées à l'encontre de Marie-Louise Le Barzic.

— Oh ! Vous savez comme moi que, sous le coup de la colère, les mots dépassent souvent la pensée. Avec une expérience telle que la vôtre, vous…

— Justement, dans le cas précis, mon expérience me dit qu'il y a matière à creuser.

— Ne croyez-vous pas que l'argent du contribuable pourrait être employé à meilleur escient ?

— Si la défunte était seule en cause, je me rangerais à vos arguments. Pourquoi, en effet, s'évertuer à connaître les circonstances exactes de la mort d'une vieille infirme, dotée d'un caractère de chien et que personne, apparemment, ne regrette ? Nous avons plus et mieux à faire ailleurs. Mais mon témoin s'inquiète pour une enfant, la propre petite-fille de Marie-Louise Le Barzic. Il m'a d'ailleurs avoué que c'était là l'unique raison pour laquelle il était venu me voir.

— Une enfant ! s'exclama le juge Auffray. Qu'est-ce qu'une enfant vient faire dans cette histoire ?

— Si j'en crois Étienne Bréhant, c'est une fillette qui a l'habitude de fourrer son nez partout, en particulier là où elle ne devrait pas. L'histoire des bijoux, c'est d'elle qu'il la tient. Les menaces à l'encontre de la défunte, c'est elle qui les a interceptées.

Le juge eut un brusque mouvement de recul.

— Quoi ! Ne me dites pas que votre démarche est fondée sur les allégations d'une gamine ! lança-t-il, horrifié. On sait ce que valent les témoignages de ce genre. Souvenez-vous de l'affaire d'Outreau ! Vous nous voyez plongés dans un cauchemar pareil ?

— Voyons ! Calmez-vous, Monsieur le juge ! Il n'est ici question ni d'atteinte aux bonnes mœurs ni de pédophilie.

— Bien sûr, seulement personne n'ignore qu'on peut faire raconter n'importe quoi à un gosse, il suffit de savoir s'y prendre. Chaque semaine, des soi-disant experts se font piéger comme des bleus.

— Je partage entièrement votre avis. Je vous demande néanmoins l'autorisation de retourner à Kergouadal où je me contenterai d'enquêter sur la disparition des bijoux. Si, comme vous l'avez dit et comme je le pense aussi, ils ont été égarés et qu'on les retrouve rapidement, je laisse aussitôt tomber l'affaire et reviens à des sujets plus préoccupants.

Le juge soupira, sembla peser le pour et le contre puis lâcha avec raideur :

— Vos années d'expérience plaident en votre faveur et je suis certain qu'il y a belle lurette que vous ne vous emballez plus pour un oui ou pour un non. J'accepte donc de rouvrir ce dossier. Mais, quoi qu'il advienne, allez-y avec des gants ! Ces gens-là appartiennent à une famille des plus respectables et je ne veux pas risquer mon plan de carrière pour un faux pas de votre part.

— Cela va de soi, Monsieur le juge. Mais ne vous inquiétez pas, cette histoire tournera court, j'en suis persuadée.

Ayant obtenu ce qu'elle voulait, Sophie Gilot se redressa de toute sa taille devant le juge d'instruction qui s'en trouva comme rapetissé. Puis elle le remercia en enflant volontairement sa voix, ce qui amena sur le visage poupin du jeune homme, un effarement teinté d'inquiétude.

Il s'agrippa à ses accoudoirs et intima l'ordre à sa secrétaire de fournir immédiatement au lieutenant Gilot, tous les documents nécessaires à sa mission.

*

— Mesdames et messieurs, je peux imaginer votre étonnement et votre agacement à me voir de retour à Kergouadal. Cependant, comme je l'ai spécifié à monsieur Le Barzic, ce matin au téléphone, cette démarche n'a rien d'exceptionnel. Je dirais même qu'elle peut être considérée comme une pure formalité. Mes supérieurs ont en effet jugé qu'un complément d'enquête s'imposait, concernant la mort dramatique de madame Marie-Louise Le Barzic. L'administration judiciaire se montre parfois tatillonne sur certains points de détail, et il n'est pas dans mes habitudes de discuter les ordres de ma hiérarchie. Mais je vous rassure tout de suite, je ne compte pas m'attarder chez vous plus que nécessaire. C'est pourquoi je vous demanderai une collaboration pleine et entière afin que je puisse en terminer au plus vite.

Des sourires et des hochements de tête convainquirent Sophie Gilot que son angle d'attaque était le bon. Contrairement à la promesse faite au juge Auffray, elle n'avait pas du tout l'intention d'aborder la question des bijoux. Quel prétexte aurait-elle invoqué puisqu'elle n'était pas censée être informée de leur disparition ? Elle n'avait pas non plus fait mine de reconnaître Étienne Bréhant à qui elle avait, bien entendu, assuré l'anonymat.

Henri Le Barzic lui répondit que chacun comprenait sa position et se tenait prêt à lui fournir tous les renseignements dont elle pourrait avoir besoin. Pour sa part, il la considérait davantage comme une invitée que comme…

— Un flic ! Allez-y, n'ayez pas peur des mots ! s'exclama Sophie Gilot en riant.

Puis, en trois enjambées, elle gagna la porte-fenêtre laissée entrouverte, saisit son attaché-case déposé là en arrivant, et rejoignit la table où se tenaient ses hôtes.

— Pour commencer, j'aimerais compléter les fiches d'identité que j'ai établies lors de mon premier interrogatoire. Il me faudrait vos numéros de téléphone, fixe et portable, afin que je puisse vous joindre rapidement en cas de besoin.

Lorsque chacun se fut prêté à l'opération, elle poursuivit :

— Maintenant, je voudrais que vous m'indiquiez le plus précisément possible, l'heure de votre arrivée à Kergouadal, le vendredi 10 juillet, ainsi que l'endroit d'où vous veniez et votre moyen de locomotion. Nous pouvons procéder de deux manières : soit vous tenez à la confidentialité et je vous interroge séparément dans une pièce que l'on aura mise à ma disposition, soit vous me fournissez ces renseignements ici, verbalement.

— Pourquoi compliquer les choses ? fit Henri. Ces questions n'ont rien de personnel, j'opte pour la deuxième solution.

— D'autant que cela ira beaucoup plus vite ainsi, renchérit le lieutenant.

— Je pense qu'on est tous d'accord pour se débarrasser de cette corvée le plus rapidement possible.

Comme personne ne contredisait son propos, Sophie Gilot afficha un sourire satisfait et ouvrit son calepin.

— Si vous le voulez bien, je commencerai par vous, monsieur Le Barzic.

— Pas de problème ! Si mes souvenirs sont bons, je suis arrivé à Kergouadal à dix-neuf heures environ. Je venais de Brest, à bord de ma voiture, une BMW bleu ciel. A cause des encombrements à la sortie de la ville et d'un accident sur la D5, j'ai dépassé le temps que je mets habituellement pour faire ce trajet.

— Très bien, je vous remercie... A vous, madame Le Barzic !

Estelle adressa au lieutenant un sourire glacial, bien décidée à lui faire comprendre combien elle trouvait cette séance publique déplaisante.

— La seule chose que je me rappelle est d'être arrivée avant mon mari... dix, quinze minutes à peu près.

— Donc vers dix-huit heures quarante-cinq ?

— Oui, sans doute... Je venais aussi de Brest, avec ma Ford Escort grise.

— Merci. A votre tour, mademoiselle Le Barzic !

— Je... j'étais descendue me baigner à l'anse de Poulpic. J'ai fait l'aller et retour à vélo. Je ne peux pas vous donner l'heure exacte à laquelle je suis rentrée mais ma belle-sœur était déjà là.

— Cela se situerait donc vers dix-huit heures cinquante ?

— Oui... mais je ne peux l'affirmer catégoriquement.

— Je me contenterai de cette approximation. A vous, mademoiselle Mercier !

— J'avais profité de mon jour de congé hebdomadaire pour me rendre à Brest avec ma Peugeot 205 verte. En revenant, la circulation était très dense, ce qui m'a retardée. Tout le monde se trouvait réuni sur la terrasse quand je suis arrivée.

— Il était donc dix-neuf heures passées ?

— Forcément, si l'on se base sur l'heure de retour de monsieur Le Barzic.

— Bien. A vous, monsieur Bréhant.

— Moi, je suis venu à pied du Conquet, en longeant le sentier des douaniers. Je m'étais égaré et je suis entré dans le parc par le portillon situé derrière le bois de pins. Là, j'ai croisé une vieille dame qui m'a renseigné sur le chemin à prendre. Quand je suis arrivé devant la maison, il n'y avait personne. J'ai contourné le bâtiment jusqu'à la porte de la cuisine. J'y ai fait la connaissance de Paulette Le Foll qui préparait le dîner. Elle m'a dit que les membres de la famille n'allaient pas tarder. Je suis retourné sur la terrasse pour les y attendre.

— Quelle heure était-il ?

— Impossible de le préciser.

— Un peu plus de dix-huit heures trente, intervint alors la cuisinière, assise au bout de la table. Quant à moi, je suis arrivée à Kergouadal vers quinze heures, à vélo, et je n'ai pas bougé de ma cuisine jusqu'à ce qu'on vienne me dire que Marie-Louise n'était pas rentrée.

Sophie Gilot rassembla ses notes et promena son regard sur l'assistance.

— Ce sera tout pour aujourd'hui. Je vous remercie pour votre esprit de coopération. Je vous informerai dès que possible de la suite que prendra mon enquête. Est-ce que l'un ou l'autre d'entre vous envisage de s'éloigner d'ici, ces prochains jours ?

— Moi, répondit Étienne. J'ai l'intention de faire un peu de tourisme dans la région, avec le vélo qu'Henri a proposé de me prêter. Y voyez-vous un inconvénient ?

— Aucun, à condition que je puisse vous joindre.

— Vous avez mon numéro de portable. De toute façon, je serai de retour d'ici quelques jours.

— Dans ce cas, pas de problème. Avant de vous quitter, je voulais encore vous demander si rien n'avait attiré votre attention, l'après-midi de l'accident. Aucun détail incongru… aucun incident inexplicable…

Sophie Gilot scruta son auditoire mais ne reçut en retour que des hochements de tête négatifs.

— Voici ma carte et mes coordonnées, ajouta-t-elle en distribuant des bristols. Si un souvenir vous revient, n'hésitez pas à m'appeler.

Elle patienta quelques instants puis se leva et lança d'une voix de stentor :

— J'en ai terminé pour aujourd'hui. Sur ce, Mesdames et Messieurs, j'ai bien l'honneur de vous saluer !

Après leur avoir asséné cette formule désuète qu'elle affectionnait particulièrement, Sophie Gilot fit un signe de la main et gagna la terrasse qu'elle traversa au pas de charge.

Au moment de monter en voiture, elle entrevit à l'angle de la maison, une silhouette fugitive qui enfourchait une bicyclette. « Sans doute, la fameuse Gwenola… Ah ! Si ses parents savaient que c'est à elle qu'ils doivent mon retour à Kergouadal, elle passerait sûrement un mauvais quart d'heure !… »

Quelques minutes plus tard, alors qu'elle approchait de l'entrée principale, Sophie Gilot repensait à la rencontre qui venait d'avoir lieu.

Il était trop tôt pour en tirer des conclusions. Cependant, un point avait attiré son attention. Il faudrait qu'elle consulte ses notes, une fois rentrée au commissariat, mais elle était à peu près sûre d'avoir vu juste. Et si c'était le cas…

Elle arrivait à la grille lorsqu'un vélo déboucha brusquement d'un sentier et traversa l'allée, juste devant son pare-chocs.

— Nom de Dieu ! hurla-t-elle en pilant.

La cycliste qui s'était arrêtée, la regardait, les yeux écarquillés. Le lieutenant allait se propulser hors de sa Renault et lui passer le savon qu'elle méritait, quand elle reconnut la petite Le Barzic. Aussitôt ses réflexes de vieux briscard prirent le dessus. Elle ne se comportait jamais de la même manière avec les gens qui appartenaient à l'une de ses enquêtes, qu'avec le commun des mortels. Elle refréna donc son envie d'attraper l'imprudente et se contenta de baisser sa vitre.

— Dis donc ! Tu as failli passer sous ma voiture ! Tu devrais faire plus attention.

Un sourire éclaira le petit visage pointu.

— Vous êtes de la police ?

— Oui.

— Je m'appelle Gwenola Le Barzic. Très contente de vous rencontrer !

Interloquée, Sophie Gilot serra la main qu'elle lui tendait et comprit presque instantanément que l'incident n'était pas fortuit. Le télescopage auquel elle venait d'échapper avait été arrangé.

— Vous êtes là à cause de la mort de ma grand-mère ?

— Effectivement.

— Vous avez découvert quelque chose de nouveau ?

Sophie lui dit gentiment qu'elle ne pouvait répondre à cette question.

— Pourquoi ?

— Parce que cela ne te regarde pas.

Elle fut gratifiée d'un bref coup d'œil furieux puis, comme elle s'apprêtait à remettre sa voiture en marche, la fillette vint carrément s'accouder à la fenêtre ouverte.

— C'était ma grand-mère tout de même ! J'ai le droit d'être au courant. Et d'abord, pourquoi est-ce que vous ne m'avez jamais interrogée ?

— Parce que tu es mineure.

— Ouais, toujours la même rengaine ! Les gosses, ça compte pour rien. Pourtant, j'aurais deux ou trois choses à vous apprendre. Par exemple…

— Non ! Tu ne me diras rien parce que je ne veux rien entendre ! Si un jour j'ai besoin de te questionner, je le ferai dans les règles et en présence de tes parents.

La déception qu'elle lut sur le petit visage l'apitoya un instant. Cette gosse souffrait visiblement d'un défaut de considération mais elle ne se sentait pas disposée à y remédier.

D'abord parce que, grâce à Étienne Bréhant, elle savait à peu près tout ce que Gwenola avait à lui révéler, ensuite parce qu'elle ne voulait pas inciter celle-ci à fouiner davantage.

— Laissez-moi vous donner un coup de main. Je… j'ai un œil de lynx pour voir tout ce qui se passe autour de moi, supplia puérilement la fillette.

— Non, pas question ! Je te demande au contraire de ne t'occuper de rien. Ta grand-mère est morte d'un accident. Je suis venue à Kergouadal juste pour régler quelques petits détails sans importance.

— J'vous crois pas !

— C'est pourtant la vérité… Si tu ne me fais pas confiance, demande à tes parents, ils te diront la même chose.

— Pas la peine, ils ne me racontent jamais rien.

— Dommage ! Mais ce n'est pas à moi de le faire, conclut Sophie Gilot en tendant la main par le carreau ouvert. Allons, ne sois pas fâchée, le jour où j'aurai besoin de ton aide, je te ferai signe.

Un demi-sourire éclaira le visage de Gwenola.

— Mais ne rêve pas ! Ce jour-là n'arrivera probablement jamais parce que je te répète qu'il n'y a rien de suspect dans le décès de ta grand-mère. Tu dois vraiment penser à autre chose et ne pas gâcher tes vacances avec ça.

XI

Assise à sa coiffeuse, Estelle mettait la dernière main à son maquillage. Un semblant de fard à paupières, une touche de blush pour raviver l'éclat de ses joues, un peu de rouge à lèvres… Ses cheveux, naturellement ondulés, ne nécessitaient qu'un rapide coup de peigne. Élégante et décontractée, voilà l'image qu'elle voulait donner d'elle-même à Armand Robert, le journaliste de France-Culture qui devait arriver d'un instant à l'autre.

Estelle n'était pas mécontente de pouvoir enfin penser à autre chose qu'au décès de Mam. Si philosophiquement parlant, la mort était un sujet passionnant, effrayant, inépuisable… son aspect pratique s'avérait des plus déplaisants. « Comment désirez-vous que votre parente soit vêtue ? Chemise de nuit ou corsage ? Aurait-elle voulu un chapelet, un léger maquillage ?… Nous aurions besoin d'un mouchoir ou d'un carré de baptiste pour recouvrir le visage, avant de fermer le cercueil… »

Aujourd'hui, Dieu merci, les entreprises de pompes funèbres épargnaient aux proches les manipulations rebutantes. Estelle frémissait encore au souvenir de ce qu'elle avait entendu alors qu'elle était adolescente… Des corps qui pétaient, suintaient, puaient. Des histoires de toilettes funéraires mal faites, de mises en bière surprenantes et de décompositions plus rapides que prévues. Heureusement, avec Mam, le rituel autour du cadavre avait été réduit au minimum. Si elle n'avait pas eu à embrasser le front glacé de sa belle-mère, en signe d'ultime adieu, elle s'en était pourtant approchée d'assez près et l'avait longuement regardée. L'expression figée et le teint cireux l'avaient fascinée car elle imaginait, sous les traits encore familiers, sous la peau qui ressemblait encore à de la peau, le lent travail de décomposition qui commençait. Le sang, coagulé et grumeleux, amassé dans les parties basses du corps. Les graisses gluantes et jaunes. La viande violacée des muscles en train de rassir avant de se désagréger…

L'enveloppe charnelle de Mam n'avait plus rien de redoutable, sinon le néant auquel elle était promise et qui préfigurait, pour ceux qui la contemplaient, l'image de leur propre fin.

Estelle sc secoua. Elle avait assez songé à la mort ces temps-ci, noté suffisamment de détails susceptibles d'être utilisés dans l'un de ses prochains bouquins. Elle pouvait maintenant passer à autre chose !

Et d'abord, penser à ce qu'elle allait raconter au journaliste… Elle ferma les yeux et s'efforça de rassembler ses idées. La campagne de promotion qu'elle venait d'achever l'avait rodée et elle retrouva facilement la structure sur laquelle elle avait bâti son propos. Un rapide résumé, les différents axes de lecture, quelques anecdotes sur sa façon d'écrire… Elle avait appris depuis longtemps, que les questions variaient très peu d'un interlocuteur à l'autre. Répondre aux interviews était devenu un exercice d'une facilité déconcertante.

Aujourd'hui cependant, elle devrait affronter cette épineuse question de plagiat dont Armand Robert s'était gargarisé au téléphone. Heureusement qu'elle avait pris les choses en main à temps, sinon elle aurait risqué de passer un mauvais quart d'heure !

Estelle sourit. Le cran finit toujours par payer. Le journaliste pouvait venir, elle l'attendait de pied ferme !

*

— Où désirez-vous effectuer l'interview ? demanda Estelle après avoir serré la main de son invité. Dans la bibliothèque ou dans le salon de jardin, là-bas à l'ombre des camélias ?

— Le plein air me convient à condition qu'il n'y ait pas de tondeuse à gazon dans le secteur. Je ne tiens pas à ce que l'enregistrement soit bousillé par un bruit de fond.

— Rassurez-vous ! Le jardinier ne travaille pas aujourd'hui.

— Dans ce cas, d'accord pour le jardin. Le temps de prendre le matos que j'ai laissé dans ma voiture et je suis à vous.

Estelle se sentait en pleine forme. L'homme lui plaisait. Crinière grisonnante, lunettes à large monture, saharienne, chaussures de bateau… la cinquantaine sportive, le regard aigu et une courtoisie de rigueur. « On ne m'a pas envoyé le premier pigiste venu », se dit-elle. « Celui-là ne va pas se contenter des lieux communs que j'aligne d'habitude. »

Après s'être installés, ils firent rapidement le tour des questions qui allaient être abordées au cours de l'interview, puis Armand Robert planta son regard dans celui d'Estelle.

— Reste le point sur lequel nous nous sommes un peu accrochés au téléphone. Je veux parler de vos débuts et de l'élaboration de votre premier roman.

— Ah ! Vous tenez toujours à m'accuser de plagiat ? s'exclama-t-elle en arborant un air stupéfait.

— Pour un journaliste, c'est un sujet trop piquant pour qu'il l'abandonne facilement.

— Donc, vous avez creusé la question... Qu'en avez-vous tiré ?

Armand Robert la considéra d'un air pensif.

— Vous jouez bien la comédie. Au poker menteur, vous devez être de premier ordre.

— Je ne vois pas ce que vous voulez dire.

— Ne perdons pas notre temps en circonlocutions inutiles ! Je suis toujours persuadé que pour écrire *Le Chariot de l'Aube,* vous vous êtes inspirée du roman *En Attendant de Renaître,* d'un dénommé Louis Hervé, paru en 1957.

— Tiens ! Tiens ! J'aimerais bien connaître ce chef-d'œuvre ! Mais j'imagine que vous allez me répondre qu'il est introuvable.

— N'imaginez pas trop, vous pourriez être déçue ! J'ai une documentaliste particulièrement futée qui a su chercher au bon endroit, fit Armand Robert en sortant l'ouvrage en question de sa serviette et en le lui tendant.

Estelle qui possédait le même, celui qu'elle avait retrouvé avec ses notes dans le classeur de Mam, ne fit pas mine de le saisir. Elle croisa les bras et attendit la suite.

— Autant vous l'avouer tout de suite, reprit le journaliste, c'est votre belle-mère qui m'avait mis sur la piste. C'était elle ma source d'information.

— Cette femme m'a toujours détestée.

— Je ne sais pas ce qui la motivait mais quand elle m'a téléphoné, elle paraissait absolument sûre de ce qu'elle avançait. Je n'ai pas mis sa parole en doute une seule seconde. Et pour vous dire la vérité, c'est là l'unique raison pour laquelle j'ai sollicité une interview auprès de vous.

— Ce qui sent mauvais attire toujours les chiens !

Armand Robert eut un sourire désabusé.

— Je vous l'accorde. Mais sachez que des écrivains tels que vous, il y en a à la pelle. Comment choisir ? Lequel privilégier ? Ce qui nous détermine souvent, c'est la petite chose en plus, le détail croustillant… si vous voyez ce que je veux dire.

— Très bien ! Alors, qu'est-ce que vous attendez ? Au téléphone, vous paraissiez prêt à me clouer au pilori.

— Un événement imprévu a contrecarré mon projet.

— Vous voulez parler du décès de ma belle-mère ? dit Estelle, une lueur d'ironie au fond des yeux.

— Exactement. Elle n'a pas eu le temps de me faire parvenir les documents promis.

— Ah !… Vous n'avez donc plus aucune preuve pour appuyer votre accusation ?

— Si, l'exemplaire de *En Attendant de Renaître*.

— D'accord ! Mais pour vous en servir, vous devrez en faire une lecture approfondie puis une étude comparative avec *Le Chariot de l'Aube*. En outre, il faudrait aussi que l'auteur ou ses ayants droit portent plainte contre moi.

— Il n'est pas question que je m'embarque dans ce genre de chicane ! Par contre, j'ai une proposition à vous faire.

— Je vous écoute.

— Comme vous le savez, l'odeur du scandale est toujours excellente pour le marketing. En l'occurrence, parler d'un hypothétique plagiat pimenterait mon émission et en accroîtrait le taux d'audience. De votre côté, vous pourriez jouer l'auteur atteint dans sa dignité, brandir la menace d'un procès en diffamation. Les médias s'en feraient l'écho et vous verriez vos tirages s'envoler. Bref, si nous nous mettons d'accord, je vous garantis que nous serons gagnants l'un et l'autre.

Estelle réfléchit.

— C'est tentant mais risqué pour moi.

— Pas du tout puisque vous savez pertinemment que je ne possède aucune preuve tangible.

— D'accord, seulement cela peut ternir ma réputation d'écrivain.

— Sur le moment peut-être. Mais ce sera vite oublié. Par contre, vos droits d'auteur…

Armand Robert se frotta l'index et le pouce dans un geste qui en disait long.

— Il faudrait que je demande l'avis de Roger Itey, mon directeur de collection.

— Vous lui expliquerez tout ça, une fois l'affaire lancée. De toute manière, nous allons enregistrer l'interview tout de suite. C'est pourquoi il faut que nous nous mettions d'accord dès maintenant.

— L'émission sera retransmise intégralement ?

— Oui, la semaine prochaine, dans les conditions du direct.

Estelle réfléchit encore.

— Bon, je suis partante… sous réserve que vous ne donniez pas à ce sujet plus d'importance qu'aux autres. Il ne doit pas occulter le reste de l'interview. En outre, je compte sur vous pour que vous respectiez le plan général que nous avons adopté tout à l'heure.

— Cela va de soi !

— Je ne veux pas de coup tordu en cours d'enregistrement.

— Vous avez ma parole.

— Dans ce cas, allons-y !

*

Henri Le Barzic regagna l'appartement de la rue du Château en début de soirée. Son errance dans la ville et la chaleur humide qui pesait sur Brest l'avaient épuisé.

La rade était couleur étain bruni. Le tonnerre grondait du côté de Daoulas.

Cet après-midi, le jeu n'avait pas abouti. Les femmes avaient le nez en l'air et le rire au coin des lèvres. L'air sentait l'ambre solaire et les aiguilles de pins. La mer était jolie ; les corps, nus et le sable, doré. Aucune de celles qu'il avait pistées n'avait prêté attention à lui.

Mais ce soir, l'orage qui rôdait créerait de sombres et subtiles connivences.

Tout à l'heure, s'il le fallait, songeait Henri, allongé sur son divan, il irait débusquer le gibier jusqu'au fond de ses propres réminiscences. Il le poursuivrait à travers la ville en ruine de son enfance. Le pousserait le long des rues dévastées. Le rabattrait dans les décombres des caves ensevelies, celles où l'on descend comme dans des grottes, une lampe au front, les mains écorchées, les coudes et les genoux meurtris par les gravats.

Cette nuit, il emprunterait les galeries qui, jadis, reliaient entre eux les sous-sols des immeubles détruits. Ceux dont il ne restait qu'une façade trouée, une embrasure de porte, un enchevêtrement de poutrelles.

Cette nuit, il serait debout devant ces constructions qui n'étaient plus que des chambres empilées les unes sur les autres, comme des maisons de poupées. Ces poupées qu'il attendait autrefois pour jouer avec elles, et qui surgissaient soudain parmi les pans d'un décor à demi écroulé. Tout était mort dans ce théâtre d'ombres sauf les pas qui traçaient, dans la poussière et la cendre, des pistes tortueuses où l'on risquait à tout instant de s'égarer et perdre des yeux la silhouette qui marchait devant soi.

Boulevard de Plymouth… Rue Kerrien… Place de Roscanvel…

Première rencontre. Qui ne donne rien.

Boulevard Mouchotte… Rue Anatole France… Cimetière de Recouvrance… Rue Valéry…

Deuxième rencontre.

Les immeubles défilent. Chaque pas ajoute à son avilissement. Il vit une histoire dont l'intrigue n'est pas définie et qui se révèle au fur et à mesure des rues, des places, des carrefours. Démarche souple et rêveuse. Œil rivé sur la poupée qui se dandine, cinquante mètres devant lui, et qui ne lui échappera pas. Henri l'a su dès qu'il l'a vue sortir d'un immeuble, rue Kérébezon. Il a senti son esprit s'accrocher à elle comme un hameçon d'acier, certain qu'elle l'entraînerait à sa suite et que le fil ne romprait pas.

Au premier contact, quand ils ont failli rentrer l'un dans l'autre, au rond-point de Prat Lédan, il a eu le temps de remarquer que la chaleur avait collé ses cheveux sur ses tempes. Un peu plus tard, alors qu'il la rejoignait au bord d'un trottoir où elle attendait de pouvoir traverser, il a pu sentir son odeur. Pas celle de son eau de toilette ou de son déodorant. Non, la sienne, celle qu'elle s'efforcerait de faire disparaître sous la douche.

Quand il l'a dépassée, près du cimetière, et qu'il s'est retourné pour qu'elle le reconnaisse, il a lu de la perplexité puis un début de peur sur son visage. Il a vu qu'elle respirait plus vite et que ses paupières cillaient. Il a remarqué aussi les brefs regards qu'elle jetait autour d'elle. Mais ils se trouvaient déjà dans un quartier peu fréquenté. Du coup, elle a pressé contre elle son grand sac de toile comme pour s'en faire un bouclier. Elle s'est mise à marcher d'un pas plus rapide, plus saccadé, parce qu'elle serrait les fesses et contractait son ventre. Réflexes de défense…

Henri sait maintenant que le jeu est bien engagé, alors éclate en lui un rire qui illumine ses entrailles. Au même instant, comme par un fait exprès, un éclair replante soudain les décors de jadis. Ruines livides. Trous noirs des fenêtres ouvertes sur le néant. Décombres d'où s'échappe le souffle épais de la nuit.

La poupée jette un nouveau coup d'œil derrière elle et se met à courir. Lorsqu'elle fait mine de bifurquer à gauche, il accélère et lui barre la route. Elle continue puis tourne à droite et s'enfonce dans un quartier de rues désertes et de maisons endormies. S'apercevant de son erreur, elle veut rebrousser chemin. Mais il est là, au milieu de la chaussée, les bras ouverts et la bouche grimaçante. Elle étouffe un cri et repart de plus belle. Quelques centaines de mètres plus loin, elle bifurque encore et s'engouffre dans une impasse au fond de laquelle sommeille un petit square. Elle en pousse le portillon et galope à travers le gazon jusqu'aux arbustes d'ornement qui masquent un mur…

Et maintenant ?

La poupée se retourne et fait front.

— Foutez le camp ! Laissez-moi tranquille !

A nouveau, il écarte les bras, ouvre démesurément les yeux. La frayeur plaque un masque grotesque sur le visage de la femme. Le masque des enterrés vivants dans les caves de la ville. Puis il recule un peu et pivote comme pour la laisser passer. Elle avance avec l'expression méfiante des rescapés lorsqu'ils revoient le jour, et soudain fonce droit devant elle. Retraverse le gazon, secoue le portillon, s'élance dans la ruelle. Pousse un cri et s'effondre. Les chutes sont l'une des péripéties qu'Henri préfère.

Il s'approche, en lentes et longues foulées, les pieds glissant comme sur un sol gelé. Puis il la considère sans mot dire alors qu'elle se tortille, s'agenouille, tente de se mettre debout, retombe lourdement, reniflant et pleurant.

Il conclut qu'elle s'est fait une entorse et qu'il n'en tirera plus grand-chose.

Pourtant, elle ne renonce pas. A quatre pattes, elle essaie d'atteindre la clôture du square pour s'en servir d'appui. D'une main, elle s'accroche au grillage.

Ah non ! Pas ça ! En trois pas, il est à côté d'elle et pose son pied sur l'autre main restée à plat par terre.

— Qu'est-ce que vous voulez à la fin ? gémit-elle. Si c'est mon porte-monnaie, il est là, dans mon sac...

Pauvre conne ! Pour qui le prend-elle ? Il émet un ricanement puis, appuyant de tout son poids, il lui écrase les doigts sous la semelle de sa chaussure. Elle pousse une plainte, lâche la grille et se recroqueville sur le sol.

Silence. Immobilité. Le ressort a cassé. La poupée est démantibulée.

Il tente de la ranimer par quelques coups de pied dans le ventre. En vain. Elle se terre quelque part, dans une de ces zones d'ombre où la peur émousse la conscience. Un de ces terrains vagues où errent les survivants, l'œil vide, les joues grises et les mains tremblantes. A ce stade, il peut lui taper dessus tant qu'il voudra, cela ne la fera pas revenir.

La partie est finie.

Tournant le dos à la femme ramassée sur elle-même, Henri quitte rapidement l'impasse. Lorsqu'il rejoint les quartiers du centre, l'épuisement fond sur lui d'un seul coup. Un épuisement voluptueux sur lequel il flotte et qu'il nomme délivrance, apaisement, oubli.

*

Les orages nocturnes qui s'étaient produits sur l'extrême ouest de la Bretagne avaient amené la pluie. Une pluie de velours qui adoucissait le contour déchiqueté de la côte.

La mer rêvait, adossée aux rochers. Les chemins tristes s'égaraient dans la bruyère, et les pins noirs avaient le geste arrêté des soldats mitraillés. Le spectacle du bel été semblait irrémédiablement suspendu.

Solenn en profita pour faire travailler Gwenola. Elle entreprit de réviser avec elle les programmes de français et de maths de l'année écoulée.

Contrairement à ce qu'elle craignait, la fillette ne se fit pas prier et exécuta assez facilement les exercices qu'elle lui proposa.

L'après-midi, le soleil qui tentait de percer les nuages, balaya ses bonnes dispositions. Elle commença par se tortiller sur sa chaise, fit des allées et venues entre la table et la fenêtre puis balança son livre de grammaire sur la table.

— J'en ai marre ! Les vacances, c'est pas fait pour bosser, et si t'es pas contente, je m'en fiche !

— Tu n'as plus envie de travailler ? D'accord, mais dis-le gentiment. Pas besoin de gesticuler comme ça !

— Oh ! Toi et tes bonnes manières ! Je te signale que t'es pas payée pour m'éduquer. J'ai des parents pour ça !

Elle retourna à la fenêtre. La brève embellie était terminée et la pluie recommençait. Jurant entre ses dents, elle regagna sa place et sortit un carnet de son cartable.

— Si ça ne t'ennuie pas, j'ai envie d'écrire deux ou trois choses dans mon journal

— Très bien, fit Solenn, ravie de la voir revenue à de meilleurs sentiments. Je vais en profiter pour mettre mon courrier à jour. J'ai des documents à remplir en vue de la rentrée prochaine.

Elle monta dans sa chambre prendre ses dossiers et, lorsqu'elle redescendit, elle trouva Gwenola qui écrivait, dissimulée derrière des piles de livres.

— Sois pas vexée mais c'est confidentiel.

— Ne t'excuse pas, je comprends parfaitement, répondit la jeune fille en se plongeant à son tour dans ses papiers.

Au bout d'un quart d'heure, Gwenola referma son cahier.

— J'ai fini. Qu'est-ce qu'on fait maintenant ?

— Tu as quartier libre. Moi, je n'ai pas terminé.

La fillette se leva et croisa les bras, l'air provocant.

— On ne te paie pas pour écrire ta correspondance mais pour t'occuper de moi !

— Ah ! C'est ainsi que tu le prends ! Bon, ouvre ton livre de grammaire, nous allons revoir la conjugaison des verbes irréguliers.

— Pas question, je suis en vacances !

— Qu'est-ce que tu aimerais ? Jouer aux cartes ?

— …

— Aux dames ? Aux dominos ?

— …

— Je peux t'apprendre les échecs, c'est passionnant et tu es assez grande pour comprendre.

— …

— Propose quelque chose ! Il pleut à verse et on en a pour tout l'après-midi.

— J'ai envie de rien.

— Regarde la télé, écoute de la musique, va sur l'ordinateur…

— Je te répète que j'ai envie de rien !

— Dans ce cas, tourne-toi les pouces ! Mais garde ta mauvaise humeur, ce n'est pas ma faute s'il pleut.

La fillette lui lança un regard noir et fourra ses affaires dans son cartable.

— Dans pas longtemps, tu regretteras d'être venue à Kergouadal, ça tu peux en être sûre ! Je dirai à mon père comment tu agis avec moi.

Solenn haussa les épaules et Gwenola, furibonde, s'apprêta à quitter la pièce. A cet instant, des pas résonnèrent dans le couloir et Estelle Le Barzic parut sur le seuil de la porte.

— Je venais voir comment se passaient les révisions. Apparemment, j'arrive trop tard, la leçon est terminée. Gwen, dis-moi…

Mais déjà, celle-ci s'était éclipsée.

— Ah ! Les enfants uniques sont parfois bien difficiles à mener ! soupira sa mère, un sourire indulgent aux lèvres. Et je trouve Gwen particulièrement indocile. Je me sens souvent complètement dépassée.

— Oui… et le pire est à venir.

— Que voulez-vous dire ?

— C'est encore une gamine. Quand elle abordera l'adolescence…

— Ne m'en parlez pas, j'ose à peine y penser ! J'espère que d'ici là, notre situation se sera éclaircie.

Comme Solenn haussait les sourcils, elle crut bon d'expliquer :

— Je suis tout à fait consciente que mon mari et moi sommes en partie responsables du caractère rebelle de notre fille. De par sa profession, Henri est très souvent séparé de nous et, quand il est là, il compense ses absences en gâtant outrageusement Gwenola. C'est ainsi depuis que nous avons perdu un enfant, il y a cinq ans… un petit garçon de seize mois qui… qui s'est noyé alors que nous étions à la plage… Henri a eu un chagrin fou. Quant à moi, je… je préfère ne pas en parler…

Estelle tourna la tête, se moucha et reprit :

— Gwen profite inconsciemment de cette situation mais elle dépasse souvent les limites du tolérable. Vous avez dû vous en apercevoir.

— Oui, et en faire les frais !

— Ça, je m'en doute. Je reconnais volontiers que je ne suis pas une mère modèle. Femme au foyer, très peu pour moi !… J'ai un métier passionnant qui, au train où vont les choses, m'occupera de plus en plus.

— Et que deviendra Gwenola dans tout ça ?

— C'est bien là le nœud du problème ! Jusqu'à maintenant, nous nous sommes débrouillés au coup par coup, mais il est évident que ça ne peut plus durer. Il faudra trouver une autre solution.

— Pour autant que je puisse en juger, votre fille devrait réussir sa scolarité sans problème, à condition d'être suivie et d'apprendre à travailler régulièrement et avec méthode.

— C'est aussi ce que je crois. La question est de savoir comment agir au mieux dans son intérêt, tout en prenant en compte nos activités professionnelles.

— Qu'envisagez-vous ?

— Avant le décès de ma belle-mère, je ne voyais que la pension. Mais depuis, j'ai songé à une autre possibilité. Notre fille adore ma belle-sœur Annaïg qui le lui rend bien. J'ai donc pensé que nous pourrions nous entendre avec elle et lui confier la garde de Gwenola, du moins ces prochaines années... Qu'en dites-vous ?

— A mon avis, ce n'est pas une bonne idée.

— Ah bon ! Et pourquoi ? fit Estelle, visiblement déconcertée.

— Annaïg est une célibataire qui vit repliée sur elle-même, sans aucune expérience de la jeunesse. Pour compenser sa solitude, elle a tendance à couver Gwen. Elle manque certainement d'autorité et... et... Non, vraiment, je ne la vois pas s'occuper à plein temps d'une préado aussi difficile que votre fille. Si vous ne pouvez pas vous charger de son éducation, trouvez-lui une bonne pension, à Brest ou aux alentours. Ce sera beaucoup mieux.

— Je vais y réfléchir. Vous avez peut-être raison. Et puis, pourquoi se compliquer la vie ? L'internat serait la solution la plus simple pour tout le monde. Gwen finira par s'y plaire ou, du moins, s'y adapter. Nous n'avons que trop cédé à cette enfant. Il serait grand temps de faire preuve de fermeté à son égard.

XII

L'atelier de broderie où Annaïg Le Barzic passait une partie de ses journées, donnait sur la façade nord de Kergouadal. Les fenêtres d'origine avaient été agrandies et elle bénéficiait d'une bonne lumière sans être gênée par l'éclat du soleil qui aurait risqué de ternir la couleur des fils et des tissus.

Annaïg refusait le titre d'artiste, prétendant que l'imagination n'entrait que pour une faible part dans ses réalisations. Elle revendiquait en revanche celui d'artisan d'art. Depuis plusieurs années, son professionnalisme et la qualité de sa production l'avaient hissée au niveau des meilleures brodeuses de Bretagne. Cette réputation et la vogue des danses celtiques lui procuraient plus de travail qu'elle n'en pouvait fournir.

Mam avait toujours considéré le métier de sa fille comme une activité mineure, tout juste bonne à occuper le temps qu'elle ne lui consacrait pas.

Elle ne pénétrait jamais dans son atelier et ne paraissait pas au courant de sa renommée.

Si, au début, Annaïg avait souffert d'un tel dédain, elle l'avait vite considéré comme un avantage. La broderie était devenue son domaine réservé, un domaine auquel la méchanceté et l'esprit autoritaire de Mam n'avaient pas accès.

Lorsqu'elle travaillait, Annaïg avait souvent l'impression de devenir le reflet de ce qu'elle créait. Les motifs floraux étaient son jardin particulier, beaucoup plus lumineux, plus coloré que celui de Kergouadal. Point kamm, point de bourdon, passé empiétant, feston à picot… des plates-bandes entières naissaient sous ses doigts. Fil d'or, cannetille, semis de perles… harmonie d'étoiles sur le ciel noir d'une robe.

Le monde qu'elle composait naissait lentement, très lentement. Des heures pour une fleur et sa tige. Des jours pour un devant de tablier en satin. Dans l'atelier, le temps prenait une dimension différente ce qui lui convenait parfaitement car elle n'avait jamais été quelqu'un de rapide.

Bousculée durant toute son enfance par Mam qui tentait de lui inculquer la prestesse et la vivacité. Malmenée par Henri qui aimait le sport et qu'elle essayait de suivre. Tête de turc de ses camarades, tellement plus agiles et plus délurées qu'elle…

Pourtant, quand on lui en laissait le loisir, il arrivait à la jeune Annaïg d'étonner son entourage, donnant ainsi la preuve qu'elle n'était pas aussi stupide qu'elle le paraissait. Elle se souvenait d'un poème d'Apollinaire, *Les Sapins*, qu'un professeur de français avait demandé à ses élèves d'illustrer. Elle y avait passé toutes ses vacances de la Toussaint, dessinant, découpant, collant… Et le résultat avait dépassé ses espérances. Son travail avait sidéré tout le monde et fait le tour du collège. Soupçonneux, le prof lui avait demandé si quelqu'un l'avait aidée. Annaïg se rappelait son étonnement. Personne ne dessinait chez elle. Personne non plus ne lisait Apollinaire. Plus tard, Mam s'était acharnée à vouloir lui faire passer le bac. Sans succès. « Annaïg est une contemplative », proclamait-elle en public, une façon de tourner à son avantage ce qu'elle considérait comme une humiliation permanente et un échec personnel.

Henri avait été un élève remarquablement doué. André, son époux, menait une brillante carrière. Elle-même se jugeait comme intellectuellement supérieure… et le destin l'avait dotée d'une fille, non pas débile, mais tout de même particulièrement peu douée.

Annaïg n'avait jamais oublié les cris que Mam avait poussés, le jour où elle avait émis le désir de devenir couturière.

— Couturière ? Et pourquoi pas femme de ménage, lingère ou bonne d'enfant ? Ma pauvre fille, tu ne sais pas de quoi tu parles !

Au cours des mois suivants, comme elle s'obstinait et que ses résultats scolaires étaient désastreux, ses parents l'avaient inscrite dans une école s'apparentant aux arts appliqués, où elle pourrait préparer quelque chose de moins déshonorant, à leurs yeux, qu'un CAP de couturière. C'est ainsi qu'Annaïg s'était retrouvée à Sainte-Élodie, un établissement où, après des débuts chaotiques dus à ses difficultés d'adaptation, elle se plut beaucoup et se prit de passion pour la broderie.

Elle y passa trois ans au terme desquels sa mère ne la qualifia plus de contemplative mais d'artiste, mot qu'elle lâchait avec un rien de condescendance, laissant entendre que c'était là un état temporaire, une étape acceptable entre l'adolescence et le mariage. Annaïg prit cela avec indifférence. Elle s'installa un atelier à l'arrière de la maison et se mit à l'ouvrage. Durant presque dix ans, ce qu'elle gagna ne suffit pas à la faire vivre. Pour couper court aux allusions fielleuses de sa mère sur son célibat et pour compenser le coût de son entretien, elle devint peu à peu la gouvernante de Kergouadal, charge qui s'accrut après le décès prématuré de son père puis avec l'invalidité croissante de Mam.

Après la naissance de Gwenola, lorsqu'il s'avéra qu'Henri et Estelle ne se montraient pas à la hauteur de leur tâche, la petite fille étant livrée à elle-même ou confiée à n'importe qui, ce fut Annaïg qui pallia de son mieux les défaillances des parents.

« — Idiote ! Ils profitent de toi ! hurlait Mam quand elle la voyait se préparer à partir en catastrophe pour Brest.

— La petite est malade et Estelle doit s'absenter.

— Les crèches ne sont pas faites pour les chiens. Et puis, la gosse a une nounou !

— Elle refuse de se charger d'une enfant malade.

Mam frappait le sol de sa canne.

— Quand rentreras-tu ?

— Ce soir.

— Ne ramène pas Gwen ici ! Je te l'interdis. »

Il arrivait à Annaïg d'enfreindre cet ordre mais uniquement quand elle ne pouvait agir autrement. Elle conduisait alors discrètement la petite Gwen dans sa chambre, la faisait manger puis la couchait sur le canapé convertible.

Le lendemain, elle l'emmenait dans son atelier où l'enfant jouait sans faire de bruit. Mam n'était pas dupe mais fermait les yeux. Du moment qu'on ne la négligeait pas au profit de sa petite-fille, elle voulait bien feindre de ne rien voir.

Au fil des années, ce modus vivendi devint plus difficile à respecter. La nature exubérante de Gwen prenait le dessus et elle s'accommodait de moins en moins aisément d'une existence semi-clandestine. La chambre et l'atelier devinrent trop étroits pour elle et elle se mit à explorer le reste de la maison. Ses incursions bruyantes et souvent inopinées dans les pièces réservées à Mam firent voler en éclats la tolérance dont celle-ci avait fait preuve jusque-là. Elle rappela vertement Annaïg à l'ordre puis, comme cela ne suffisait pas, elle essaya d'en parler à Estelle, laquelle refusa catégoriquement de s'entretenir avec sa belle-mère d'un sujet aussi délicat. La vieille dame résolut alors d'aborder la question avec Henri. Mais celui-ci avait l'art de se défiler et jamais elle ne parvint à le mettre face à ses responsabilités. Dérobades dont Annaïg faisait les frais car Mam n'encaissait pas ce genre de rebuffade sans en répercuter les effets sur son entourage.

La brodeuse soupira, condamna le fil de soie rouge et s'en coupa une nouvelle aiguillée.

La vie était devenue bien compliquée ces derniers temps, à cause des événements imprévus et des changements qu'il avait fallu gérer au coup par coup. L'improvisation était si peu dans sa nature... La longue maturation d'une idée, le lent enracinement d'un projet, voilà qui correspondait à son tempérament. Mais la vie lui avait appris qu'il y a parfois des décisions brutales à prendre, des cassures à accepter, quoi qu'il pût en coûter.

Annaïg leva les yeux et regarda avec indifférence le paysage noyé dans la bruine. Pour elle, le mauvais temps n'existait pas. Le fait de ne pouvoir sortir à cause du vent ou de la pluie, ne la dérangeait jamais. Elle fermait la porte de son atelier et se plongeait dans l'univers artificiel et si magnifiquement coloré de ses soies et de ses tissus.

Perdue dans l'entrelacs des dessins, elle oubliait l'heure qui tournait, les aléas de la météo et les tourments du monde extérieur.

— Tatie ! Est-ce que je peux venir près de toi ?

— Entre, ma chérie ! Tu sais bien que tu es toujours chez toi, ici.

Elle déposa son ouvrage et accueillit sa nièce en souriant.

La pauvre mignonne devait s'ennuyer par un temps pareil, comment n'y avait-elle pas songé ? Pourtant, en l'observant mieux, elle devina vite que la pluie n'était pas seule en cause.

— Qu'est-ce qui se passe ? Tu n'as pas l'air dans ton assiette.

— Je m'embête, c'est tout.

Annaïg se dit qu'elle avait surtout l'air furieuse et qu'elle essayait de le cacher.

— As-tu envie de broder ? lui demanda-t-elle. Si tu veux que je t'apprenne un nouveau point…

La fillette acquiesça. Depuis quelque temps, il lui arrivait de venir travailler aux côtés de sa tante qui avait commencé à lui enseigner les rudiments de son art. Elle semblait y prendre un certain plaisir et avait déjà brodé des napperons qu'elle avait offerts à sa mère. Annaïg lui prépara une chute de feutre et une aiguillée de coton perlé.

— Tu connais le point avant, le point arrière et la chaînette. Aujourd'hui je vais t'apprendre le point de feston. C'est facile. Regarde bien !

Gwenola assimila rapidement la leçon et une demi-heure plus tard, Annaïg l'entendit fredonner.

— Veux-tu que je mette un peu de musique ?

— Non, pas la peine… Je préférerais que tu me racontes quelque chose de quand tu étais petite.

C'était un souhait que Gwenola exprimait souvent ces temps-ci mais aujourd'hui, Annaïg ne se sentait pas en veine d'évoquer ses souvenirs.

— J'ai un travail urgent à terminer et pas trop envie de parler. Tu n'es pas fâchée ?

— T'inquiète !… Qu'on parle ou pas, je me sens toujours bien avec toi.

— Moi aussi.

— C'est les autres qui foutent la merde !

— Gwen ! Je n'aime pas t'entendre dire des grossièretés, tu le sais.

— Hum… Dis ! Tu m'aimais déjà beaucoup quand j'étais petite ?

— Évidemment.

— Plus que maintenant ?

— Non, pareil.

— Je me souviens que je dormais dans ta chambre.

— Oui, ça arrivait parfois.

La fillette s'absorba dans son travail. Lorsqu'elle eut utilisé toute son aiguillée, elle leva le nez et reprit :

— Tu es contente quand je suis à Kergouadal ?

— Naturellement.

— Même quand ça dure toutes les vacances ?

— Bien sûr.

— Alors, tu es triste quand je retourne à Brest ?

— Un peu… seulement je me fais une raison.

— Tu comptes les jours en attendant mon retour ?

— Ça ne va pas jusque-là mais c'est vrai que je me réjouis de te voir revenir.

— Bon ! fit la fillette d'un ton satisfait.

Puis elle prit son souffle et lâcha :

— Maintenant que Mam est morte, tu vas te sentir vraiment très, très seule.

— Oui, sans doute.

— Il y aurait peut-être une solution.

— Une solution à quoi ?

— A ce que je viens de dire… Un arrangement pour que tu te sentes moins seule dans cette grande baraque.

— Ah ! Et lequel ?

— Que je vienne habiter ici, avec toi, pour de bon.

XIII

— Eh bien, Lieutenant, le complément d'enquête que vous avez sollicité vous a-t-il permis de découvrir des éléments nouveaux dans l'affaire Le Barzic ? demanda le juge Auffray après avoir invité Sophie Gilot à s'asseoir en face de lui.

— Oui et non.

— Votre intuition aurait-elle été mise en défaut ?

— En aucune façon. Seulement mes investigations sont loin d'être terminées et je ne suis pas encore à même d'en tirer des conclusions.

— Dans ce cas, dites-moi où vous en êtes afin que je puisse décider s'il convient ou non de poursuivre l'enquête. Soyez concise, je vous prie, mon temps est précieux.

— Le mien aussi, croyez-le bien, Monsieur le juge !

— Je vous écoute.

— Lors de ma visite à Kergouadal, jeudi dernier, j'ai demandé aux six personnes présentes de me préciser l'heure de leur arrivée dans la propriété le jour du drame, leur mode de transport ainsi que l'endroit d'où elles venaient. Exercice auquel tout le monde s'est prêté volontiers. Cela fait, je suis retournée au promontoire, munie d'une carte IGN, et j'ai parcouru toutes les voies carrossables des alentours. J'ai découvert ainsi un petit parking, situé à quatre cents mètres de là et relié à la pointe par un étroit sentier. En tenant compte de cet élément géographique et en le juxtaposant aux heures d'arrivée des personnes interrogées, j'en ai déduit que chacune d'elles avait eu la possibilité de rejoindre discrètement Marie-Louise Le Barzic… et de la pousser dans le vide.

— Oh !… Précisez, je vous prie, je ne vous suis pas très bien.

— Estelle et Henri Le Barzic ainsi que Solenn Mercier sont venus de Brest, chacun à bord de sa voiture personnelle. Tous trois prétendent avoir mis plus de temps que d'habitude pour effectuer le trajet, à cause des encombrements. En fait, rien ne confirme leurs dires. Chacun a très bien pu arriver plus tôt, laisser son auto sur le parking, se rendre à pied au promontoire, revenir ensuite à sa voiture et débarquer à Kergouadal à l'heure qu'il a indiquée.

— Oui, c'est plausible, lâcha le juge du bout des lèvres. Et qu'en est-il des trois autres ?

— Paulette Le Foll a déclaré être arrivée à quinze heures et ne pas avoir bougé de sa cuisine, mais aucun témoin ne peut le confirmer. Étienne Bréhant est venu à pied du Conquet, en empruntant le sentier des douaniers. Lui aussi aurait pu pousser jusqu'à la pointe… puis retourner sur ses pas, faire semblant de se perdre et pénétrer dans la propriété par le portillon situé au bout de la propriété.

— Reste Annaïg Le Barzic.

— Après sa baignade dans l'anse de Poulpic, elle affirme être remontée à pied jusqu'au sentier côtier et être revenue à vélo. Rien ne dit qu'elle n'a pas fait un crochet par le promontoire avant de reprendre son chemin habituel et rentrer, ni vu ni connu.

— Tout cela est bel et bon mais ne fait pas vraiment avancer l'enquête.

— Je ne suis pas de votre avis ! D'une part, chacun d'eux a eu la possibilité de rejoindre Marie-Louise Le Barzic sur la pointe. D'autre part, personne ne possède d'alibi à l'heure supposée de sa mort. Ce n'est pas rien !

— Je vous l'accorde. Cependant, qui pouvait savoir que la vieille dame se trouvait sur le promontoire ? Avait-elle l'habitude de s'y rendre ?

— Questions judicieuses auxquelles j'ai tenté de répondre en interrogeant hier les intéressés par téléphone. Henri et Estelle ont affirmé qu'ils ignoraient cette habitude. Annaïg la connaissait mais prétend que, dans l'affolement, elle n'y a pas pensé. Paulette Le Foll est formelle, à la belle saison, quand le temps le permettait, sa patronne se rendait volontiers sur le promontoire, en fin d'après-midi. Le panorama l'enchantait et elle aimait bavarder avec les promeneurs. Étienne Bréhant n'était pas au courant puisqu'il ne connaissait pas encore les Le Barzic, le jour de son arrivée. Solenn Mercier, embauchée depuis peu, affirme qu'elle ne savait rien des habitudes de la vieille dame.

— Bien. Mais cela ne nous dit pas ce qui aurait pu amener ces gens à précipiter Marie-Louise Le Barzic dans le vide.

Sophie Gilot soupira.

— En dehors de la haine qu'elle inspirait à tous ceux qui l'approchaient, je n'ai découvert aucun mobile pour le moment. C'est l'une des raisons pour lesquelles je vous demande un délai supplémentaire, avant de classer le dossier.

— Hormis la famille, voyez-vous quelqu'un d'autre susceptible d'avoir envoyé Marie-Louise Le Barzic ad patres ?

— J'allais y venir ! L'autre jour, après être retournée sur les lieux de l'accident, j'ai rendu visite à une voisine des Le Barzic. Il s'agit, en fait, d'une amie de jeunesse de Marie-Louise, dénommée Suzanne Le Couëdic. Elle m'a déclaré qu'elle s'était rendue à Kergouadal, l'après-midi fatidique, et qu'elle n'y avait trouvé personne.

— Avait-elle des raisons d'en vouloir à la défunte ?

— Difficile à dire… Au début de notre conversation, elle m'a rapporté les faits de façon claire et précise. Mais, au fur et à mesure que se déroulait l'entretien, elle a montré une animosité grandissante à l'égard de la défunte.

— Que voulez-vous dire ?

— D'après ce que j'ai pu comprendre, alors qu'elles étaient encore jeunes, Marie-Louise aurait séduit l'époux de Suzanne. Liaison rapidement découverte qui aurait mis fin à l'amitié des deux femmes.

Le juge leva les bras au ciel.

— Cette histoire date d'au moins quarante ans ! Ne me dites pas que vous la prenez en considération !

— N'oubliez pas que, pour les personnes âgées, le passé est plus vivace que le présent immédiat. Cela étant, Suzanne avait une autre raison d'en vouloir à Marie-Louise. Celle-ci s'apprêtait, en effet, à s'attaquer à la réputation de son fils, Jean Le Couëdic.

— Cette vieille harpie n'en avait donc jamais assez ! s'exclama le juge Auffray, sidéré.

— Je ne vous le fais pas dire ! D'autant qu'elle envisageait d'accuser cet homme de la pire des choses qui puissent être reprochées à un enseignant.

— Quoi ! Vous voulez parler de…

— A l'heure actuelle, Jean Le Couëdic est proviseur adjoint dans un lycée de Brest. Il est honorablement connu et exerce sa profession de façon irréprochable. Eh bien, selon Suzanne, Marie-Louise était prête à répandre le bruit qu'il aurait eu des relations coupables avec certaines de ses élèves, au début de sa carrière.

— Ah ! La vache !

Sophie Gilot tressaillit et considéra le juge d'un air interloqué. Depuis qu'elle travaillait avec lui, c'était la première fois qu'il se laissait aller à exprimer un sentiment personnel.

Mais déjà il se reprenait :

— Euh… Je veux dire qu'une telle rumeur, fondée ou non, laisse toujours des traces indélébiles. Et quand il s'agit d'un enseignant…

— Sa carrière est foutue ! Suzanne en était encore toute remuée quand elle m'en a parlé.

— Comme je la comprends !

— Moi aussi. Seulement cela pourrait être un excellent mobile d'éliminer Marie-Louise Le Barzic…

— Effectivement… mais nous n'en sommes pas encore là. Attachez-vous d'abord à prouver que cette mort n'était pas un accident ! dit le juge avec un sourire crispé. Avez-vous autre chose à me communiquer ?

— Oui. Un de mes adjoints a appris, incidemment, qu'Annaïg Le Barzic entretient une liaison qu'elle cache à sa famille.

— Ah bon ! Et pourquoi ? L'homme est-il marié ?

— Non. Je présume que le vieux dragon y avait mis son veto.

— Hein ! Ce genre de chose existe encore ? s'étrangla le juge.

— Annaïg semble en être un vivant exemple.

— Et qu'avez-vous appris à propos de cet homme ?

Sophie Gilot consulta les notes qu'elle avait sorties de sa serviette.

— Yoann Colin, né à Brest le 4 août 1958, marin pêcheur artisan, inscrit au Quartier Maritime de Brest, propriétaire d'un bateau de pêche de vingt-deux pieds, le “Stivel”. Célibataire, sans enfant…

— Donc libre comme l'air. Pourquoi acceptait-il une liaison clandestine ?

— Là, vous m'en demandez trop. Mais écoutez plutôt la suite ! Yoann Colin n'a pas toujours été l'homme sans histoire qu'il est aujourd'hui. Après avoir obtenu un BEP dans une école maritime d'apprentissage, il a navigué comme matelot à bord de plusieurs navires de commerce. Il s'est fait remarquer par son mauvais caractère et son manque d'assiduité au travail. Il a été licencié à quelques reprises et a fini par mettre sac à terre. Dans les années quatre-vingts, il s'est acoquiné à des voyous sans envergure, arnaqueurs à la petite semaine, avec qui il a monté deux ou trois coups minables. Puis il s'est frotté au grand banditisme, a effectué plusieurs casses… et s'est fait prendre. Condamné à trois ans de taule, il a bénéficié d'une libération anticipée pour bonne conduite. Durant sa période de probation, il a joué à fond la carte de la réinsertion puis, pendant plusieurs années, il a accepté les boulots qu'on voulait bien lui offrir, emplois précaires doublés d'indemnités de chômage quand le travail manquait. En 1990, il a trouvé un embarquement à la grande pêche, à bord du chalutier “Le Petit Bonhomme” et a pu goûter aux plaisirs qu'offre l'Atlantique-Nord à ceux qui vont s'y frotter. Il a tenu trois ans puis s'est mis à son compte en achetant d'occasion le petit caseyeur-fileyeur dont il est toujours propriétaire.

— Dites donc ! Ce n'est pas un enfant de chœur qu'Annaïg s'est trouvé là !

— Ça, c'est son problème. Ce que je me demande, moi, c'est comment ce type a démarré, financièrement parlant. Les investissements sont lourds et les banques font la sourde oreille aux ex-taulards.

— Il avait peut-être des économies. Il a pu hypothéquer sa maison…

— Il est en location.

— Comment s'est-il débrouillé, selon vous ?

— C'est là qu'Annaïg a dû entrer en jeu.

— Vous pensez que c'est elle, le bailleur de fonds ?

— Je n'en sais rien, je n'ai pas eu le temps d'éclaircir la situation financière des personnes concernées par cette affaire. C'est une autre raison pour laquelle je vous demande encore un peu de patience.

— Je comprends, fit le juge d'un ton réticent. Si nous n'avions pas autant d'enquêtes en cours, je vous dirais oui tout de suite. Mais il y a tellement d'urgences en ce moment : le braquage de l'agence bancaire de Bohars, le gang qui détrousse les petits vieux aux abords des bureaux de poste, le coulage dans certains entrepôts du port de commerce… et puis, il y a cette histoire de harcèlement dans les rues de Brest, qui a refait surface.

— Ah ? On n'en entendait plus parler ! Je croyais que c'était réglé…

— Malheureusement non, une plainte a été déposée dernièrement… Il va donc falloir s'y coller… En outre, il y a l'enquête concernant la prostitution sur les aires de repos de la RN12, celle du trafic de chiens de race…

— Je suis au courant, l'interrompit Sophie Gilot en réprimant mal son impatience. Seulement, plus je progresse dans l'affaire Le Barzic, plus les questions soulevées sont nombreuses. Ainsi, je n'ai toujours pas résolu celle des bijoux disparus, qui avait motivé la réouverture du dossier.

— Certes… certes… répondit le juge en consultant sa montre. Écoutez, agissez à votre idée mais, je vous en prie, ne vous polarisez pas sur cette histoire, il y a d'autres priorités.

— Je suis capable de mener plusieurs enquêtes de front, Monsieur le juge ! fit Sophie Gilot en enflant sa voix.

— Bien, vous avez le feu vert. Seulement, je compte sur vous pour qu'à notre prochaine entrevue, vous m'apportiez des résultats concrets, faute de quoi je classerai le dossier.

*

Le lieutenant Gilot quitta le tribunal et rejoignit à grandes enjambées sa Renault garée sur une des places réservées. De là, elle appela le commissariat de la rue Colbert afin d'informer un de ses adjoints qu'elle se rendait à Bohars pour y rencontrer le directeur de l'agence bancaire cambriolée l'avant-veille.

Son rendez-vous était fixé à onze heures trente et elle avait largement le temps d'y arriver. Elle ouvrit les vitres et tourna le bouton de son autoradio. Une mélodie mi-bretonne, mi-berbère envahit l'habitacle. Encore préoccupée par son entretien avec le juge Auffray, Sophie n'y prêta pas attention. Elle avait eu gain de cause mais il s'en était fallu de peu ! Elle manquait de diplomatie et devait à tout prix dominer ses envies de bousculer le freluquet prétentieux que les hasards de l'administration avaient placé en face d'elle. Le bon déroulement des enquêtes en dépendait.

Sa résolution prise, elle allait mettre sa voiture en marche lorsqu'une voix qu'elle connaissait jaillit de l'autoradio :

— ...De telles accusations peuvent démolir ma réputation ! J'estime que vous ne pouvez vous contenter de répéter ce que vous avez entendu. Vous devez fournir des preuves ! C'est ce que j'attends de vous maintenant !

Sophie Gilot monta le son. C'était Estelle Le Barzic qui parlait et d'un ton qui trahissait l'énervement et la colère.

— Chère Estelle Caër, je suis l'un de vos plus fervents admirateurs, répondit le journaliste, et ce n'est par plaisir que j'ai abordé un sujet aussi délicat.

— Accuser un écrivain de plagiat est certainement la pire offense qu'on puisse lui faire. Je veux des explications. Et vous avez intérêt à ce qu'elles soient solides sinon vous pourriez très bien vous retrouver avec un procès en diffamation sur le dos !

Estelle semblait hors d'elle. Sa voix d'abord glacée était montée dans les aigus et Sophie jugea qu'elle forçait un peu la note.

— Ne vous emportez pas, chère amie ! Dans cette émission, j'ai pour habitude de traiter toutes les questions, même celles qui fâchent, ce dont mes auditeurs me sont reconnaissants. Selon mes sources, pour écrire votre premier roman, vous vous seriez inspirée d'une œuvre de Louis Hervé, éditée en 1957, sous le titre *En Attendant de Renaître.*

— Œuvre que je ne connais absolument pas et dont je n'avais jamais entendu parler jusqu'à aujourd'hui.

— Et si je vous dis que moi, je crois le contraire ?

— Ce sera votre parole contre la mienne ! Si c'est uniquement sur ce bouquin que vous fondez votre accusation, je vous conseille de laisser tomber. Vous n'aboutirez à rien.

Estelle semblait se détendre. Sa voix était moins métallique, on devinait un semblant de sourire sur ses lèvres. Le lieutenant Gilot jeta un coup d'œil à sa montre. Il aurait été temps de se mettre en route mais elle pressentait que ce qu'elle entendait était important. Sans savoir exactement en quoi.

— On pourrait effectuer une étude comparative entre ce roman et le vôtre, reprit le journaliste.

— Eh bien, allez-y, faites-le ! Qui vous en empêche ?

— Je sais aussi qu'il existe un ensemble de notes que vous avez prises avant et pendant la rédaction du *Chariot de l'Aube*, et qui prouvent incontestablement vos emprunts.

— Où sont-elles ? Vous les avez ? Montrez-les moi !

— Impossible.

— Pourquoi ?

— Elles ont disparu.

— Armand Robert, vous n'êtes pas sérieux !

Cette fois, une sorte de gaieté transparaissait dans la voix d'Estelle. Une gaieté doublée d'un sentiment de soulagement, comme si elle venait de sentir passer le vent du boulet. Profitant de son avantage, elle contre-attaqua :

— Cessons de plaisanter ! D'où tenez-vous ces ragots ? Qui vous a soufflé de telles calomnies ?

— Eh bien… il m'est difficile de…

— Allons ! Allons ! Un peu de courage !

— Il s'agit d'un de vos proches qui est tombé par hasard sur vos notes et qui, en conscience, a cru bon de m'en révéler l'existence.

— Tiens ! Tiens !

— Elle pensait dénoncer une imposture.

— Elle ?

— Oui… c'était une femme.

— C'était ?

Il y eut quelques secondes de silence puis la voix d'Estelle éclata dans le micro :

— Armand Robert, il faut maintenant que nous mettions les choses au point ! Ou vous vous rétractez là, tout de suite. Ou, en sortant d'ici, je contacte mon avocat et je vous attaque pour propos diffamatoires. Suis-je assez claire ?

— Très claire. Mais avant de vous faire part de ma décision, je propose dix minutes de musique ininterrompue. Cela permettra aux auditeurs que le sujet intéresse d'appeler la station pour donner leur point de vue et, éventuellement, poser des questions auxquelles, j'en suis sûr, vous répondrez volontiers.

Sophie Gilot jeta un coup d'œil à sa montre et démarra sans plus attendre. Elle serait en retard mais qu'importe ! Par un hasard incroyable, elle venait de découvrir le mobile qui aurait pu pousser Estelle Le Barzic à vouloir se débarrasser de sa belle-mère.

En parlant avec la romancière, le lendemain de l'accident, elle avait compris que réussir une carrière littéraire était la grande affaire de sa vie. Son mariage battait de l'aile. L'éducation de sa fille ne l'intéressait pas. Par contre, elle ne cachait ses ambitions à personne. L'écrivain avait les dents longues et gare à ceux qui se dresseraient en travers de son chemin !

La vieille sorcière de Kergouadal avait-elle dépassé les limites et payé de sa vie une intrusion dans un domaine qui lui était interdit ? Sophie Gilot n'était pas loin de le penser.

XIV

— Réveille-toi, Annaïg ! Enfile ta robe de chambre et suis-moi ! J'ai quelque chose à te montrer.

La dormeuse bredouilla de vagues protestations et tenta de rabattre le drap sur son visage. Estelle la secoua doucement par l'épaule.

— Réveille-toi, c'est important !

Puis elle alla ouvrir les rideaux. L'aube grisaillait mais, derrière le voile de brume, transparaissait le bleu laiteux d'un ciel d'été.

— Quelle heure est-il ?

— Six heures moins le quart.

— Qu'est-ce que tu fais debout si tôt ?

— Je ne pouvais pas dormir, je suis allée me promener dans le jardin. C'est comme ça que je suis tombée sur quelque chose de bizarre. Il faut que tu viennes voir ça tout de suite.

Les deux femmes descendirent sans bruit l'escalier et sortirent sur la terrasse. Il n'y avait pas de rosée. Le rouge écarlate des géraniums flambait dans l'air immobile.

Annaïg cligna des yeux et frissonna. Puis elle resserra le cordon de sa robe de chambre et suivit Estelle qui se dirigeait vers les voitures en stationnement. Elle s'arrêta à côté de la Peugeot verte de Solenn Mercier.

— C'est là, sur la banquette arrière.

— Je ne vois rien.

— Tu es mal réveillée ou quoi ? Là, sous cette veste mauve…

Annaïg se pencha et aperçut le coin d'une boîte décorée de motifs orientaux.

— Qu'est-ce que c'est ?

— Un étui en cuir que je suis sûre d'avoir déjà vu dans la chambre de Mam.

— Ah oui ! Tu as raison. C'est le genre de babiole que papa rapportait quand il rentrait de voyage… Mam devait en posséder une bonne demi-douzaine.

— Et comment se fait-il que celui-ci se trouve dans la voiture de Solenn ? Ta mère le lui aurait-elle offert ?

— Impossible ! Tu sais bien qu'elle ne donnait jamais rien à personne.

— C'est aussi ce que je me suis dit.

— Bon, et maintenant qu'est-ce qu'on fait ? marmonna Annaïg pressée de regagner son lit.

— Je serais curieuse de savoir ce que contient cet étui. J'ai essayé d'ouvrir les portières mais elles sont verrouillées. Par contre, le hayon n'est pas fermé à clé, j'ai vérifié. Je vais essayer de passer par là.

Sans plus attendre, Estelle enleva le plateau qui servait de plage arrière et s'introduisit en se contorsionnant à l'intérieur du véhicule.

Elle saisit la boîte, se tortilla à nouveau et s'extirpa de la Peugeot.

— Et voilà le travail ! Tiens, ouvre-la !

*

Annaïg n'avait plus du tout envie de dormir.

Assise à la table de sa chambre, Estelle à ses côtés, elle contemplait les bijoux de Mam, rangés dans l'étui de cuir : la montre Oméga, le collier de perles et la topaze montée en pendentif.

— Qu'est-ce que ça signifie ? souffla-t-elle.

— C'est clair, il me semble ! Solenn a dû tomber dessus par hasard. Elle s'en est emparée, a attendu plusieurs jours pour voir si quelqu'un les réclamait. Comme ce n'était pas le cas, elle s'est dit qu'elle pourrait les emporter chez elle, ni vu ni connu. Hier soir, elle a dû les planquer dans sa voiture. Aujourd'hui, c'est vendredi, elle ne travaille pas. Personne ne s'étonnera de la voir partir pour Brest. Si je n'étais pas sortie à l'aube, les bijoux se seraient envolés sans qu'on s'en aperçoive !

— Seigneur ! Tu la crois vraiment capable de ça ?

— L'occasion crée le larron.

— Oui… C'est possible après tout. Que vas-tu faire maintenant ?

— La virer, bien entendu !

— Comme ça, sans autre forme de procès ?

— Je lui paierai ce que je lui dois, et dehors ! Je ne vais tout de même pas laisser ma fille sous la surveillance d'une voleuse !

Annaïg regarda vers la fenêtre et réfléchit.

Le soleil s'était levé, la journée serait chaude. Cet après-midi, on pourrait se baigner. Ce soir, jardiner, s'occuper des fleurs, arroser… Pourquoi Solenn avait-elle commis un acte pareil ? Elle se plaisait à Kergouadal. Elle gagnait l'argent nécessaire à ses études, sans trop se fatiguer. Qu'aurait-elle fait de ces bijoux ? Pour les monnayer, il fallait avoir des accointances. On n'entre pas, comme ça, dans la première bijouterie venue pour les proposer à la vente…

— Ce… ce n'est peut-être pas elle, dit-elle en triturant le cordon de son peignoir.

— Qui veux-tu que ce soit ? Toi, moi ?… Sa voiture était fermée à clé, ne l'oublie pas.

— Tu y es bien entrée !… On devrait lui demander des explications.

— Je te répète qu'elle n'a pas résisté à la tentation, voilà tout ! Je vais la renvoyer et elle pourra s'estimer heureuse que je ne porte pas plainte.

Annaïg soupira puis proposa de soumettre la question à Henri. Estelle eut un sourire amer.

— Mon cher époux n'est pas rentré cette nuit.

— Attendons son retour ! Une heure de plus ou de moins ne changera rien à l'affaire.

Estelle considéra sa belle-sœur d'un œil pensif et songea qu'Henri détesterait devoir régler cet incident. Convoquer la jeune fille, l'accuser de vol, lui signifier son congé… il aurait horreur de ça.

— Tu as raison, dit-elle. Il est le chef de famille, à lui de résoudre le problème !

— Et qui se chargera de Gwen quand Solenn sera partie ?

Estelle que cet aspect de la question n'avait pas effleurée, répondit que la fillette était assez grande pour se garder toute seule et que… que…

— Que je serai là pour veiller sur elle, une fois de plus !

— Euh… La petite t'adore. Tu sais si bien t'y prendre avec elle…

— J'ai mon travail, ce que tu sembles souvent oublier.

— Pas du tout ! Seulement je me dis que Gwen ne te gênera pas beaucoup. Elle pourra passer ses après-midi chez sa copine Nathalie… Bien entendu, nous te paierons sa pension.

Annaïg haussa les épaules. « La question n'est pas là. »

— Naturellement, tu es tout à fait en droit de refuser, reprit Estelle. Dans ce cas, nous lui chercherons un camp de vacances. En Corse ou dans les Pyrénées…

— Elle refusera d'y aller.

— Elle obéira !

— Ça m'étonnerait. Et je ne vois pas comment vous parviendrez à la convaincre.

L'air moqueur qu'Estelle lut sur le visage de sa belle-sœur la persuada que celle-ci avait raison.

— Je pensais que nous pourrions compter sur toi, fit-elle d'une voix chagrine. Écoute ! Nous mettrons Gwen face à ses responsabilités. Elle reste à Kergouadal avec toi mais, à la moindre incartade, à la moindre difficulté, elle se retrouve en colonie de vacances. Qu'en dis-tu ?

— Je ne sais pas. Il faut que j'y réfléchisse…

Pensant la partie gagnée, Estelle jugea le moment opportun d'aborder le chapitre de la prochaine rentrée scolaire.

— Puisque nous parlons de Gwen, autant que tu le saches dès maintenant : ni Henri ni moi ne serons en mesure de nous occuper d'elle à plein temps, après les grandes vacances. Nos professions nous accaparent l'un et l'autre. Nous nous sommes dit que tu serais peut-être d'accord pour l'héberger à Kergouadal.

Annaïg tressaillit.

— Je croyais que vous ne vouliez pas garder la propriété. Que vous projetiez de vendre…

— Eh bien, il semblerait qu'Henri ne soit plus si pressé. Cela dépend aussi de toi, de la décision que tu prendras à propos de Gwen, de la façon dont tu comptes organiser ta vie.

— Oui, évidemment… fit Annaïg d'un ton évasif. Je ne suis pas remise de la mort de Mam. Il me faut un peu de temps pour pouvoir envisager l'avenir sereinement. En ce moment, je suis encore en plein brouillard…

*

Lorsque Solenn pénétra dans la bibliothèque de Kergouadal, elle fut frappée par la beauté de la pièce. Elle n'avait pas encore eu l'occasion d'y entrer et n'en avait aperçu que les rayonnages, par la porte entrouverte.

Illuminés par le soleil de midi, le roux fastueux de l'acajou, les centaines de livres reliés plein cuir, les fauteuils clubs et l'immense bureau de teck parurent à l'étudiante le comble de ce que l'opulence bourgeoise pouvait apporter de confort et de bien-être. Elle fit un rapide parallèle avec l'exiguïté spartiate de sa chambre en cité universitaire, pensa à l'appartement étriqué de ses parents à Pontanezen… Bon sang ! Il y avait de quoi être écœuré !

Elle se mordit les lèvres puis considéra les trois personnes qui lui faisaient face. Henri Le Barzic était assis au bureau, les coudes sur le sous-main de maroquin vert. Annaïg, un peu en retrait, paraissait mal à l'aise. Estelle se tenait debout, à côté de son mari. Que lui voulaient-ils ? A quoi rimait ce cérémonial ? Elle allait leur poser la question lorsqu'elle avisa un étui de cuir ouvert dont elle ne distinguait pas le contenu.

— Si nous vous avons demandé de nous rejoindre ici, déclara Henri d'un ton sec, c'est pour que vous nous donniez une explication concernant ceci.

Il poussa l'étui et Solenn découvrit les bijoux.

— Je ne comprends pas. Que voulez-vous dire ?

— Ne faites pas l'innocente ! s'exclama Estelle. Vous savez très bien que…

Son mari l'interrompit d'un geste impératif.

— Regardez ! Est-ce que vous les reconnaissez ?

Solenn se pencha en avant.

— Je… est-ce que ce ne seraient pas les bijoux de votre mère, ceux qui avaient disparu ?

— Exactement ! Et savez-vous où ils ont été retrouvés ?

— Évidemment non !

— Dans votre voiture.

— Ce matin à l'aube, par Annaïg et moi ! renchérit Estelle.

Solenn sentit sa gorge se nouer. Dans quelle sale affaire était-on en train de l'entraîner ?

— Ce n'est pas possible, souffla-t-elle.

Ces meubles luxueux, cette splendide bibliothèque, tous ces rouges, ces roux, ces fauves, si chaleureux, avaient soudain le reflet carnivore de la vilenie dont on s'apprêtait à l'accuser.

— Vous ne pouvez tout de même pas croire…

— Cet étui et les bijoux étaient sur la banquette arrière de votre Peugeot, cachés sous une veste. La cause me paraît donc entendue, déclara Henri. Reconnaissez les faits et nous ne porterons pas plainte. Nous vous demanderons, bien sûr, de quitter votre emploi sur-le-champ. Le vol est avéré et…

— Attendez ! Vous allez un peu vite en besogne ! Je n'ai pas dérobé ces bijoux et je ne vois pas comment ils ont abouti dans ma voiture.

— Le fait est là ! jeta à nouveau Estelle d'un ton aigu.

— N'importe qui a pu les y déposer.

— Et pour quelle raison ? Je vous signale, en outre, que les portières étaient verrouillées.

— Dans ce cas, comment avez-vous réussi à sortir cet étui ?

— En passant par la malle arrière.

Solenn sentait fondre son assurance. Ces gens semblaient décidés à la congédier sans prendre la peine de l'écouter. Seulement, elle avait trop besoin de l'argent qu'elle comptait gagner chez eux cet été, pour se laisser faire sans réagir.

Elle regarda autour d'elle, respira un grand coup puis déclara qu'elle souhaitait parler en tête-à-tête avec monsieur Le Barzic.

— Vous n'êtes pas en position d'exprimer vos desiderata, rétorqua Estelle avec aigreur.

— J'insiste, fit la jeune fille en plongeant ses yeux dans ceux d'Henri.

Celui-ci ne cilla pas mais elle eut l'impression qu'il se tassait imperceptiblement sur sa chaise. Il se racla la gorge et annonça qu'il était d'accord pour écouter ce que mademoiselle Mercier avait à lui communiquer.

Lorsqu'ils furent seuls, Solenn saisit une chaise et s'assit face à lui.

— A nous deux maintenant ! dit-elle d'une voix sourde. D'abord, je vous donne ma parole que je n'ai pas dérobé ces bijoux. Je suis d'ailleurs persuadée que vous le savez très bien. Si j'avais commis ce vol, j'aurais agi avec un peu plus d'astuce. Ne me faites pas l'injure d'en douter !

Elle eut un petit rire sec et poursuivit :

— J'ai d'ailleurs mon idée sur l'identité du coupable.

— Ah bon ! fit Henri, visiblement étonné. Qui est-ce ? Allez-y, je vous écoute.

— Cherchez et trouvez vous-même ! Je n'ai pas l'habitude d'accuser sans preuve, moi !

— Nous livrer le ou la responsable serait pourtant la meilleure façon de vous disculper.

— Pas question !

— Dans ce cas, que puis-je pour vous ?

— Je suis innocente et le salaire que vous me versez m'est absolument indispensable. Voilà pourquoi je ne peux pas me laisser virer sans me défendre. Quelqu'un m'a fait un coup tordu pour me discréditer.

— Peut-être... Seulement ma femme est très remontée contre vous. Et comme c'est elle qui décide de tout ce qui concerne l'éducation de notre fille, je ne vois pas comment je pourrais la faire revenir sur sa décision...

Solenn se pencha en avant et posa elle aussi ses coudes sur le bureau.

— Je ne vais pas tourner autour du pot plus longtemps ! Quand je vous ai rencontré ici pour la première fois, je vous ai aussitôt reconnu. Vous êtiez l'homme qui m'avait suivie toute une journée à Brest. Si je n'ai rien dit, c'est uniquement parce que je voulais garder mon emploi. Aujourd'hui, je vous mets le marché en main : renvoyez-moi et je vous dénonce aux flics, tout de suite et sans la moindre hésitation. Voilà tout ce que j'avais à vous dire. A vous de jouer maintenant !

Le visage soudain décomposé d'Henri indiqua à la jeune fille qu'elle avait tapé dans le mille. Il ne tenta pas de démentir les faits ni de se disculper mais se mit à considérer ses mains posées à plat sur le maroquin vert.

— Qu'est-ce que vous décidez ?

— Ai-je le choix ? marmonna-t-il.

— Non, je ne crois pas.

— Bon, dans ce cas…

Il se leva et, d'un pas lourd, alla ouvrir la porte. Les deux femmes qui devaient se tenir aux aguets dans le salon, revinrent précipitamment.

— Je dois vous faire part d'un renversement de la situation, dit-il d'une voix ferme. Sous le sceau du secret, mademoiselle Mercier vient de me révéler des faits qui la disculpent entièrement. Le vol des bijoux ne peut en aucun cas lui être imputé. En conséquence, il va de soi qu'elle reste à Kergouadal… si elle le veut bien. Je profite de votre présence à toutes deux, pour lui présenter nos plus plates excuses. Nous avons agi de façon irréfléchie et tout à fait insultante à son égard.

Solenn n'en croyait pas ses oreilles.

Henri Le Barzic s'était repris avec une vitesse et une

maîtrise de soi qui la laissaient pantoise. Puis son regard glissa vers Annaïg. Le vague sourire qu'elle avait aux lèvres trahissait un sentiment de soulagement. Estelle, quant à elle, considérait son mari d'un air médusé. Assurément, celui-ci ne l'avait pas accoutumée à de telles volte-face.

— Enfin, Henri ! Vas-tu nous expliquer…

— Non ! J'ai promis à Solenn la plus absolue discrétion. Je n'ai rien à ajouter. La cause est entendue.

*

Debout à la fenêtre de la bibliothèque, Henri Le Barzic sentait la fureur monter en lui. Il avait l'impression qu'elle l'enveloppait d'une vapeur opaque qui le coupait du monde. Le soleil était éteint, le jardin décoloré, les gens de Kergouadal étouffés dans un silence de cendre.

Henri était seul avec le bruit du sang qui bourdonnait à ses oreilles et le grondement de sa respiration qu'il ne parvenait pas à maîtriser. Il avait fait front, le temps de clouer le bec aux deux pécores et de se sortir du pétrin où elles l'avaient fourré. Nom de Dieu ! Quel besoin avaient-elles eu de causer un tel scandale pour une quincaillerie dont il se foutait éperdument ?

Jusqu'à maintenant, tout s'était bien passé. Lors de leur première rencontre, Solenn avait fait profil bas et aurait continué à se taire si on l'avait laissée tranquille. A la fin de l'été, elle serait retournée à ses chères études et ce malheureux épisode aurait sombré dans l'oubli. Mais il avait fallu que ces deux imbéciles se mettent à cacarder comme des oies.

Et maintenant…

A nouveau, un feulement enfla dans la tête d'Henri et lui brouilla la vue. D'une main, il s'agrippa à l'espagnolette. La sueur qui dégoulinait de son front coulait le long de ses joues et tombait sur le devant de sa chemise.

Maintenant… on ne pouvait plus faire comme si de rien n'était. Les mots avaient donné un contour bien réel à des faits qui jusqu'alors appartenaient au monde des ombres. Flous, presque oniriques…

Solenn savait et elle le lui avait dit… avec des mots qui auraient pu être ceux de Mam.

De Mam dont il avait supporté les diatribes, les menaces jusqu'au jour où elle était allée trop loin…

« — Tu vas arrêter ça et tout de suite !

— Quoi ça ?

— Ce dont je te parle depuis une demi-heure.

— Tu parles, tu parles mais je continue à ne pas comprendre.

Mam avait alors tourné vers lui sa tête de tortue montée sur un cou obèse.

— Je parle de cette déviance, de cette perversion dont tu n'as jamais pu… ou voulu te débarrasser. Je suis au courant de tout.

Henri avait essayé de la prendre de haut.

— Tiens ! Tiens ! Comme c'est curieux ! Clouée dans ton fauteuil, incapable de sortir seule, tu prétends que…

Les mains tavelées s'étaient accrochées aux accoudoirs. Le gros corps s'était soulevé comme pour mieux expectorer les mots qu'elle avait sur la langue.

— J'ai fait appel à un spécialiste. Enquêtes et filatures en tous genres, si tu vois ce que je veux dire. Je voulais en avoir le cœur net.

— Eh bien, tu l'as ! Et ça change quoi ? avait aboyé Henri.

Puis sa gorge s'était serrée et la sueur avait suinté à ses aisselles car sa mère le regardait. Et par la fente de ses paupières coulait le noir sidéral, absolu et glacé, du mépris qu'elle éprouvait pour lui.

— Pauvre mec ! Pauvre type ! Honte à toi ! En être réduit à de telles pratiques… Pas étonnant qu'Estelle aille courir ailleurs ! Ah ! Tu peux bien rouler les mécaniques mais moi, tu ne m'abuseras jamais. Je sais ce que tu vaux. Je l'ai toujours su ! »

Mam n'était plus de ce monde. Ses lippes et sa peau verdâtre, ses cheveux rares qui laissaient entrevoir la courbure de son crâne, son corps énorme qui débordait du fauteuil, ses jambes massives comme des billons… toute cette chair était en train de se putréfier dans la terre. Jamais plus il ne subirait son dédain, jamais plus il n'entendrait son persiflage. Délivré, il en était délivré !

C'est en tout cas ce qu'il avait cru jusqu'à ce matin. Mais, une fois de plus, il avait fait erreur. Comme par delà la mort, Mam avait passé son pouvoir à une autre.

C'était intolérable.

A nouveau, Henri sentit une lame de fureur le submerger. Il ouvrit la bouche et aspira l'air à grandes goulées. Comme il appuyait son front contre la vitre, il aperçut une silhouette juvénile qui se hâtait vers la Peugeot verte. Alors il n'hésita pas. Il quitta la pièce et gagna précipitamment l'entrée où il attrapa sa veste et ses papiers. Puis, s'efforçant de reprendre son souffle et son air de tous les jours, il sortit sur la terrasse.

— Je dois passer la journée à Brest, dit-il à Annaïg qui arrosait ses géraniums. Je rentrerai probablement ce soir. Dans le cas contraire, je préviendrai par téléphone.

*

Solenn franchit le seuil de la "Petite Tournée" et découvrit avec plaisir que la librairie était vide. Le grelot de la porte n'avait pas fini de tinter que la voix de Noëlle Jagu retentissait derrière les rayonnages.

— Je me demandais si tu m'avais oubliée ! Tu as enfin trouvé un moment pour venir voir ta vieille copine, recluse dans sa boutique ?

— Tu n'as pas l'air à plaindre.

— A d'autres ! Par un soleil pareil, je préférerais être à la plage ou à bord de mon dériveur !

Puis, entraînant Solenn derrière le comptoir où elle s'était aménagé un petit coin tranquille, elle lui demanda si elle avait envie de boire quelque chose. Thé, café, jus de fruit ?

— Une bière si tu en as, et bien fraîche.

— Alors… la vie a repris son cours normal à Kergouadal ?

— Hum… si l'on peut dire.

— Qu'est-ce qu'il y a ? Tu as l'air toute retournée.

— Il m'est arrivé un truc dont il faut que je te parle.

La libraire fronça les sourcils car elle venait de remarquer que les yeux de son amie étaient remplis de larmes. Sans faire de commentaires, elle quitta sa place, alla donner un tour de clé à la porte et y suspendit un carton indiquant que la librairie ne rouvrirait qu'à quinze heures.

— Comme ça, on est sûres d'être tranquilles, dit-elle. Maintenant, raconte-moi ce qui te tracasse !

— Tu… tu te souviens que je t'avais parlé des bijoux de la vieille, ceux qui avaient disparu… Eh bien, ils ont été retrouvés ce matin…

La voix de Solenn se cassa, elle renifla, se moucha dans le kleenex que lui tendait Noëlle puis rapporta la scène de la bibliothèque.

— C'est une histoire complètement dingue ! s'exclama la libraire, et tellement cousue de fil blanc… Comment ces gens ont-ils pu la gober sans se poser de questions ?

— Je n'en sais rien. Ils étaient si remontés contre moi que je ne pouvais placer un mot…

— Tu soupçonnes quelqu'un ?

— Oh oui !

— Qui ?

— Gwenola.

— Tu es sérieuse ?

— Et comment ! Cette gosse ne peut pas me sentir. Je ne cesse de m'accrocher avec elle. Le moindre désaccord tourne à l'épreuve de force parce qu'elle ne supporte pas qu'on lui tienne tête.

— Tu la crois capable d'avoir monté un coup pareil ?

— Il doit y avoir eu un concours de circonstances. Comme elle passe son temps à fureter partout, elle a pu tomber sur ces bijoux. Elle les a gardés cachés dans sa chambre puis s'en est servie pour me faire accuser de vol et se débarrasser de moi. Ce qui a failli réussir. Sans un coup de bluff de ma part, je serais renvoyée à l'heure qu'il est.

— Ne me dis pas que tu comptes rester chez ces gens ! A ta place, je les enverrais au diable, eux, leur fric et leur gamine insupportable !

— J'aimerais bien mais je ne peux pas, j'ai trop besoin de pognon, je te l'ai déjà dit. A Kergouadal, comme je suis nourrie et logée, mon salaire est tout bénéfice.

— Pourquoi ne pas demander à tes parents de t'aider ?

— Tu rigoles ! Tu connais les conditions dans lesquelles ils vivent... Bon ! Maintenant, veux-tu savoir comment j'ai retourné la situation à mon avantage ?

— Naturellement.

— Il y a quinze jours, quand je suis passée te voir, j'avais envie de te parler d'une drôle d'histoire qui venait de m'arriver. Je n'ai pas pu le faire parce que tu étais trop occupée. En fait, j'avais été filée toute la journée par un type et ça m'avait fichu une trouille bleue.

— Je comprends.

— Eh bien, cet homme était Henri Le Barzic !... J'ai failli tomber à la renverse quand je me suis trouvée nez à nez avec lui, le soir même, à Kergouadal.

— Bon sang ! C'est incroyable ! Il a dû faire une drôle de tête lui aussi, lorsqu'il t'a vue !

— Penses-tu ! Il a fait semblant de ne pas me reconnaître.

— Et toi ?

— Pareil, je tenais à garder mon job. Depuis, il s'est conduit comme si de rien n'était. A tel point que, par moments, je me demandais si je n'avais pas fait erreur sur la personne… jusqu'à ce matin.

Solenn se tut et arbora un sourire mi-figue mi-raisin. Son amie la regarda puis ses yeux s'agrandirent.

— Non !… Tu n'as pas osé faire ça, souffla-t-elle. Tu ne lui as pas mis le marché en main ?

— Si ! Et ça a réussi, beaucoup plus vite et plus facilement que je ne l'espérais. Il ne lui a pas fallu plus de trente secondes pour se décider. Ah ! si tu avais vu comment il s'est sorti du guêpier, sa façon de se contrôler, de clouer le bec aux deux femmes… Je n'en suis pas encore revenue.

— C'est sans doute quelqu'un de redoutable, lâcha Noëlle. Tu as gagné une manche. J'espère pour toi qu'il en restera là.

— Que veux-tu dire ?

— Tu es certainement la seule personne à connaître sa manie… Est-ce que tu mesures la menace que tu représentes pour lui ?

— Sur le coup, je n'y ai pas songé. Mais écoute plutôt la suite !… Après l'épisode de la bibliothèque, j'ai rejoint ma voiture parce que j'avais l'intention de passer la journée à Brest. Je n'étais pas en route depuis cinq minutes, que j'apercevais la BMW d'Henri dans mon rétroviseur. Tout le long du trajet, il a continué à rouler derrière moi alors qu'avec un moteur aussi puissant que le sien, il aurait pu me doubler sans difficulté. A l'entrée de Brest, il était toujours collé à mon pare-chocs. J'ai pris l'avenue Le Gorgeu sans réussir à le semer. Après le pont Schumann, j'ai enfilé quelques petites rues et, tout à coup, j'ai vu une place de stationnement le long d'un trottoir, juste à côté de la fac de médecine. J'ai fait un créneau, quitté ma Peugeot et filé vers le centre-ville. Là, j'ai traîné dans les magasins, mangé un sandwich, ensuite je suis venue ici.

Le soleil qui avait tourné, éclairait de plein fouet les vitrines de la "Petite Tournée", transformant la librairie en véritable four. Malgré la chaleur, Solenn frissonna.

— J'ai peur, dit-elle.

— Tu devrais prévenir la police.

— J'ai conclu un marché avec lui.

— Oui, mais tu cours un risque parce qu'il a beaucoup plus à perdre que toi ! Si tu vends la mèche, sa carrière est compromise, sans parler de sa vie sociale.

Comme Solenn ne répondait rien, la libraire se leva et alla farfouiller sous son comptoir.

— Tiens ! Lis ça, dit-elle. C'était dans *Le Télégramme* d'avant-hier.

« *BREST : Harcelée par un inconnu, une quadragénaire se casse la jambe.*

Mardi soir, vers minuit, une femme souffrant d'une fracture du tibia a été découverte par un passant, à proximité du cimetière de Recouvrance. Alertés, les pompiers ont transporté la victime à l'hôpital Morvan où, après avoir été soignée, elle a raconté ce qui lui était arrivé.

En sortant d'un cinéma de la rue Jean-Jaurès où elle avait passé la soirée, elle a été prise en chasse par un individu qui l'a suivie et parfois talonnée durant près d'une demi-heure. L'homme a fini par la coincer au fond d'une impasse. Complètement paniquée, la victime a alors tenté de s'échapper en courant. Elle a trébuché et fait une chute qui l'a clouée au sol. Son agresseur en a profité pour lui piétiner une main et lui infliger de violents coups de pied dans le dos et le thorax, avant de l'abandonner à son triste sort.

Une plainte contre X a été déposée dès le lendemain, au commissariat de la rue Colbert. »

— Ça donne à réfléchir, reconnut Solenn. Il pourrait bien s'agir d'Henri. Mais cela ne change rien à mon problème. Je n'ai pas envie de devoir arrêter mes études par manque d'argent et, à cette saison, il est trop tard pour trouver un boulot aussi bien rémunéré que le mien.

— Fais un emprunt bancaire !

— Non… J'ai vu à quoi cela pouvait mener. Tu es au courant de la situation de mes parents, leur surendettement et tout le reste…

— Je continue pourtant à penser que tu devrais en parler à la police. Pourquoi pas à cette femme lieutenant qui enquête sur la mort de la vieille Le Barzic ? Tu la connais, ce serait plus facile… Ce qui t'arrive m'inquiète vraiment, insista Noëlle.

— Je suis sur mes gardes et je ferai en sorte de ne jamais me trouver seule avec Henri.

— C'est probablement quelqu'un de très malin. S'il veut te coincer, il y parviendra.

XV

« Rien ne se passe jamais comme on le prévoit », songeait Annaïg en regardant Yoann brûler les papiers afférents à sa reconnaissance de dettes.

Il les prenait par un bout, les allumait par l'autre. Les feuilles noircissaient, se racornissaient et lorsqu'elles étaient consumées, elles se désagrégeaient et les fragments se dispersaient au gré du vent.

— Combien de temps comptais-tu garder ces papiers cachés au fond de ton tiroir ? demanda-t-il quand il eut terminé.

— Je… je ne sais pas.

— Imagine que le lieutenant Gilot ait ordonné une perquisition… J'aurais été dans de beaux draps et toi aussi.

Annaïg baissa la tête et répondit qu'elle avait eu tort. Mais il ne s'était rien passé. Les choses paraissaient même devoir se régler toutes seules. Les désagréments causés par l'accident de Mam ne seraient bientôt plus qu'un mauvais souvenir.

— Ouais, espérons-le !

Yoann s'étira, s'adossa au banc, alluma une cigarette et laissa son regard errer sur la verdure du parc.

Quelques heures auparavant, lorsqu'il avait appelé Annaïg pour lui proposer de passer avec lui l'après-midi à Brest, son intention n'était pas de se promener dans un jardin public ! Il lui avait donné rendez-vous sur le parking du Moulin Blanc et comptait l'emmener dans un petit hôtel confortable et discret qu'il connaissait, pas loin de là. Mais il avait oublié qu'en juillet, la plage voisine et Océanopolis attiraient les foules et que le parking serait plein. Ils avaient donc remonté le vallon de Stang Alar et garé les voitures devant l'entrée du jardin botanique. C'était le moment qu'avait choisi Annaïg pour sortir les papiers de la reconnaissance de dettes de son sac. Yoann qui les croyait détruits depuis longtemps, avait ouvert des yeux ronds. Cette femme était complètement inconsciente !

Il l'avait prise par le coude et entraînée à travers le parc jusqu'à un banc discret, entre les fougères arborescentes et la bambouseraie, où ils avaient pu brûler ces documents sans attirer l'attention des badauds.

Derrière le rideau de la végétation, on entendit des promeneurs qui passaient en bavardant. Puis il y eut les pleurs d'un bébé. Quand le silence revint, Annaïg relata l'épisode des bijoux volés puis retrouvés, ainsi que la confrontation de Solenn avec les Le Barzic.

— Qu'est-ce qu'elle a bien pu dire à ton frère, pour le faire changer d'avis ?

— Aucune idée.

— Tu la crois capable d'avoir volé ces bijoux ?

— Je n'en sais rien.

— Tu ne trouves pas que ça ressemble à un coup monté ?

— Je… je ne sais pas.

— Enfin, Nini ! Tu dois bien avoir une opinion !

— N… non. Je suis contente que Solenn reste à Kergouadal sinon c'était encore moi qui aurais dû m'occuper de ma nièce.

— Elle a des parents, ils n'ont qu'à se charger d'elle !

Annaïg haussa les épaules et soupira.

— J'aime beaucoup cette enfant. C'est pitié de la voir ainsi délaissée. Sais-tu ce qu'elle m'a dit l'autre jour ? Qu'elle souhaitait venir habiter avec moi, à Kergouadal. Et, après la conversation que j'ai eue avec ma belle-sœur dernièrement, j'ai compris qu'elle et mon frère n'y verraient aucun inconvénient. Au contraire.

Yoann tressaillit et la considéra, stupéfait.

— Est-ce que tu te souviens qu'il y a peu, tu parlais d'une vie commune, pour toi et moi ?

— Je… je n'ai pas abandonné cette idée.

— Une idée qui commençait à me séduire, moi aussi…

— Oh ! C'est vrai ? Comme je suis contente !

— Mais à laquelle je renoncerai si je dois cohabiter avec cette gamine !

Annaïg se mordit les lèvres et contempla les palmes des fougères soulevées par la brise.

Plumage d'oiseaux exotiques aux verts affolants, elles frémissaient comme un rêve d'île lointaine et inaccessible.

— On… on pourrait toujours essayer, murmura-t-elle.

— Pas question ! Si un jour j'élève un gosse, ce sera le mien, pas celui des autres !

Annaïg sentit sa gorge se nouer.

Il venait de prononcer les mots que, depuis toujours, elle redoutait d'entendre.

— Je comprends. Mais… en attendant que tu trouves une femme avec qui faire un enfant, je… on pourrait…

Yoann la saisit par le bras et la força à le regarder.

— Qu'est-ce que tu me chantes là ? Pourquoi une autre femme ? Tu es là et je n'ai aucune envie de me mettre en chasse.

— D'accord, seulement j'ai quarante ans et je… je suis trop âgée pour… pour…

— Pas du tout ! Plein de femmes ont des gosses à quarante ans passés. Évidemment, dans notre cas, il ne faudrait pas attendre trop longtemps…

Comme elle le considérait bouche bée, il s'empressa d'ajouter que, dans l'immédiat, la question ne se posait pas.

Il n'éprouvait aucune envie de devenir père de famille.

Puis il l'attira contre lui et murmura à son oreille qu'il connaissait, pas loin de là, un petit hôtel… Annaïg qui n'attendait que ça, mais que son indéracinable pruderie empêchait de l'avouer, se lova amoureusement contre lui. Tout finirait par s'arranger. D'une manière ou d'une autre.

Yoann avait accepté l'idée de vivre avec elle, c'était là le plus important. Bientôt, elle l'aurait pour elle seule, dans une maison apaisée où nul ne lui dirait plus ce qu'elle devait faire ou ne pas faire.

Il serait à ses côtés, jour après jour. Lui ferait l'amour, nuit après nuit…

La tête nichée contre le cou de Yoann, elle respirait son odeur en songeant que, pas un instant, elle n'avait soupçonné à quel point la mort de Mam transformerait sa vie. Ah ! si elle avait su…

Si elle avait su, jamais elle n'aurait fait preuve d'une aussi longue patience !

*

Gwenola sortit un calepin de son sac à dos et se planta devant Suzanne Le Couëdic. Écroulée dans son fauteuil, celle-ci dormait, la bouche ouverte. Une grosse mouche à viande tournoyait autour d'elle et lorsqu'elle se posait sur son visage, le spectacle était carrément tordant. Comme tiraillés par des fils invisibles, les sourcils tremblotaient, les joues tressautaient, toutes les rides frétillaient tandis que les lèvres balbutiaient des mots incompréhensibles… Fascinée par cette succession de grimaces, Gwenola regrettait amèrement de ne pas avoir emporté son appareil photo. Quelle jolie série de portraits elle aurait pu tirer !

Soudain, la scène devint encore plus cocasse. La mouche vrombissante fit le tour de la pièce, fonça vers la dormeuse et se posa à la commissure de ses lèvres. L'odeur et l'humidité durent lui plaire car elle se calma instantanément. Puis, lentement, prudemment, elle pénétra dans la bouche. Gwenola retint son souffle en espérant de tout son cœur que celle-ci allait se refermer. Hélas, la mâchoire demeura pendante et la mouche ressortit.

Jugeant alors que le spectacle avait assez duré, la

fillette tira bruyamment une chaise sur le dallage. La vieille dame ouvrit les yeux et regarda autour d'elle, l'air ahuri.

— Ma chérie ! Qu'est-ce que tu fais là ? Je ne t'ai pas entendue entrer.

— Normal ! Tu dormais à poings fermés. Heureusement que je n'étais pas un voleur.

Gwenola enleva sa casquette et la déposa sur la table.

— Je suis venue pour t'interroger.

— Ah bon ! A quel sujet ?

— Tu dois d'abord jurer de dire la vérité, toute la vérité, et de répondre à mes questions sans rien cacher… même si ça t'embête.

Suzanne lui jeta un regard décontenancé et acquiesça. La fillette arbora une mine sévère puis déclara qu'elle enquêtait sur la mort de sa grand-mère et qu'elle voulait à tout prix éclaircir le mystère qui entourait ce prétendu accident.

— Je veux bien te répondre mais, malheureusement, je ne me rappelle pas grand-chose… dit la vieille dame qui tentait visiblement de rassembler ses idées.

Gwenola fronça les sourcils et consulta son calepin.

— Tu es bien allée à Kergouadal en fin d'après-midi, ce jour-là ?

— Euh… oui.

— Comment ça s'est passé ?

— Eh bien… Je… j'ai probablement vu Marie-Louise, nous avons dû bavarder un moment…

— Pas du tout !

— Oh ?

— Le lendemain, quand tu es venue faire une visite mortuaire, tu as dit devant tout le monde que tu n'avais trouvé personne dans la maison.

— Ah !... Si je l'ai dit, c'est que c'était vrai, balbutia Suzanne, déboussolée.

Gwenola mordilla son crayon, l'air excédé.

— Maintenant, fais un effort ! Est-ce que tu as passé par la cuisine ?

— Euh oui... il me semble.

— Est-ce qu'il y avait quelqu'un ?

— Non, je ne crois pas.

La fillette sauta sur ses pieds et lança d'un ton triomphant :

— Ouah ! Voilà ce que je voulais savoir !

— Je... je ne comprends pas.

— Dans la cuisine, tu aurais dû voir Paulette puisqu'elle a dit qu'elle n'en avait pas bougé, trop occupée à préparer le dîner. Et ensuite, qu'est-ce que tu as fait ?

— Eh bien... je crois que j'ai continué ma promenade.

— Où ?

— Je ne sais plus exactement... probablement sur le sentier côtier.

— Tu as rencontré du monde ?

— Un ou deux promeneurs... mais je n'en suis pas très sûre.

La fillette s'attabla et nota quelques mots dans son calepin.

Entre-temps, la vieille dame paraissait s'être soudain réveillée. Le regard vif, elle se redressa dans son fauteuil.

— As-tu interrogé d'autres personnes, avant moi ?

— Bien sûr.

— Elles t'ont appris des choses intéressantes ?

— Hé ! Hé ! Tu voudrais bien le savoir !

— Oh oui !

Le visage de Suzanne trahissait une curiosité si intense que Gwenola n'y résista pas.

— Promets d'abord de garder pour toi ce que je vais te raconter !

— Je le jure ! Je le jure ! s'écria l'autre en battant puérilement des mains.

— Bon, je te fais confiance… Ce que j'ai découvert sont des détails. Mais des détails très importants ! Par exemple… L'après-midi de la mort de Mam, quand j'allais à vélo chez Nathalie, j'ai aperçu de loin, une voiture verte qui ressemblait beaucoup à celle de Solenn.

— Oh ! Tu lui en as parlé ?

— Oui, mais elle a haussé les épaules et m'a dit de ne pas me mêler de ça.

— Elle n'a pas eu l'air coupable ?

— Non. Seulement les vrais criminels cachent bien leur jeu, tout le monde sait ça !

La vieille dame approuva puis demanda si elle avait trouvé autre chose.

La fillette parla alors d'Étienne Bréhant qui, selon elle, n'était venu à Kergouadal que pour se faire pistonner.

— Il a confié à maman le roman qu'il a écrit. Je les ai entendus qui en discutaient. Elle a promis de l'aider. Mais je suis sûre que c'étaient des paroles en l'air, pour qu'il lui fiche la paix. Elle va fourrer le manuscrit au fond d'une armoire et, dès qu'Étienne sera parti, elle n'y pensera plus.

— Tu n'as pas dit ça au jeune homme ? s'inquiéta Suzanne.

— Pas encore. Mais je le ferai à la première occasion, pour qu'il n'ait pas de faux espoirs.

— Gwen, tu n'es pas charitable.

La fillette eut un sourire indifférent et revint à sa mère, affirmant qu'elle haïssait Mam et ne s'en cachait pas. Puis à son père qui, selon elle, ne s'intéressait qu'à l'héritage.

— Il n'y a pas longtemps, je l'ai entendu dire que le jour où la vieille claquerait, il ferait une fiesta à tout casser.

— C'était une façon de plaisanter.

— Pas du tout.

— Comment le sais-tu ?

— Je le lui ai demandé… Il a éclaté de rire et m'a dit que je ne devrais pas écouter aux portes ni surveiller les gens. Moi, j'ai répondu que c'était très utile, au contraire… Si maman avait mieux surveillé Lionel, il ne se serait pas noyé. Mais cet après-midi-là, elle était trop occupée à faire la belle avec ses amies, pour avoir l'œil sur mon petit frère.

— Gwen ! Là, tu exagères ! s'exclama Suzanne, choquée.

— Pourquoi ? Mam répétait ça tout le temps… Et elle, on ne la faisait pas taire en lui flanquant une gifle !

La vieille dame n'insista pas. Elle commençait à se sentir fatiguée et souhaitait que la fillette s'en allât.

— Tu… tu devrais rapporter tout ce que tu viens de me dire à l'officier de police qui s'occupe de l'affaire, dit-elle.

— Pour qu'elle m'envoie paître comme la dernière fois ! Non merci ! Quand j'aurai tout tiré au clair, je lui apporterai la solution sur un plateau. Là, elle sera bien obligée de reconnaître que je suis la meilleure.

Suzanne acquiesça puis, s'adossant à son fauteuil, elle se mit à dodeliner de la tête. Gwen qui s'apprêtait à lui parler d'Annaïg, n'en eut pas le loisir. Déjà la vieille dame avait succombé au sommeil.

XVI

Allongée sur son lit, dans la pénombre du jour naissant, Annaïg pensait à l'avenir. Elle n'avait pas renoncé à son projet de vivre à Kergouadal avec Yoann et Gwenola, car elle était beaucoup trop attachée à l'enfant pour capituler avant d'avoir épuisé tous les moyens de convaincre son amant.

Mais il fallait faire vite. Juillet arrivait à son terme et, manifestement, chacun avait hâte de quitter la propriété et retourner à ses occupations.

La veille, après avoir passé une heure ou deux avec elle dans une chambre d'hôtel, Yoann lui avait répété qu'emménager à Kergouadal était une idée qui le séduisait de plus en plus. « On peut toujours essayer, qu'est-ce qu'on risque ?... Si on ne s'entend pas, chacun repartira de son côté et basta ! Maintenant que je ne dois plus rien aux Le Barzic et que ta mère n'est plus là pour nous empoisonner la vie, je ne vois pas ce qui nous empêcherait de tenter le coup. »

Annaïg sentit les larmes lui monter aux yeux. Elle aimait cet homme, elle le voulait à ses côtés tous les jours. Mais elle ne pouvait se résoudre à abandonner Gwen. La petite était comme sa fille. Devoir choisir était inhumain, impossible.

Le soleil qui se levait fit soudain s'épanouir les fleurs

roses et rouges des rideaux. On devinait que dehors le ciel était bleu et que ce dimanche serait une journée magnifique. Annaïg s'étira puis sortit les pieds du lit. C'est alors que l'idée qu'elle cherchait se cristallisa en un plan bien défini. Il fallait que ces deux-là se rencontrent ! Et il existait un endroit rêvé pour ça… un endroit où Gwen serait enchantée d'aller et où Yoann paraîtrait à son avantage : son bateau, le Stivel.

Elle savait que tous les dimanches matins, lorsqu'il n'était pas en pêche, Yoann descendait au port de Lanildut et faisait le ménage à bord. Il nettoyait le poste d'équipage, mettait un semblant d'ordre dans la cabine de barre, récurait le pont.

Ses collègues le traitaient de maniaque, ce dont il se moquait éperdument car il adorait s'occuper de la maintenance du Stivel et de la plate qui lui servait d'annexe.

*

— Alors ! Lequel c'est, le bateau de ton mec ? trompeta Gwenola en calant sa bicyclette contre le muret qui surplombait le port.

— Ne crie pas comme ça, s'il te plaît ! Et exprime-toi convenablement, on n'est pas en cour de récréation.

— Oh là là ! Qu'est-ce que tu peux être pénible quand tu t'y mets !

— Comme je te l'ai expliqué avant de partir, ce n'est pas mon “mec” mais mon… fiancé, dit Annaïg en butant sur le seul mot qu'elle eût trouvé pour définir le statut de Yoann.

— Fiancé ! pouffa la fillette. T'aurais pas pu trouver autre chose ? Franchement, ça date !

Annaïg gara à son tour son vélo et jeta un coup d'œil en biais à sa nièce. La casquette sur le nez, le menton en avant, elle inspectait les alentours d'un regard conquérant

— D'ailleurs, poursuivit celle-ci, j'vois pas pourquoi tu fais tant d'histoires ! Il y a longtemps que je sais que tu as un homme dans ta vie.

— Oui, tu me l'as déjà dit tout à l'heure, la coupa sèchement Annaïg.

Elle n'avait pas encore digéré les révélations de Gwen et la pensée que ses ébats avaient pu être surpris par la fillette lui mettait le rouge aux joues.

— Mais t'en fais pas, Tatie, j'ai pas vu grand-chose !

— Je ne sais pas du tout de quoi tu veux parler ! lâcha celle-ci avec raideur, ce qui déclencha un nouveau fou rire.

Dans le port, la marée était basse et la plupart des bateaux au sec. Annaïg repéra facilement le Stivel mais elle eut beau chercher, elle ne vit pas Yoann.

— Dis Tatie, tu crois qu'on pourra monter à bord ?

— J'en suis sûre. Seulement tu as intérêt à bien te tenir. Si tu ne te sens pas capable d'être polie, dis-le tout de suite et nous rentrons à la maison.

La fillette qui avait semblé très excitée à l'idée de visiter le Stivel, promit tout ce qu'on voulait. Malgré ça, sa tante crut bon de mettre les points sur les i.

— Je te l'ai dit, Yoann et moi, nous nous aimons beaucoup, c'est pourquoi il est très possible qu'il vienne habiter avec moi, à Kergouadal. Tu sais qu'il est aussi question que je m'occupe de toi à la rentrée prochaine, tes parents sont en principe d'accord. Pour que tout ça se fasse, il est indispensable que tu t'entendes avec lui. S'il te trouve désagréable, mal élevée, insolente, tant pis pour toi ! Tu iras en pension.

— Ça va, j'ai compris.

— Je l'espère. Mais je dois t'avertir que ce n'est pas un homme commode et qu'il ne te fera pas de cadeaux. Donc, à toi de jouer ! Si tu mènes bien ta barque, Kergouadal te sera grand ouvert. Sinon…

Annaïg venait d'apercevoir Yoann qui émergeait de la cabine de barre. Elle descendit sur le port, suivie de Gwenola qui sautillait d'un caillou à l'autre, pour ne pas salir ses sandales. Le marin ouvrit des yeux stupéfaits lorsqu'il les découvrit debout au nez du Stivel.

— On est venues te dire bonjour ! lança Annaïg tout sourire. On peut monter à bord ?

— Pour quoi faire ?

— On a envie de visiter.

— C'est un bateau de pêche, y a rien d'intéressant à voir, ronchonna Yoann qui venait de faire la vidange du moteur et était couvert de cambouis. En plus, vous risquez de vous salir…

— Aucune importance, nos habits ne craignent rien.

— Dans ce cas, donnez-moi la main et grimpez !

Le visage barbouillé d'huile brûlée, la chemise et le jean puant la graisse et le gasoil, Yoann lorgnait Annaïg d'un œil contrarié.

— Qu'est-ce qui t'est passé par la tête ?

— J'avais envie de voir le Stivel de près, depuis le temps que j'en entends parler.

— Et celle-ci ? marmonna-t-il en désignant Gwenola du menton.

— Elle n'est jamais montée à bord d'un bateau de pêche, j'ai pensé que ça l'intéresserait.

— Tu aurais pu prévenir, quand même.

— Pourquoi ? Tu risquais de refuser.

— Ouais, c'est probable, fit-il d'une voix radoucie. Bon, puisque vous êtes là, suivez-moi, la visite sera vite faite !

Tous trois descendirent dans le poste d'équipage.

— Alors, qu'est-ce que tu en penses ? demanda Yoann à Gwen qui examinait l'endroit sans mot dire.

— C'est drôlement petit et puis, ça ne sent pas très bon.

— Évidemment, ce n'est pas un yacht !

— C'est là, votre couchette ?

— Oui, mais je n'y dors presque jamais. J'y range mon gilet de sauvetage et des glènes d'orin.

— Comment vous faites pour cuisiner quand il y a des vagues ?

— Tu vois ça, c'est un système pour stabiliser la casserole.

La fillette hocha la tête puis elle fronça du nez et escalada en vitesse les échelons qui menaient à l'air libre. Yoann afficha un sourire goguenard.

— Ta protégée n'apprécie pas les odeurs du poste !... Bon, maintenant qu'on est seuls, dis-moi ce que tu avais derrière la tête en l'amenant ici !

Annaïg ouvrit des yeux innocents.

— Rien de particulier. Nous sommes parties faire une balade à vélo, avant le gros de la chaleur. Sur la route, j'ai pensé que tu étais peut-être à bord de ton bateau, tu m'as dit que le dimanche matin, ça t'arrivait souvent.

Apparemment rassuré, Yoann la prit par le bras et l'attira contre lui.

— Je ne dors pas dans ma bannette mais on peut y faire autre chose…

— Tu plaisantes ?

— Non, pourquoi ? C'est plus large que ça n'en a l'air, le matelas est confortable. Viens, on va l'essayer !

— Enfin, Yoann ! On n'est pas seuls !

— Ah ! C'est vrai, il y a la pucelle qui risquerait de nous entendre. Dis-lui donc d'aller faire un tour sur le port !

Annaïg lui jeta un regard de reproche.

— Tu sais bien que…

— Ouais… bon, d'accord, je blaguais. Va rejoindre ta pisseuse, le temps que je me change. Ensuite, on ira boire un verre quelque part.

Sur le pont, Gwen avait retrouvé des couleurs. Elle regardait deux goélands qui se disputaient un débris de poisson. Annaïg lui demanda si la visite lui avait plu.

— Hum… pas vraiment. Ça pue, c'est vieux, sale, rouillé partout. En plus, c'est un foutoir pas possible, je me demande comment il s'y retrouve…

Annaïg l'approuva en riant. C'était vrai. Dans la cabine de barre, sur le tableau de bord, à côté des appareils de navigation, s'amoncelaient toutes sortes d'objets disparates. Cartes marines, couteaux, paquets de cigarettes entamés… Par terre, il y avait des boîtes pleines d'outils : pointes, tournevis, pinces, clés, épissoires, cosses, hameçons. D'autres contenaient des navettes et du fil à ramender les filets. Le pont était couvert de casiers à homards, de jerrycans, de bacs pleins de filets. A tribord, un vireur. Au centre, un cabestan. Et partout, des manettes, des câbles, des cordages…

— Alors, d'autres questions avant qu'on aille à terre ? fit Yoann en surgissant sur le pont.

Il s'était débarbouillé et les taches de graisse avaient disparu. Tandis que Gwen regardait silencieusement autour d'elle, il prit Annaïg par l'épaule et la serra contre lui.

— Bon, si votre curiosité est satisfaite, on n'a plus rien à faire ici. Allez, je passe devant.

*

Yoann avait emmené ses visiteuses au "Non Stop", un bar qu'il ne fréquentait pas d'ordinaire, car il voulait éviter la curiosité de ses collègues. Assis devant sa bière, il subissait stoïquement les assauts d'amabilité de Gwen qui le bombardait de questions sur son métier. A côté d'elle, Annaïg souriait, visiblement enchantée du comportement de sa nièce.

— Ma chérie, est-ce que tu voudrais une autre orangeade ?

— Oui, volontiers.

Yoann fit un signe de la main à l'adresse du barman :

— Remets-nous ça, s'il te plaît !

Puis il se tourna vers la fillette :

— Ça y est, l'interrogatoire est fini ? Je suppose que tu n'as pas d'autres questions…

— Oh si ! Beaucoup ! Mais bon, on aura le temps d'en reparler à la rentrée.

Comme il ne paraissait pas comprendre, elle ajouta :

— Il faudra bien qu'on ait des sujets de conversation quand on habitera tous les trois à Kergouadal !

Puis devant son air abasourdi, elle s'exclama :

— Quoi ! Vous n'êtes pas au courant ?... Tatie ne vous a rien dit ? Mes parents sont d'accord pour que je vive avec elle toute l'année. Vous comprenez, ils ont des professions trop importantes, ils ne peuvent pas s'occuper de moi. J'irai les voir le week-end, quand ils seront à Brest... C'était ça ou la pension ! Mais moi, l'internat, je ne supporterais pas. Rien que d'y penser me donne envie de gerber.

Elle s'interrompit car le garçon déposait les consommations sur la table. Yoann en profita pour interroger Annaïg du regard. Il paraissait sidéré et furieux. Elle battit des paupières et articula silencieusement des mots qu'il ne comprit pas. Mais déjà, Gwen reprenait le fil de ses explications :

— Ne vous en faites pas, je suis au courant pour Tatie et vous ! Ça ne me dérange pas du tout. Le mariage, c'est complètement dépassé... Je suis assez grande pour comprendre ça.

Elle adressa à Yoann un sourire enjôleur puis baissa les yeux et se mit à siroter son orangeade. Un silence pesant s'installa.

Lorsqu'elle eut terminé, elle leva le nez, l'air déconcerté.

— Qu'est-ce qu'il y a ? J'ai dit quelque chose qu'il ne fallait pas ?

— Non, non, ma chérie ! Rassure-toi ! Seulement…

Yoann repoussa brutalement sa chaise et alla au bar s'acheter un paquet de cigarettes.

— Seulement, il y a encore plusieurs points à mettre au clair, souffla Annaïg. Parlons d'autre chose, je t'en prie. Je crois que ça vaudra mieux.

— Comme tu voudras, Tatie. Je ne voudrais pas te causer d'ennuis.

— Il ne s'agit pas de ça. Mais, comment te dire ?…

— Ça va, j'ai capté le message.

Comme Yoann revenait, elle lança d'un ton enjoué :

— Je ne vous l'ai pas dit, mais quand je serai grande, je serai journaliste… C'est pour ça que je pose tant de questions. Je m'entraîne.

— Eh bien, tu ne perds pas de temps !

— Gwen est une excellente élève en français, crut bon de préciser Annaïg. En maths, en revanche…

— Solenn me donne des cours, mais je ne sais pas si ça sert à quelque chose.

— En tout cas, côté baratin, on n'a rien à t'apprendre ! rétorqua Yoann.

— En plus d'être bonne en français, poursuivit la fillette sans se laisser démonter, j'ai aussi l'esprit d'observation. Je vois tout, j'entends tout, je sais tout… c'est pourquoi j'ai décidé d'enquêter sur la mort de ma grand-mère.

— Hein ?… La police est faite pour ça, il me semble.

— Pff… J'en connais dix fois plus que le lieutenant Gilot ! Pour le moment, je rassemble des indices. J'ai noté plein de trucs bizarres… Bientôt, je pourrai lui apporter mes conclusions. Et elle sera forcée de s'incliner !

Visiblement estomaqué, Yoann interrogea une nouvelle fois Annaïg du regard. Celle-ci sourit avec indulgence.

— Gwen est une enfant intelligente et en avance pour son âge.

— Un drôle de phénomène, ouais ! bougonna-t-il en consultant sa montre. Hé ! Je vous signale qu'il est bientôt midi et qu'on vous attend peut-être…

— A Kergouadal, on ne mange jamais avant treize heures, claironna Gwenola. Nous avons tout notre temps.

Puis elle ajouta sur le ton de la confidence :

— Ce que je vais vous dire maintenant doit rester entre nous… A l'heure où ma grand-mère a eu son accident, je faisais du vélo sur le sentier des douaniers, comme tous les après-midi.

— Ah oui ? fit Yoann que cette révélation ne sembla pas émouvoir.

— Et en plus, j'avais mes jumelles…

Et alors ?…

Il but sa bière d'un trait puis essuya sa bouche du revers de la main.

— Ce n'est pas que je m'ennuie, seulement moi, j'ai l'habitude de manger à midi.

— Attendez ! J'ai pas fini ! protesta Gwenola avec véhémence.

Mais Yoann en avait manifestement assez. Il se leva, contourna la table et, prenant Annaïg par le coude, il l'entraîna un peu plus loin.

— C'est avec un gabarit pareil que tu comptes me faire cohabiter ? Là, je dis niet tout de suite !

— Je t'assure que d'habitude, elle n'est pas comme ça. Je ne comprends pas, répondit Annaïg, des larmes dans la voix.

— Réfléchis ! Et quand tu auras fait ton choix, préviens-moi, gronda-t-il entre ses dents.

Puis haussant le ton, il ajouta :

— Mais dis-toi bien une chose : jamais je n'accepterai le partage. Ce sera elle ou moi !

XVII

Sophie Gilot pénétra dans le cabinet du juge d'instruction, l'humeur maussade. Malgré tous ses efforts, elle n'était pas parvenue à rassembler suffisamment d'éléments pour justifier la poursuite de l'enquête Le Barzic. Le juge Auffray avait vu juste et ne manquerait pas de le souligner ! Afin de limiter les dégâts, elle décida de le prendre de vitesse. Elle traversa la pièce d'un pas de grenadier et déposa une chemise cartonnée devant le magistrat.

— Vous étiez dans le vrai, Monsieur le juge, la mort de Marie-Louise Le Barzic n'est certainement pas d'origine criminelle. En tout cas, je n'ai rien découvert qui corrobore mes soupçons.

Le juge la dévisagea d'un air où l'étonnement le disputait à la satisfaction.

— Vous m'en direz tant !

— Chacun peut se tromper, même les plus chevronnés.

— Bien sûr, Lieutenant ! Nul ne vous le reprochera. Mais j'aimerais savoir ce qui vous a amenée à cette conclusion, si ce n'est pas trop vous demander…

— Tout est dans mon rapport. Inutile de vous faire perdre votre temps.

— Laissez-moi en décider !

— Comme vous voudrez, Monsieur le juge, dit-elle en s'asseyant sur le siège qu'il lui désignait… Lors de notre dernière entrevue, je vous avais dit que je butais sur la question des bijoux disparus. Ce mystère s'est éclairci de lui-même. Comme vous l'aviez supposé, ils avaient simplement été égarés. C'est Étienne Bréhant, le cousin des Le Barzic, qui me l'a appris hier par téléphone. Concernant les mobiles, je n'ai rien trouvé d'assez déterminant pour être retenu. Mes investigations auprès des banques n'ont pas révélé de criants besoins d'argent chez aucun des deux héritiers. Henri gagne largement sa vie… Quant à Annaïg, sous ses dehors de vieille fille pauvre, elle n'est pas à plaindre non plus. Ses gains de brodeuse sont loin d'être négligeables.

— Les raisons matérielles étant écartées, y aurait-il eu d'autres motifs d'éliminer la vieille dame ?

— C'est là-dessus que mes efforts se sont portés. En sortant du tribunal, jeudi dernier, j'ai cru trouver un début de piste. J'écoutais mon autoradio quand je suis tombée sur une interview d'Estelle Caër, alias Estelle Le Barzic, au cours de laquelle le journaliste l'accusait de plagiat.

— Oh ! Voilà qui est insultant pour elle ! Mais quel rapport avec notre affaire ?

— Estelle est une femme ambitieuse pour qui la réussite littéraire prime sur tout le reste. Le journaliste laissait entendre qu'une personne proche de la romancière s'était adressée à lui et lui avait proposé des preuves irréfutables de plagiat…

— Et vous avez immédiatement pensé à la belle-mère qu'Estelle aurait éliminée pour l'empêcher de lui nuire. Un peu rocambolesque, non ?

— Si vous aviez autant d'années d'expérience que moi, vous sauriez que l'extraordinaire et l'invraisemblable sont monnaie courante dans nos métiers, protesta Sophie Gilot. Quand on y songe, quoi de plus extravagant que de régler un problème en se débarrassant de celui qui le cause, alors qu'il existe dix façons de le résoudre autrement ?

Le juge approuva d'un signe de tête.

— Comme je voulais en savoir davantage, poursuivit le lieutenant, j'ai appelé l'écrivain qui m'a juré ses grands dieux que cette question de plagiat n'était qu'une combine montée de toutes pièces avec le journaliste. Devant ma surprise, elle m'a expliqué que si une polémique venait à s'engager, cela doperait les ventes ainsi que le taux d'audience de l'émission. A condition de bien gérer la chose, ils étaient gagnants tous les deux.

— C'est scandaleux ! L'honnêteté est vraiment bafouée partout !

— Je ne vous le fais pas dire ! Mais, en l'occurrence et après vérification, mon début de piste n'était qu'un pétard mouillé… La romancière étant hors de cause, je me suis penchée sur le couple Annaïg Le Barzic-Yoann Colin. J'ai d'abord voulu savoir ce qu'il en était de la gestion comptable du marin pêcheur. Sachant déjà que le Crédit Maritime ne lui avait accordé aucun prêt bonifié, j'ai enquêté auprès des différents établissements de crédit de la région. Rien ! Colin n'a d'ardoise nulle part ! Je me suis alors adressée à Annaïg.

— Pourquoi pas à l'intéressé lui-même ?

— Parce qu'elle est plus impressionnable et qu'avec elle, j'étais sûre d'arriver plus vite à mes fins.

— Juridiquement parlant, elle n'était pas tenue de vous répondre.

— Mais elle l'a fait quand même ! rétorqua Sophie d'un ton tranchant.

— Et ?…

— J'avais vu juste. Yoann Colin a fourni un apport grâce à des fonds personnels. Marie-Louise Le Barzic lui a avancé le reste.

— Eh bien, vous pourriez avoir là un excellent mobile !

— Non, car Annaïg m'a affirmé que la dette était éteinte depuis plusieurs mois. Quant aux papiers afférents à l'opération, ils ont été détruits le jour où la dernière mensualité a été versée. Il paraît que c'est ainsi que ça se pratique pour les prêts entre particuliers.

— Yoann Colin est donc disculpé, lui aussi. Reste Henri Le Barzic. Avez-vous trouvé quelque chose contre lui ?

— Absolument rien. Casier judiciaire vierge, carrière exemplaire, vie sociale disons… active. Comme beaucoup de notables, il a une réputation de coureur de jupons et de bon vivant, ce qui n'a rien de répréhensible en soi et me le rendrait plutôt sympathique

La bouche pincée et le regard réprobateur du juge apprirent au lieutenant qu'il ne partageait pas son point de vue. « Et puritain en plus du reste, soupira-t-elle. Dire que c'est avec ce genre de pisse-froid qu'il me faut travailler ! »

— Et quid du cousin et de l'étudiante chargée de s'occuper de la fillette ?

— Je ne me suis pas attardée sur leurs cas. Étienne Bréhant m'a avoué que la véritable raison de son passage à Kergouadal était de rencontrer Estelle Caër, il désirait lui soumettre le manuscrit d'un roman qu'il venait d'achever. Quant à Solenn Mercier, je ne vois pas ce qui aurait pu la pousser à assassiner sa patronne.

— Elle est pourtant la fille de Germain Mercier, un activiste connu de nos services. Syndicaliste d'extrême-gauche, toujours à la tête des mouvements sociaux… Durant les trente ans qu'il a passés à l'arsenal, son nom a souvent été cité dans la liste des meneurs…

— Qu'est-ce que cela a à voir avec notre affaire ?

— Sans doute pas grand-chose, reconnut le juge. Cependant, dans ce genre de milieu, la lutte des classes n'est pas un vain mot. La différence évidente de standings a pu choquer, voire exciter la rancœur et la haine d'une fille d'ouvrier vis-à-vis des nantis.

— Monsieur le juge ! Vous avez mal digéré vos lectures ! Le bolchevik qui, un couteau entre les dents, exécute ses patrons… c'était bon dans les années vingt !

— D'accord, je le reconnais… Et qu'en est-il de la vieille voisine ? Elle ne portait pas la défunte dans son cœur, elle non plus.

— Cette piste a tourné court comme les autres. Renseignements pris, aucune rumeur n'a été répandue sur Jean Le Couëdic. Sa réputation est toujours intacte.

— Peut-être parce que sa mère est intervenue à temps !

— Possible… Mais je n'ai absolument rien trouvé qui confirme cette hypothèse.

— Vous êtes donc d'avis de classer l'affaire ?

Sophie Gilot hocha la tête sans enthousiasme.

— Vous m'en voyez ravi, déclara le juge Auffray. Je vais en informer le substitut du procureur et vous pourrez vous consacrer à des dossiers plus brûlants… celui du harcèlement dont sont victimes certaines Brestoises, par exemple. Un quotidien s'en est fait l'écho, la semaine dernière. Il y a eu coups et blessures cette fois, ce qui dénote une évolution vers des manifestations violentes. Je vous demande donc de vous charger personnellement de cette affaire.

— Vous savez, moi, les pervers, ce n'est pas vraiment ma spécialité.

— Nous avons en face de nous quelqu'un qui trouble l'ordre public et met en cause la sécurité des passantes. Il faut que cela cesse ! Et nul mieux que vous…

— C'est bon, je vais m'y atteler… A-t-on pu dresser un portrait-robot du maniaque ?

— Hélas non ! Il faisait sombre, la victime était affolée et l'homme portait une casquette dont la visière…

— J'ai compris. Toujours la même chanson… Des mesures ont-elles été prises ?

— On a demandé aux agents en uniforme de redoubler de vigilance.

— Je vois, tout reste à faire.

— J'en ai peur… Mais avec votre expérience, cela devrait être rondement mené.

— Ça va, Monsieur le juge, inutile de passer de la pommade ! Maintenant si vous le permettez…

Elle se leva, déployant sa stature d'athlète, et s'apprêta à prendre congé.

— Ah ! J'oubliais, s'exclama-t-elle. Avant de classer l'affaire Le Barzic, il importe que les dépositions des témoins, effectuées verbalement le seize juillet dernier, soient dûment signées et jointes au dossier. Je vais donc téléphoner à Kergouadal pour annoncer ma visite, demain après-midi. J'en profiterai pour informer ces gens des conclusions de l'enquête. Ils doivent attendre ça avec impatience… Sur ce, Monsieur le juge, j'ai bien l'honneur de vous saluer !

*

— Mesdames et Messieurs, si vous voulez bien prendre place autour de la table… Nous allons accomplir la formalité pour laquelle je suis ici.

Le lieutenant Gilot promena sur l'assistance un regard impassible. Les visages étaient souriants, détendus. Visiblement, personne ne s'inquiétait plus de la présence d'un officier de police à Kergouadal.

— La signature de vos dépositions est le dernier acte de la procédure auquel je vous demanderai de vous plier, poursuivit-elle en s'efforçant de dissimuler sa morosité sous des formules protocolaires.

Une affaire classée faute de preuves est toujours difficile à avaler, songea-t-elle en les regardant quitter nonchalamment les fauteuils et venir s'asseoir à table.

Impossible de ne pas penser que l'un d'eux était peut-être en train de rire sous cape, en se félicitant d'avoir échappé à sa perspicacité.

Afin de ne pas céder à un mouvement d'humeur

inopportun, elle ouvrit son porte-documents et expliqua rapidement la façon d'opérer à son auditoire.

— Si certains détails ne correspondent pas tout à fait à ce que vous avez affirmé, dites-le moi, je vous indiquerai la manière d'effectuer la correction.

Mais apparemment, tout le monde était désireux d'en finir au plus vite. Personne n'ergota et la formalité fut expédiée en quelques minutes.

— Eh bien, voilà une bonne chose de faite ! s'exclama Henri en se frottant les mains. Je ne sais pas ce que vous en pensez mais moi, je n'ai jamais douté qu'on aboutirait à cette conclusion. A mes yeux, la mort de Mam a toujours été un terrible accident.

Puis s'adressant au lieutenant Gilot qui rassemblait les dépositions : « Cette enquête, qui m'a parfois paru traîner en longueur, m'aura du moins permis de constater que les services de police accomplissent scrupuleusement leur travail. Je vous ai vue à l'œuvre, Lieutenant, et je ne peux que vous féliciter. Avec des fonctionnaires tels que vous, la société est bien gardée et les citoyens peuvent dormir tranquilles ! »

Comme Sophie lui lançait un regard interloqué, il ajouta qu'il ferait part de sa satisfaction en haut lieu et qu'il en espérait des retombées favorables pour tout le service. Elle hocha poliment la tête puis précisa qu'à partir de cet instant, chacun était à nouveau entièrement libre de ses mouvements et n'aurait plus de comptes à rendre à personne. Estelle proposa alors de boire un verre à l'heureux dénouement de l'affaire.

— Heureux, c'est beaucoup dire, protesta Annaïg. Tu oublies que notre mère est morte…

— Bien sûr... Mais seule la fatalité est en cause, c'est ce dont je voulais parler.

Une collation avait été prévue car Paulette Le Foll revenait en poussant une table roulante devant elle. Estelle quitta son siège et invita tout le monde à se rendre sur la terrasse.

— Je regrette, dit Sophie Gilot en empoignant sa serviette, mes obligations m'appellent...

— Allons ! Allons ! Vous prendrez bien un rafraîchissement avec nous, fit Henri avec la bonhomie sans réplique des hommes habitués à être obéis. Nous ne vous retiendrons pas longtemps. Tout est prêt.

Sur une table basse, Annaïg avait disposé verres et bouteilles ainsi qu'une assiette de gâteaux secs.

— Que puis-je vous offrir ?

— Une bière, s'il vous plaît.

Lorsque chacun eut vidé son verre, Henri se tourna vers le lieutenant.

— Avant de nous séparer, je voudrais une dernière fois vous remercier pour le professionnalisme dont vous avez fait preuve et...

— Pas la peine, je suis payée pour ça, l'interrompit-elle. En outre, j'aime mon métier.

— Permettez-moi d'insister. Aujourd'hui, grâce à vous, notre innocence est définitivement établie. Nous pouvons continuer d'aller la tête haute, ce qui n'a pas de prix pour l'honnête homme que je m'efforce d'être.

Agacée par son emphase, Sophie allait à nouveau le couper lorsqu'elle intercepta le regard incrédule que Solenn posait sur lui. Indubitablement, elle était médusée par ce qu'elle venait d'entendre. Le lieutenant eut alors la certitude que la jeune fille en savait plus qu'elle ne l'avait prétendu. Un sentiment de frustration l'envahit. Rien n'était résolu ici. Un voile de brume avait estompé les données. Quelqu'un avait faussé les perspectives et dénaturé l'aspect objectif des faits. Mais il était trop tard pour intervenir. En fonctionnaire discipliné, elle ne pouvait que s'incliner et passer à autre chose.

Dans l'immédiat, Sophie jugea qu'elle avait suffisamment sacrifié aux convenances et qu'elle pouvait s'en aller. Elle se pencha pour attraper son porte-documents et lorsqu'elle releva la tête… Tous les visages glacés d'horreur regardaient vers l'autre bout de la terrasse. Elle se retourna aussitôt. Au haut des marches qui montaient du jardin, Gwenola avançait en titubant.

Levant pesamment une jambe après l'autre, comme piégée par une vase grise, elle marchait vers eux. Lentement, lamentablement. Un pas, puis un autre… La silhouette étrangement déjetée. Les cheveux dans la figure. Un pied tourné vers l'intérieur. Les genoux en sang. Une épaule remontée vers l'oreille. Un bras replié contre la poitrine.

Sans un mot, sans un cri… avec l'obstination muette d'un animal blessé qui retourne à son gîte.

*

— Cheville foulée, épaule luxée, possible commotion cérébrale, contusions multiples, douleurs costales. Voilà le bilan provisoire que je peux établir, déclara le docteur Botrel. Bien entendu, il faut l'emmener à l'hôpital pour des examens plus approfondis. Des blessures ou des lésions internes ont pu m'échapper. Je ne le pense pas mais on n'est jamais trop prudent. En attendant, je vais lui faire une piqûre qui va calmer les douleurs.

Il prépara une seringue et injecta un antalgique dans la cuisse de la fillette. Celle-ci gémit et tourna son visage tuméfié vers sa mère. Estelle qui s'efforçait de garder son calme, la considérait d'un air atterré.

— Ne vous laissez pas impressionner, fit le médecin. Les dégâts sont moins importants qu'il n'y paraît. Pour le moment, elle est en état de choc, mais ne vous en faites pas, elle reprendra rapidement le dessus. Les enfants ont beaucoup plus de ressort que nous, ils se remettent vite de ce genre de… mésaventure.

— Ah ! Docteur ! Quand je l'ai vue au bout de la terrasse, toute de guingois et couverte de sang, j'ai cru que mon cœur allait s'arrêter. Nous étions tous pétrifiés, incapables de réagir… Puis le lieutenant Gilot s'est précipitée à sa rencontre. Il était temps. Au moment où elle l'a prise dans ses bras, la petite a perdu connaissance.

— Le traumatisme et l'effort qu'elle a fourni pour rentrer chez elle. Est-ce qu'elle a pu vous dire ce qui lui était arrivé ?

— Oui, un accident de vélo… Nous l'avons autorisée à faire de la bicyclette sur les chemins et les petites routes qui entourent la propriété. Nous pensions que cet exercice était bon pour elle et ces parcours sans danger. Ah ! Combien je le regrette maintenant…

— Ne culpabilisez pas ! Élever un enfant dans du coton est bien plus préjudiciable pour lui qu'un malheureux accident. A-t-elle dit si elle avait fait une chute ou si elle avait été percutée par un autre véhicule ?

— Elle est tombée toute seule. Le lieutenant Gilot lui a posé la question quand elle est revenue à elle. Cela s'est passé sur le sentier des douaniers, elle a dérapé dans un virage, au bas d'un raidillon. Elle a perdu le contrôle de la bicyclette et a dévalé la pente jusqu'aux rochers. Un miracle qu'elle ne se soit pas tuée !

— Je connais ce coin, il est dangereux, déclara Henri qui avait assisté sans mot dire à l'examen de sa fille. Il y a déjà eu là plusieurs accidents. J'ai alerté la mairie mais sans résultat.

— Eh bien, je vais le faire, moi aussi, répondit le médecin en considérant d'un air pensif la fillette qui somnolait sur le canapé. Dites donc… d'abord votre mère, ensuite votre fille. Deux accidents presque au même endroit, la coïncidence est curieuse.

— C'est aussi ce qu'a dû penser le lieutenant Gilot car elle est partie examiner les lieux. Si vous avez le temps d'attendre, vous la rencontrerez. Elle ne tardera plus maintenant.

Le médecin consulta sa montre.

— Impossible. J'ai des patients qui doivent faire la queue à mon cabinet. Quand elle rentrera, donnez-lui mes coordonnées et dites-lui de me contacter si elle le juge nécessaire.

XVIII

Agrippé aux accoudoirs de son fauteuil, le juge Auffray avait du mal à croire ce qu'il venait d'entendre.

— Ah non, Lieutenant ! Ne me dites pas que vous sollicitez un nouveau délai ! Ça tourne à l'obsession, ma parole ! Nous nous étions bien mis d'accord. L'affaire Le Barzic est classée, terminée. On ne devait plus revenir là-dessus. Pas question de prolongation, ni d'autre chose !...

— Vous m'avez mal comprise, Monsieur le juge. Ce que je demande, c'est le retour à la case départ. On remet tout à plat et on recommence. Et cette fois, ce ne sera plus la même chanson ! Finies les mondanités et les précautions oratoires ! Je vais travailler ces gens au corps. Éplucher leur passé, savoir ce qui se cache derrière leurs bonnes manières et découvrir ce qu'ils ont dans le ventre. Ça va barder, je vous assure !

— Mais allez-vous m'expliquer à la fin ! Vous avez parlé d'un rebondissement spectaculaire. Encore faudrait-il que vous me disiez de quoi il s'agit. Et puis, essayez de vous calmer. Il n'y a pas eu mort d'homme que je sache !

— Non, mais une erreur d'appréciation que je ne suis pas près de me pardonner. A cause de moi, une gamine innocente est à l'hôpital… Et mal en point, croyez-moi ! Ah ! Je ne me trompais pas quand j'avais l'impression d'être roulée dans la farine…

— Lieutenant ! Cessez de battre votre coulpe et racontez-moi plutôt exactement ce qui s'est passé !

Sophie Gilot s'exécuta et lorsqu'elle eut terminé, le juge la regarda d'un air perplexe.

— Je ne comprends pas. Pourquoi être aussi bouleversée ? La fillette roulait sur une portion réputée dangereuse d'un sentier qui surplombe la mer. Dans des endroits pareils, une seconde d'inattention, la moindre fausse manœuvre, et c'est la dégringolade. Cela concerne les services de l'équipement ou la municipalité. Pas vous !

Le lieutenant ouvrit sa serviette et en sortit un sachet transparent contenant un bout de gros fil marron.

— Voilà ce que j'ai trouvé, entortillé dans la chaîne et le pédalier du vélo de Gwenola Le Barzic.

— Qu'est-ce que ça signifie ?

— Après le retour de la fillette à Kergouadal, hier après-midi, je me suis rendue sur le lieu de l'accident. Le jeune Étienne Bréhant m'accompagnait car il disait connaître l'endroit. Au bas du raidillon, il y avait les traces d'un dérapage. Nous avons descendu le talus puis aperçu le vélo, en contrebas. Un replat avait stoppé sa course et il s'était écrasé contre un rocher. Nous sommes allés le récupérer et c'est là que j'ai remarqué ce fil pris dans la chaîne et la roue dentée. Du coup, plus question de bouger la bicyclette ! J'ai aussitôt alerté mes collègues de la police technique et scientifique. Des photos ont été prises et un procès-verbal dressé. Puis le vélo a été enlevé et ramené au poste. Le fil a été classé comme pièce à conviction.

— Parce que vous en avez déduit qu'il était la cause directe de l'accident ?

— Oui… et je ne suis pas la seule de cet avis. Ce fil a pu être tendu en travers du sentier. Il a provoqué le déséquilibre du vélo puis sa dégringolade jusqu'au rocher qui l'a arrêté. Gwenola a eu beaucoup de chance parce qu'au-delà du replat, il y a un à-pic qui aurait pu lui être fatal.

— Vous voulez dire, articula le juge, que la fillette a été victime non pas d'un accident mais d'une… agression ?

— Exactement.

— Et pour quelle raison ?

— Cela reste à déterminer mais j'ai mon idée là-dessus… Au cours de mon enquête à Kergouadal, on a plusieurs fois attiré mon attention sur le comportement de Gwenola qui furetait partout, questionnait tout le monde, balançait des sous-entendus en rapport avec la mort de sa grand-mère… Bien sûr, personne ne la prenait au sérieux, ce qui la mettait en colère et excitait son envie de découvrir quelque chose. Un jour, elle m'a même carrément offert ses services, ce que j'ai refusé, naturellement. Je ne voulais rien faire qui ne soit conforme à la procédure.

— Et comme vous avez eu raison ! s'exclama le juge. On sait où peuvent mener les témoignages d'enfants !

— Pourtant, j'aurais dû l'écouter. Si je ne l'ai pas fait c'est parce qu'à mes yeux, elle réunit en elle tout ce que je ne supporte pas chez les enfants mal élevés : impertinente, effrontée, vaniteuse, toujours en train de se donner de l'importance et de monopoliser l'attention de son entourage… Mais en laissant mes sentiments personnels prendre le pas sur l'impartialité, j'ai commis une lourde faute professionnelle. J'aurais dû me rendre compte qu'à force de fouiner et de bavarder à tort et à travers, elle se mettait en danger. A partir de là, j'aurais dû la protéger. Soit en l'écoutant, soit en l'éloignant de Kergouadal.

— Vous pensez donc que c'est pour la faire taire que quelqu'un se serait attaqué à elle ? Pourtant, tendre un fil de nylon en travers d'un sentier me paraît un moyen bien aléatoire. En outre, qui savait que Gwenola allait passer par là ?

— Elle a l'habitude de faire du vélo chaque après-midi sur les chemins qui entourent la propriété. Son parcours doit être sensiblement le même tous les jours. Quoi de plus facile que de lui tendre un piège ? A mon avis, mais c'est là pure supposition, l'agresseur pensait pouvoir récupérer le fil. Si celui-ci ne s'était pas entortillé autour du pédalier, ni moi, ni personne n'aurait pensé que la chute avait été provoquée.

— Bon Dieu ! Vous pourriez bien avoir raison, fit le juge consterné. Avez-vous mis la famille au courant ?

— Oui. J'ai averti tout le monde que l'enquête serait reprise et que chacun devrait se tenir à disposition de la police, quelques jours de plus.

— Pourtant, aucun d'eux ne peut être suspecté puisqu'ils étaient tous avec vous, dans le salon de Kergouadal.

— A partir du milieu de l'après-midi. Mais le fil a pu être tendu juste avant. On ne connaît pas exactement l'heure de l'accident. On sait que Gwenola est partie sur sa bicyclette vers quatorze heures trente et qu'elle a réapparu une heure plus tard, blessée et à moitié assommée.

Le juge hocha la tête, l'air soucieux, puis il saisit le sachet qui contenait le fil de nylon.

— Ceci sera remis, dès ce soir, au service de la police scientifique. J'insisterai pour qu'on s'en occupe en priorité. En attendant, je vous laisse toute latitude pour reprendre l'enquête sur de nouvelles bases.

— En premier lieu, j'interrogerai la fillette. J'y passerai le temps qu'il faudra mais, cette fois, je vous assure que j'écouterai tout ce qu'elle a à me dire.

— Jolie revanche pour elle, fit le juge, un demi-sourire aux lèvres. N'était-ce pas là ce qu'elle souhaitait si ardemment ?

*

Sophie Gilot laissa sa voiture de fonction là où elle la garait d'habitude puis se dirigea vers l'escalier qui menait à la terrasse. Elle était accompagnée par Anne Richard, psychologue accréditée auprès du tribunal de Brest. Au haut des marches, Estelle Le Barzic les attendait.

— Ah, Lieutenant ! Si vous saviez combien j'ai hâte de parler avec vous de ce qui est arrivé ! J'ai beau retourner tout cela dans ma tête, je ne parviens pas à y croire, encore moins à le comprendre.

L'angoisse perçait dans sa voix. Elle avait les traits tirés, ses cheveux mal coiffés étaient retenus en arrière par un peigne. Elle portait un jean et un sweat vert foncé qui lui affadissait le teint. Par manque de sommeil ou parce qu'elle avait pleuré, ses yeux étaient cernés et ses paupières gonflées.

— C'est la raison de ma venue, fit Sophie en s'efforçant d'adoucir sa voix. Voici mademoiselle Richard qui m'assistera dans mon travail. Avant toute chose, dites-nous comment va Gwenola.

— Mieux, beaucoup mieux. Elle est sortie de l'hôpital ce matin et elle se repose dans sa chambre. Ma belle-sœur est à son chevet.

— Excellente nouvelle ! Ses blessures étaient donc moins graves que ce qu'on craignait ?

— Oui, notre médecin de famille avait vu juste. En dehors de l'épaule qui n'était pas luxée mais seulement meurtrie, son diagnostic a été confirmé point par point à l'hôpital.

— Eh bien, c'est là l'essentiel.

— Certainement… S'il n'y avait pas le reste, si c'était un simple accident, je ferais face sans difficulté. Tandis que là… dire que quelqu'un a pu, sciemment, causer la chute de Gwen, vous vous rendez compte ? C'est… c'est abominable. Mais le pire est que cela pourrait se renouveler.

Incapable de dominer son désarroi, Estelle regardait autour d'elle, les yeux écarquillés, comme si elle cherchait à débusquer l'agresseur de sa fille. Sophie Gilot la prit amicalement par le bras.

— Il faut vous calmer. Si Gwen s'aperçoit que vous paniquez, elle aura du mal à se rétablir. Que dit votre mari de tout ça ?

— Maintenant qu'il sait sa fille hors de danger, il ne pense plus qu'à mettre la main sur celui qui s'en est pris à elle. Il a d'ailleurs déposé plainte au commissariat ce matin, quand il est allé récupérer la bicyclette.

— Bien. Avez-vous parlé à Gwen du fil tendu à travers le sentier ?

— N… non.

— Si vous le souhaitez, je le lui apprendrai moi-même, avec toutes les précautions qui s'imposent, bien entendu.

Tout en parlant, les trois femmes avaient atteint la porte-fenêtre où les attendait Henri Le Barzic, l'air grave mais visiblement moins affecté que sa femme. Le lieutenant lui présenta Anne Richard qui assisterait à l'interrogatoire de Gwenola.

— Vous-mêmes avez le droit d'être présents. Certains parents y tiennent, d'autres pas. Mais je vous avertis tout de suite que vous n'êtes, en aucun cas, autorisés à intervenir.

Le couple se consulta du regard.

— Je préfère m'abstenir, dit Henri. Je suis trop en colère, trop scandalisé… Je crains que ma présence n'influence Gwenola.

Estelle lui jeta un coup d'œil de reproche puis lui tourna le dos.

— Allons-y, Lieutenant, la chambre est au premier.

La première fois que Sophie Gilot avait rencontré la fillette, celle-ci portait une casquette enfoncée jusqu'aux yeux. La veille, ses cheveux lui cachaient la figure. Là, elle la voyait enfin à visage découvert. Un visage tuméfié, écorché qu'elle tourna lentement vers les arrivantes.

— Ma chérie, tu as de la visite, fit Estelle qui avait recouvré son empire sur soi. Voici le lieutenant Gilot que tu as déjà dû voir à Kergouadal, et mademoiselle Richard.

Les yeux noirs de l'enfant ne cillèrent pas mais fixèrent les deux femmes sans trahir la moindre expression.

— Le lieutenant a besoin de te poser quelques questions sur les circonstances de ton accident, reprit Estelle. Est-ce que tu te sens capable d'y répondre ?

— Si ce n'est pas le cas, nous reviendrons demain, dit Sophie qui observait la fillette posée sur son lit, comme une poupée de cire.

Elle avait le bras droit replié et maintenu par une écharpe. Un plaid recouvrait ses jambes. Des pansements parsemaient son visage et ses mains. Adossée à des oreillers, elle promena son regard sur celles qui l'entouraient et lâcha d'une voix enrouée :

— Je veux bien essayer.

Sophie Gilot entraîna alors Estelle et la psychologue à l'autre bout de la pièce.

— Asseyez-vous là et faites-vous oublier, chuchota-t-elle. Surtout, n'intervenez sous aucun prétexte. Si vous avez absolument quelque chose à me dire, faites un signe discret de la main, je comprendrai.

Puis elle revint près du lit et demanda à Gwenola de lui préciser l'heure de sa promenade et le parcours qu'elle avait effectué.

— Est-ce que tu fais toujours le même trajet ?

— Oui, à peu près. Je sors par le portillon derrière le bois, je prends le chemin de la lande, je passe devant la maison de Suzanne ensuite je vais sur le sentier des douaniers. C'est le bout que je préfère parce qu'il y a des montées et des descentes. C'est sportif… comme du cross.

— Hier, as-tu croisé des promeneurs, sur cette portion du sentier ?

— Je… je ne m'en souviens pas.

— Parlons de l'endroit où l'accident s'est produit.

— Je connais bien ce raidillon, j'y passe tous les jours et je sais comment prendre le virage qui est en bas. J'ai jamais eu de problème.

— Alors comment expliques-tu ta chute ?

— J'sais pas. Tout à coup mon guidon s'est bloqué. J'ai dérapé et je suis partie dans la pente. Je me suis accrochée aux poignées, j'ai essayé de freiner avec mes pieds. Mais ça secouait, ça sautait, j'allais de plus en plus vite… A la fin, je crois que je suis passée par-dessus le guidon, après je ne me rappelle plus rien. Quand j'ai rouvert les yeux, j'étais par terre, j'avais mal partout. Je saignais du nez et aussi de la bouche. Je suis restée un moment sans bouger. Personne ne venait. J'ai essayé de crier mais j'y arrivais pas alors je me suis dit que je devais me débrouiller toute seule. J'ai commencé de remonter la pente. A quatre pattes. J'avais mal, j'voyais pas clair. Quand j'ai enfin retrouvé le chemin, il n'y avait personne pour m'aider. Alors je me suis mise à marcher et j'ai fini par arriver à la maison.

Sophie Gilot jeta un coup d'œil par-dessus son épaule. Estelle triturait son mouchoir tandis qu'Anne Richard enregistrait, comme convenu, le témoignage de Gwenola, sur le petit magnétophone qu'elle avait apporté dans sa sacoche.

— Ce que je vais t'apprendre maintenant va sans doute te choquer. Nous… nous pensons que ton accident a été provoqué.

La fillette battit des paupières et Sophie prit alors conscience que, depuis qu'elle était entrée dans la chambre, la fillette n'avait pas bougé d'un pouce.

Couchée sur le dos, la tête comme prise dans le creux de son oreiller, les yeux sombres enfoncés dans leurs orbites, elle semblait statufiée sur son lit.

Le lieutenant hésita, était-il vraiment indispensable de poursuivre ? Même pour un adulte aguerri, apprendre une telle nouvelle est difficilement supportable.

Mais c'était là sa seule chance de faire avancer l'enquête.

— Nous avons trouvé un fil très solide, entortillé dans le pédalier de ton vélo. On pense qu'il était tendu en travers du sentier et que c'est lui qui t'a déséquilibrée.

— Tendu… exprès ?

— Oui, j'en ai peur.

A nouveau, seules les paupières papillotèrent brièvement. Sophie Gilot se racla la gorge et se pencha vers l'enfant.

— Est-ce que tu te souviens de notre rencontre, à la grille du parc, il y a une quinzaine de jours ?

— Bien sûr.

— Tu m'avais affirmé connaître certaines choses sur la mort de ta grand-mère.

— Et vous avez refusé de m'écouter.

— J'ai eu tort.

La fillette plissa les yeux comme si elle allait se

mettre à rire puis son visage reprit son impassibilité première.

— Aujourd'hui, je suis prête à t'entendre et à prendre en compte ce que tu me diras… Penses-tu avoir découvert certains indices qui auraient pu échapper à la police ?

— Toutes les pistes que j'ai suivies étaient fausses, articula Gwenola.

— Comment peux-tu en être sûre ?

— Je le sais, c'est tout !

— J'ai appris que tu prenais des notes dans un calepin, est-ce que je peux y jeter un coup d'œil ?

— Si vous voulez. Il est dans le tiroir de ma table de nuit. Mais ça ne servira à rien.

— Pourquoi ?

— Parce que j'écrivais pour faire semblant. Comme les vrais détectives…

Le lieutenant ouvrit le tiroir et découvrit le petit carnet qu'elle parcourut rapidement. Il ne contenait, en effet, que des phrases décousues, des mots sans queue ni tête.

— En vérité, tu n'as rien vu, rien entendu… Tout cela n'était donc que comédie ?

— J'ai pas dit ça, répondit Gwen d'une voix ténue. Puis, plus doucement encore : j'ai quelque chose à vous révéler mais d'abord, ma mère doit sortir.

Sophie Gilot poussa un soupir impatient puis elle considéra le petit visage meurtri, la frêle silhouette couchée sous son plaid, et elle se traita intérieurement de vieille bourrique endurcie. Elle fit signe à Estelle d'approcher et lui transmit le souhait de sa fille.

— Pas de problème, Lieutenant. J'ai toute confiance en vous. Vous me rejoindrez au salon quand vous aurez terminé.

— Eh bien, qu'as-tu de si secret à me dire ? reprit Sophie, une fois la porte refermée.

— Je voudrais aussi qu'on arrête le magnétophone.

— Non, impossible. D'ailleurs, je ne vois pas en quoi ça te gêne d'être enregistrée. Si ce que tu racontes s'avère important, tu devras le répéter devant le juge d'instruction. Que ça te plaise ou non !

A cet instant, elle crut discerner un bref éclair d'intérêt dans le regard de la fillette mais n'en comprit pas le sens.

— Vas-y, je t'écoute !

— Je... je ne sais pas par où commencer.

— Est-ce que ça concerne ton accident ou la mort de ta grand-mère ?

— La mort de Mam.

— Tu as vu quelque chose ?

— Non, quelqu'un... Je revenais à vélo de chez ma copine Nathalie. J'étais en retard parce que j'avais fait un détour par le sentier des douaniers... Avant le promontoire, là où le chemin passe au-dessus de la baie de Poulpic, j'ai croisé un homme. Je lui ai dit bonjour mais il ne m'a pas répondu. J'ai continué à pédaler en direction de la pointe. Avant d'y arriver, j'ai mis pied à terre parce que ça grimpe. De là, j'ai vu ce type sur le petit chemin qui mène à la grève.

— Tu veux dire que cet homme descendait vers Poulpic ?

— Oui.

— Et ensuite ?

— J'ai poussé mon vélo et je suis allée jusqu'au bout du promontoire. Il n'y avait personne. Je suis restée un moment assise sur un rocher et c'est là que j'ai vu, par terre, un drôle de petit machin en ferraille. Je l'ai ramassé et l'ai mis dans ma poche. Puis je suis rentrée à Kergouadal. Tout le monde était arrivé mais personne n'a remarqué mon retard. Il n'y en avait que pour Mam qui n'était pas de retour.

— C'est tout ? En dehors du promeneur, je ne vois rien dans ton récit qui pourrait…

— J'ai pas fini. Cet homme, je l'ai revu dimanche dernier. C'est le fiancé de ma tante Annaïg.

— Hein ! Tu en es sûre ?

— Oui. C'était Yoann Colin.

La fillette passa sa langue sur ses lèvres tuméfiées et se tut.

— Peux-tu m'expliquer dans quelles circonstances tu l'as rencontré ?

— Tatie voulait qu'on fasse connaissance parce qu'après les vacances, j'habiterai à Kergouadal. Et lui aussi.

— Comment ça, lui aussi ?

— C'est pas compliqué ! Mes parents sont d'accord pour que je reste vivre ici avec ma tante. Mais elle et Yoann ont décidé de se mettre ensemble. Donc forcément, on sera réunis tous les trois. C'est pour ça qu'avec Tatie, on est allées à bord du Stivel, dimanche dernier. Yoann nous a fait visiter son bateau et après, il nous a payé un verre, dans un café du port.

— Tu l'as reconnu tout de suite ?

— Ouais… mais j'ai rien dit.

— Et lui ?

— Il n'a pas eu l'air de se souvenir de moi. Même quand j'ai raconté que j'étais sur le sentier des douaniers, à peu près à l'heure où Mam a culbuté dans le vide.

— Tu lui as dit ça ?

— Oui, mais il n'a pas réagi.

— Hum... Franchement, qu'est-ce que tu penses de lui ?

— Je l'ai trouvé plutôt sympa.

— Et toi, tu lui as fait bonne impression ?

La fillette baissa les yeux et Sophie remarqua la couleur violette qu'avaient prise ses paupières.

— J'en sais rien ! Allez le lui demander !

— Je le ferai mais avant, j'aimerais avoir ton opinion.

— Il avait pas l'air content... Pourtant je me suis donné de la peine, j'ai été gentille, je me suis intéressée à son métier. Tout quoi ! A mon avis, c'est parce qu'il n'a pas l'habitude des enfants. Mais il s'y fera...

— Oui, peut-être, dit Sophie Gilot qui pensait le contraire. Revenons maintenant au petit machin en ferraille que tu as trouvé sur le promontoire. Est-ce que tu l'as gardé ?

— Il est dans le premier tiroir de ma commode. Allez le chercher si vous voulez, ça ne me dérange pas.

Le lieutenant la remercia et se mit à fouiller dans le fatras d'objets disparates accumulés par la fillette.

— Est-ce que ce ne serait pas ça ? fit-elle en brandissant un étrier métallique de deux ou trois centimètres, dont le haut était fermé par un boulon.

— Si ! Vous savez à quoi ça sert ?

— Je crois. Mais je vais l'emporter à Brest pour m'en assurer.

— Dites-moi ce que c'est, s'il vous plaît !

Sophie hésitait. Le visage de la fillette avait soudain repris vie et ses yeux brillaient de curiosité. Pourquoi la laisser sur sa soif ?…

— Eh bien, je n'en suis pas tout à fait certaine mais je pense qu'il s'agit d'une manille.

— C'est quoi ?

— Un objet qui sert à relier entre elles deux longueurs de câble, de chaîne, de cordage.

— On trouve ça à bord des bateaux ?

— Oui, généralement, dit-elle en glissant l'objet dans un sachet de plastique. Je n'ai plus d'autres questions pour le moment…

— Vous reviendrez me voir ?

— Peut-être. En attendant, soigne-toi bien.

— Vous ne me conseillez pas d'être prudente ?

— J'allais le faire mais tu m'as devancée. C'est souvent comme ça que tu fonctionnes, non ?

— J'ai l'esprit leste.

— Et surtout la langue trop bien pendue ! Méfie-toi, cela peut causer beaucoup d'ennuis.

Sophie Gilot avait regagné le couloir lorsque son portable se mit à sonner.

— Allô ! Ici Claude Prévôt, police scientifique… Je vous appelle à propos du bout de fil que vous avez confié à notre service. Grâce à un collègue qui sort souvent en mer avec des marins pêcheurs, nous avons été mis sur la voie rapidement. Selon lui, il s'agissait de fil dont se servent les pêcheurs pour ramender leurs filets. Un de mes collaborateurs s'est donc rendu, dès ce matin, à la coopérative maritime de Brest où cette hypothèse a été confirmée. Ce produit est désigné sous l'appellation "tresse polyamide - 1200 - huit fils" et n'est utilisé que par des professionnels.

XIX

Après avoir quitté le chevet de Gwenola, Annaïg se réfugia dans son atelier. C'était toujours là qu'elle se sentait le mieux quand des soucis la tourmentaient. Elle se pencha sur l'ouvrage en cours, un superbe châle de cérémonie, et bientôt son angoisse s'allégea. Elle se dissipa même complètement lorsqu'elle se concentra sur les points compliqués qu'exigeaient certains entrelacs.

Elle était si absorbée qu'elle n'entendit pas les coups frappés à sa porte.

— Puis-je entrer ?

La brodeuse tressaillit et leva la tête.

— Oh ! C'est vous, fit-elle en découvrant la puissante silhouette du lieutenant Gilot.

— Excusez-moi de vous déranger mais on m'a dit que je vous trouverais ici. J'aimerais vous parler.

— C'est que… je suis en train de travailler. J'ai des commandes à honorer et je respecte toujours les délais. Après tout ce qui s'est passé ces derniers temps, j'ai pris un retard que je dois absolument rattraper.

Étonnée par ce refus à peine déguisé, Sophie rétorqua qu'elle comprenait mais se voyait obligée d'insister.

— Dans ce cas, entrez et asseyez-vous !

— Je viens d'entendre le témoignage de votre nièce et il y a certains points que j'ai besoin d'éclaircir…

— La pauvre mignonne ! Dire que quelqu'un a osé s'en prendre à elle, c'est horrible…

— Mais bien réel, hélas !… Vous qui la connaissez parfaitement, pouvez-vous me dire si on peut se fier à ce qu'elle raconte. N'a-t-elle pas, comme beaucoup d'enfants, tendance à broder ?

— A broder ? fit Annaïg en promenant son regard sur le châle étalé devant elle.

— A inventer des histoires, à en rajouter.

— Ah oui ! J'avais mal compris… Eh bien, franchement je ne le pense pas… Gwenola est imaginative, intelligente, un peu égocentrique, mais je n'ai jamais remarqué qu'elle fabulait.

— Cela confirme mon impression. Au cours de notre entretien, elle m'a appris qu'après les grandes vacances, elle resterait vivre ici avec vous…

— Oh ! Ce n'est pas encore vraiment décidé. Il reste quelques questions à régler…

— Comme l'installation à Kergouadal, de votre ami Yoann Colin, par exemple ?

Prise au dépourvu, Annaïg détourna les yeux et se mordit les lèvres.

— Heu… effectivement. Ce point-là demeure en suspens. Yoann n'a pas tout à fait accepté l'idée de vivre avec nous. Mais je ne désespère pas de le convaincre.

— Et les parents de Gwenola, que pensent-ils d'une éventuelle cohabitation de leur fille avec votre… amant ?

— Je… nous n'en avons pas encore discuté.

— Pourtant votre nièce en parle comme si c'était fait. Elle risque de tomber de haut !

Annaïg se mit à tripoter un bout de coton perlé rouge et ne répondit pas.

— Je reconnais que c'est là une affaire de famille qui ne concerne pas directement mon enquête, reprit Sophie. Je crains seulement qu'un de ces jours, vous n'ayez à trancher dans le vif, ce qui ne sera pas facile.

— Je sais, murmura la brodeuse en levant vers le lieutenant un regard désolé. Moi qui croyais pouvoir enfin vivre à ma guise et en toute tranquillité, maintenant que ma mère n'est plus de ce monde…

Peu désireuse de s'étendre sur ce sujet, Sophie Gilot rétorqua que tout finirait sans doute par s'arranger et que ce n'était pas pour discuter de ce problème qu'elle avait demandé à la voir.

— J'aimerais revenir sur la déclaration que vous avez faite, il y a quelques jours, concernant la dette que Yoann Colin avait contractée auprès de votre mère. Vous m'avez certifié qu'elle était éteinte depuis plusieurs mois. Le confirmez-vous aujourd'hui ?

— O… oui, bien sûr !

— Dans ce cas, donnez-moi des précisions : date, montant, modalités de remboursement, taux d'intérêt…

— Mais… c'est impossible ! Je ne connais pas ces détails.

— Mademoiselle Le Barzic, ne vous moquez pas de moi ! gronda le lieutenant en se redressant de toute sa taille. Il s'agit de l'homme avec lequel vous comptez partager votre vie, pas du premier péquin venu ! Je suis persuadée que vous êtes au courant de tout ça.

— Non ! Je vous assure que non ! s'écria Annaïg en tortillant nerveusement le coton rouge autour de ses doigts.

Elle avait pâli, battait des paupières.

Était-elle consciente de ce que son comportement avait de pitoyablement révélateur ? Sûre d'obtenir la vérité à l'arraché, Sophie Gilot croisa les bras et martela :

— Mademoiselle, vous êtes interrogée dans le cadre d'une enquête policière. Si je découvre que vous m'avez menti, sachez que vous serez poursuivie avec toutes les rigueurs de la loi. Je vous répète ma question : qu'en est-il exactement du remboursement de la dette que Yoann Colin avait contractée auprès de votre mère ?

Annaïg quitta son siège et alla se planter devant l'une des fenêtres. En voyant ses maigres épaules trembler, Sophie éprouva une certaine commisération. Elle allait céder.

Mais, pour elle, avouer la vérité aurait le goût amer de la trahison.

— En fait, murmura la brodeuse en revenant vers la table, Yoann n'avait pas fini de rembourser Mam.

— Pourquoi avoir prétendu le contraire ?

— Parce qu'il m'avait demandé de récupérer la reconnaissance de dettes et de la détruire. Ce que j'ai fait.

— Après le décès de votre mère ?

— Oui. Vous pensez bien que moi, je n'aurais jamais exigé la restitution de ce qu'il devait encore. Mais il y avait mon frère.

— C'est lui que vous lésiez en agissant de la sorte.

— J'en suis consciente. Seulement Yoann affirmait que nous étions suffisamment à l'aise pour ne pas pâtir de cette ponction. Tandis que lui… tout son avenir professionnel était en jeu.

Sophie Gilot qui s'apprêtait à clore l'entrevue, fronça les sourcils.

Ces derniers mots ouvraient une perspective qu'elle n'avait pas envisagée.

— Yoann payait-il régulièrement ses traites ?

— Oui, jusqu'à l'année dernière. Mais depuis, il a eu de gros problèmes. La pêche est un métier plein d'aléas et il ne parvenait plus à faire face à ses obligations.

— Je vois… N'a-t-il pas cherché un terrain d'entente avec votre mère, demandé un rééchelonnement de sa dette ?

— Si, mais Mam s'est montrée intraitable. Elle ne voulait rien entendre.

— Et vous ? N'étiez-vous pas partie prenante dans le prêt concédé à monsieur Colin ?

— Non. Ma mère gérait ses biens sans jamais me consulter. Et mes ressources personnelles ne m'auraient pas permis de dépanner Yoann.

— On peut donc dire qu'il était aux abois et que la mort de votre mère est tombée à point nommé…

Annaïg acquiesça d'un air gêné et Sophie Gilot décida de pousser son avantage :

— Le fait de soustraire sa reconnaissance de dettes à la succession, le remettait donc à flot…

— O… oui…

Le lieutenant n'en croyait pas ses oreilles. En quelques minutes, ce qui n'était qu'une piste incertaine avait pris l'allure d'une voie menant directement à l'explication de l'affaire. Mobile, opportunité, contexte… tout y était. Pourtant, en face d'elle, Annaïg ne semblait pas consciente de la portée de ce qu'elle venait de déclarer.

Sophie Gilot se demanda alors jusqu'à quel point cette femme était en prise avec les réalités de la vie. Sa passion tardive pour ce marin, son attachement démesuré à un enfant qui n'était pas le sien, ce désir absurde de vouloir vivre avec ces deux-là à Kergouadal comme sur une île déserte, dénotaient une absence de discernement qui ne pouvait mener qu'à la catastrophe.

Le lieutenant soupira. De toute manière, vu les charges qu'allaient constituer le témoignage de la brodeuse, celui de Gwenola et le rapport de la police scientifique, il y avait peu de chance pour que Yoann Colin emménage prochainement à Kergouadal.

— Juste une dernière question, dit-elle. Depuis combien de temps connaissez-vous monsieur Colin ?

— Deux ans environ.

— Et durant cette période, vous n'avez jamais envisagé de le présenter à votre famille ?

— Oh non ! Mam n'aurait pas toléré sa présence à Kergouadal.

— Avez-vous songé à vous marier ?

— Yoann n'y tenait pas.

— Et vous ?

— Oh ! moi…

Il y avait dans ses yeux une résignation à la fois touchante et insupportable.

— Pourquoi n'êtes-vous pas allée vivre avec lui, dans la petite maison qu'il habite près de Lanildut ?

Annaïg ne parut pas comprendre.

A l'évidence, cette alternative ne lui avait jamais effleuré l'esprit.

— Et Mam, que serait-elle devenue ?

Sophie la regarda avec compassion. Elle ne croyait pas à la prédestination mais, au cours de sa carrière, force lui avait été de constater que certaines personnes attirent sur elles toute l'injustice, la méchanceté, l'intolérance du monde.

Et Annaïg Le Barzic faisait assurément partie de celles-ci.

*

— Qui l'eût cru ? Qui aurait pu prévoir pareille issue ? s'exclama le juge Auffray, les mains posées à plat sur son bureau. Reconnaissez, Lieutenant, que rien ne laissait présager le tournant que prendrait cette enquête !

— En effet, et c'est là tout le charme du métier, répondit Sophie Gilot, sarcastique. Les gens ne sont pas programmés comme des robots. L'inattendu, l'imprévisible sont toujours possibles, heureusement.

— D'accord. Mais un pareil renversement de situation !... Comment deviner que Yoann Colin en serait venu à de telles extrémités ? Je suis sûr qu'il ne figurait même pas sur la liste des suspects.

— Là vous faites erreur, Monsieur le juge. Je vous avais d'ailleurs parlé de cet homme et de son passé, lors d'une de nos entrevues. Mais j'avoue que jusqu'à l'agression de la petite Le Barzic, mardi dernier, je n'avais absolument rien contre lui. Évidemment depuis, je vois les choses autrement. Les charges qui pèsent sur lui sont lourdes.

— Pires que ça ! J'ai auditionné à trois reprises l'enregistrement de Gwenola. J'ai lu la déposition d'Annaïg Le Barzic. Cela ajouté à la présence de pièces à conviction aussi incontestables que ce fil de pêche et, surtout, cette manille portant une empreinte digitale du suspect…

— Je dois dire que je ne m'attendais pas à ça, lâcha Sophie Gilot.

— Pourquoi ?

— Trop beau pour être vrai. Si vous aviez mon expérience, vous sauriez que…

— Allons ! Allons ! Lieutenant ! Ne boudons pas notre plaisir !

— Plaisir, c'est beaucoup dire… Je vous rappelle qu'au cours de sa garde à vue, Yoann Colin n'a rien avoué, malgré les heures d'interrogatoire auxquelles il a été soumis.

— Ah ! C'est un coriace, j'en conviens. Mais la fatigue, la lassitude viendront à bout de lui et il se trahira.

— Pour le moment, hormis la destruction de la reconnaissance de dettes, il récuse toutes les accusations portées contre lui.

— Il est gonflé, le mec, mais ne vous en faites pas, il finira par se mettre à table.

Sophie Gilot que cette assurance excessive agaçait, répliqua qu'elle n'en était pas persuadée.

Elle avait rencontré des prévenus qui résistaient à

tous les moyens de pression et s'en tenaient, envers et contre tout, à leur première version.

Ils étaient rares mais elle craignait que Yoann n'en fît partie.

— Jusqu'à maintenant, rien ne l'a démonté. Le fait que nous ayons trouvé, à bord du Stivel, une bobine du même fil que celui qui a causé l'accident de Gwenola, et des manilles identiques à celle que m'a remise la fillette, l'a laissé de glace. Il affirme qu'il y a ce genre d'objets à bord de tous les bateaux de pêche. Ce qui est vrai, j'ai vérifié. Ensuite, quand je lui ai parlé de sa situation comptable désastreuse, il a admis qu'il était à deux doigts de la faillite mais sans paraître en faire tout un drame. « Je ne serais pas le premier à qui on saisirait le bateau. Si cela devait arriver, je retournerais naviguer à la grande pêche. J'ai bonne réputation et je trouverais facilement un embarquement. » Il a reconnu que Marie-Louise Le Barzic n'avait pas voulu entendre parler d'un report de ses dettes et l'avait menacé d'engager une procédure auprès du tribunal. Selon lui, la vieille devait avoir appris, fortuitement, sa liaison avec Annaïg. Sa fille risquait de lui échapper ce qu'elle ne pouvait tolérer. En le mettant sur la paille, elle espérait sans doute l'obliger à quitter la région. Ce qu'il aurait fait. Avec tristesse et regret, bien sûr. Mais en acceptant stoïquement ce revers. « A mon âge, j'en ai vu d'autres ! Si la pauvre Annaïg était incapable de se séparer de sa mère, qu'est-ce que je pouvais y faire ? Et si vous croyez que j'ai éliminé la vieille pour cette raison, vous vous fourrez le doigt dans l'œil jusqu'au coude… » Par contre, Colin dément catégoriquement sa présence sur le sentier des douaniers à l'heure approximative de la mort de Marie-Louise Le Barzic. Il reconnaît avoir rencontré Annaïg dans la baie de Poulpic et être resté environ une heure avec elle. Après quoi, il a repris son canot et quitté les lieux. Il est allé relever le tramail qu'il avait mouillé plus au large, dans le courant de l'après-midi. Comme le filet était plein de poissons, il prétend l'avoir débrouillé et remis à l'eau. Cela lui a pris un certain temps et explique son retour tardif au port. Malheureusement pour lui, il n'y avait aucun autre pêcheur dans les parages pouvant confirmer ses dires. Yoann affirme que la personne qui déclare l'avoir rencontré sur le sentier des douaniers, ment ou se trompe. Quant à la manille portant l'empreinte de son index droit, il ne s'explique pas comment elle a pu être trouvée sur le promontoire, un endroit où il ne se rend jamais. « La mer, je la vois suffisamment tous les jours. Je n'ai pas envie d'aller l'admirer du haut des rochers ! » Lorsque je lui ai révélé l'identité du témoin, il a paru désarçonné. Puis il a réfléchi et son visage s'est assombri. « Vous sous-entendez que j'aurais volontairement provoqué l'accident de vélo pour faire taire la petite Le Barzic ? Pour écarter un témoin gênant ? » Je lui ai alors expliqué la situation telle que nous la voyons. Les mobiles, les opportunités, l'enchaînement des faits, l'absence d'alibi et de témoin à décharge, sans oublier son passé qui ne plaide pas en sa faveur. Il m'écoutait, l'air horrifié, découvrant l'ampleur du merdier dans lequel il se trouvait. A ce moment-là, j'ai cru qu'il allait craquer. Mais il s'est repris. Quand j'ai eu fini de démonter les rouages de l'affaire et que je lui ai demandé ce qu'il en pensait, il m'a répondu que tout reposait sur le témoignage de la petite Le Barzic et que ce serait sa parole contre celle de cette gamine. Depuis, il n'en a pas démordu.

— Les aveux d'un prévenu ne sont pas indispensables à sa condamnation, déclara sentencieusement le juge Auffray.

— Effectivement mais ce n'est plus de mon ressort. L'enquête est bouclée, Yoann Colin sera déféré au Parquet et mis en examen pour homicide volontaire sur la personne de Marie-Louise Le Barzic, et tentative d'homicide envers Gwenola Le Barzic. Je présume, Monsieur le juge, que, vu la gravité de ces accusations, le prévenu sera placé en détention provisoire et incarcéré dès ce soir.

— Cela va de soi, Lieutenant.

XX

Dans l'appartement de la rue du Château, Estelle Le Barzic examinait une jolie robe bleu marine. Elle eut une moue indécise et la déposa sur le dossier d'une chaise. Puis elle prit son tailleur de gabardine fauve, le mit devant elle et se regarda dans le miroir. Non, il n'était pas de saison. Elle le raccrocha dans la penderie et en sortit un ensemble veste pantalon en lin. « Pourquoi pas ? Sa couleur beige s'assortit avec tout. J'emporterai plusieurs chemisiers, quelques pulls en coton et en soie, un autre à col roulé, et le tour sera joué. Pour les robes, ce sera la bleue et le fourreau en jersey vert mousse. Si ça ne suffit pas, j'achèterai ce qu'il faut sur place. »

Estelle voyait avec un plaisir indicible sa valise grande ouverte, le fouillis de linge et d'accessoires qui s'accumulaient sur son lit, ses chaussures éparpillées par terre. C'était presque comme si elle avait déjà quitté les lieux.

Seigneur, il était temps ! Après l'horrible été qu'elle venait de passer, elle allait enfin pouvoir s'évader.

Elle devait maintenant ne penser qu'à elle-même, comme le lui avait gentiment rappelé Roger Itey, la semaine dernière, au téléphone. Août était bien entamé, la rentrée littéraire approchait et il avait établi pour elle tout un programme promotionnel : séances de dédicace, conférences, causeries en bibliothèque... D'autre part, il avait suggéré qu'il était peut-être temps de mettre un nouveau roman en chantier.

Estelle avait abondé dans son sens, tout en sachant qu'elle ne pourrait rien entreprendre avant d'avoir retrouvé une disponibilité d'esprit que les événements de Kergouadal avaient anéantie. Dans cette perspective, il avait fallu, en premier lieu, organiser la vie de Gwenola. La fillette avait été si traumatisée par son agression qu'il n'était plus question de la mettre en pension. Henri et elle avaient donc résolu de faire appel à Annaïg. C'était l'option qu'ils envisageaient déjà en juillet, avant de connaître l'existence de Yoann Colin. Aujourd'hui, il n'y avait aucune raison pour ne pas y recourir. Tous deux pensaient, par ailleurs, que la présence de Gwen à Kergouadal serait un excellent dérivatif au chagrin et à la déception de leur parente.

Quinze jours auparavant, quand la vérité avait éclaté sur les agissements criminels de son amant, la malheureuse n'avait d'abord pas voulu y croire. Puis, devant les preuves et les explications apportées par le lieutenant Gilot, elle s'était effondrée. Réfugiée dans son atelier, elle avait refusé de manger, de parler, d'en sortir.

Henri qui considérait cette liaison comme une aventure sans lendemain, le coup de folie d'une célibataire frustrée, avait fini par s'énerver et enfoncer la porte. Puis il avait sermonné sa sœur, la sommant de faire face à ce mauvais coup du sort. Elle devait se reprendre et oublier l'homme dont elle s'était entichée. Annaïg l'avait écouté en pleurant et, le soir même, demandé à ce que tout le monde s'en allât. Elle avait besoin de silence et de solitude pour retrouver ses esprits. Elle avait juré qu'elle ne commettrait aucun geste désespéré, ils pouvaient partir tranquilles.

Henri dont le congé tirait à sa fin et qui attendait d'un jour à l'autre son ordre d'embarquement, avait donc ramené sa famille à Brest.

Solenn Mercier avait été remerciée. Étienne Bréhant avait démonté sa tente et fait ses adieux à ses hôtes, non sans avoir préalablement laissé ses coordonnées à Estelle. Celle-ci n'avait encore eu ni le temps ni surtout l'envie de lire son manuscrit. Elle s'était engagée à le faire et à lui donner des nouvelles le plus rapidement possible.

De peur d'oublier l'ouvrage, elle alla le chercher dans son bureau et le déposa au fond de sa valise. Puis elle rejoignit Gwenola qui faisait, elle aussi, ses bagages.

Quelques jours auparavant, quand celle-ci avait appris que sa tante acceptait de l'héberger, elle avait sauté de joie puis s'était précipitée jusqu'à la supérette la plus proche pour revenir chargée de gros cartons où elle avait entassé ses affaires.

— Au téléphone, Tatie a dit que je pouvais apporter tout ce que je voulais. Ce n'est pas la place qui manque à Kergouadal.

— Sûrement, seulement ma voiture n'est pas extensible ! Où veux-tu que je mette tout ce barda ?

— Dans le coffre et sur la banquette arrière.

— Annaïg aura une clé de l'appartement. S'il te manque quelque chose, vous pourrez venir le chercher.

La fillette secoua la tête.

— Je veux tout prendre avec moi. Je ne pars pas en vacances. Je vais habiter avec Tatie pour toujours.

Sa mère jugea plus sage de ne pas la contredire. Si, physiquement, la fillette semblait parfaitement remise, les médecins avaient prévenu qu'elle pourrait parfois avoir un comportement inattendu, voire incompréhensible… Elle avait subi un traumatisme psychologique important et chacun devrait faire preuve de patience à son égard.

Estelle en avait longuement parlé au téléphone avec Annaïg qui l'avait rassurée :

« — Ne t'inquiète pas, Gwen aura ici toute la tranquillité, le calme et la stabilité possibles. Je veillerai sur elle comme sur ma propre fille.

— Oh ! Ça j'en suis sûre ! C'est la raison pour laquelle Henri et moi avons fait appel à toi. Et je peux te dire que Gwen est enchantée de ta décision.

Après quelques secondes de silence, Annaïg avait repris d'une voix ferme :

— Je me suis renseignée sur la question de l'école. Les cours reprennent le 6 septembre. Gwen peut entrer en sixième dans un collège de Saint-Renan. Il faut que tu m'apportes ses bulletins de notes de l'année dernière et son carnet de santé, nécessaires à son inscription. Je me suis aussi informée sur les transports scolaires, il existe un service de ramassage et…

— Seigneur ! Annaïg, tu as pensé à tout ça ?

— Que veux-tu, c'est un moyen pour ne pas ruminer sans cesse ce qui est arrivé. Cela me permet d'oublier un peu ce cauchemar. »

Les joues rouges et les yeux brillants, Gwenola s'enquit auprès de sa mère de l'heure à laquelle elles partiraient, le lendemain.

— Neuf heures et demie, ça te va ?

— Je serai prête. Dommage que papa ne soit plus là pour nous aider à descendre mes bagages.

— Tu ne veux pas essayer de faire un tri ?

— Pas question ! Tout ce que j'ai emballé est absolument nécessaire.

— Dans ce cas, je demanderai au concierge de nous aider.

La fillette déclara que c'était une bonne idée puis demanda à brûle-pourpoint si sa tante serait heureuse de l'accueillir chez elle.

— Bien sûr, sinon elle n'aurait pas accepté... Mais dis-moi franchement, tu aimes vraiment Kergouadal à ce point ?

— Oui. Pas toi ?

— Je suis une citadine pur jus. Je m'ennuie vite à la campagne.

— Ça m'arrive aussi, reconnut Gwenola d'une voix songeuse.

— Dans ce cas, pourquoi tiens-tu tellement à t'y installer ?

— Pour être avec Tatie.

Estelle ne répondit rien. Le fait que sa fille avoue ouvertement sa préférence pour une autre femme qu'elle, ne l'attristait pas véritablement. Elle considérait plutôt cela comme un sauf-conduit vers la liberté.

— Tu sais quoi ? reprit Gwen. Je me dis que, quelque part, j'ai sauvé Tatie d'une horrible catastrophe. Tu te rends compte que, sans moi, elle se serait peut-être mariée avec un criminel ?... Si Yoann n'avait pas essayé de me tuer, on n'aurait jamais su qui il était pour de vrai. C'est dingue, non ?

— Oui, tu as raison.

— Est-ce que tu crois que Tatie m'en sera reconnaissante ?

— Pour le moment, elle a surtout du chagrin.

— Quand je serai avec elle, elle n'y pensera plus, déclara la fillette d'un ton sans réplique.

Puis elle saisit le rouleau de scotch et demanda à sa mère de l'aider à fermer les cartons.

— Oh ! Tu n'emportes pas Dodie ? s'exclama celle-ci en apercevant, sur le lit, la poupée préférée de Gwenola.

C'était un baigneur qu'on lui avait offert à la naissance de Lionel et qu'elle avait d'emblée adoré. A l'époque, elle amusait tout le monde en imitant, avec une incroyable exactitude, les gestes maternels d'Estelle. A la mort de Lionel, son attachement pour Dodie n'avait pas faibli.

Inconsciente de sa cruauté, elle avait continué à pouponner devant sa mère anéantie par la perte de son petit garçon. Et celle-ci se souvenait des irrépressibles bouffées de jalousie haineuse qu'elle avait alors ressenties à l'égard de sa fille.

— Dodie reste à Brest. Mes peluches et mes autres poupées aussi, décréta Gwenola. C'est fini, je ne jouerai plus avec eux.

— Quelle drôle d'idée ! Pourquoi ?

— Je suis grande, ça ne m'intéresse plus.

— A toi de savoir ! J'espère seulement que tu ne les regretteras pas.

— T'en fais pas !... Il faudra que je m'occupe de Tatie. La pauvre est toute seule maintenant.

— C'est très gentil de ta part, Gwen. Mais tu n'as pas à te sentir responsable d'Annaïg. C'est une adulte. Elle peut, elle doit s'en sortir sans ton aide.

La fillette se redressa et lança à sa mère un regard pénétrant.

— Non, je ne crois pas. Elle a besoin d'avoir quelqu'un à côté d'elle. Et à partir de demain, ce sera moi.

Cette intonation tranchante, ce coup d'œil impérieux... Estelle en eut le souffle coupé. La ressemblance était frappante, un peu de Mam venait de resurgir du néant.

*

En définitive, Solenn Mercier n'était pas mécontente d'avoir été licenciée. Sur le coup, elle l'avait assez mal pris, tout en reconnaissant que les Le Barzic n'y pouvaient rien.

Henri s'était montré généreux et l'avait largement dédommagée. Estelle, pressée de s'en aller, ne s'était pas souciée d'elle. Quant à Gwen, elle n'avait même pas pris la peine de venir lui dire au revoir.

De retour à Brest, Solenn avait demandé l'hospitalité à son amie Noëlle Jagu qui lui avait proposé une petite pièce, sous les combles, où elle stockait ses livres.

« — C'est tout ce que j'ai à t'offrir. On va dresser un lit de camp. Je débarrasserai deux étagères pour que tu puisses y ranger une partie de tes affaires. Le reste devra demeurer dans ta valise.

— Aucune importance ! Je suis si contente que tu me dépannes d'ici la rentrée universitaire. Maintenant, je vais essayer de trouver un autre job, ce qui ne va pas être facile… »

Mais le hasard avait joué en sa faveur. Sur le conseil de la libraire, elle était allée proposer ses services aux différents restaurants du port de commerce. Dans l'un d'eux, elle avait été reçue à bras ouverts car une serveuse venait de tomber malade. En pleine saison, les touristes affluant midi et soir, elle devait absolument être remplacée.

Solenn avait donc débuté dès le lendemain. Le travail était fatigant mais, grâce aux pourboires, le salaire s'avérait convenable.

Durant son temps libre, elle donnait un coup de main à la librairie et lorsque les clients se faisaient attendre, elle bavardait avec Noëlle, commentant par le menu le coup de théâtre survenu à Kergouadal deux semaines auparavant.

Un matin, alors qu'elle prenait son petit déjeuner dans la minuscule cuisine de son amie, celle-ci surgit, le journal à la main.

— Il a remis ça !

— Qui ? Quoi ?

— Ton ex-patron a recommencé. Tiens, lis !

A la page des faits divers, un court article rapportait, en effet, qu'une Brestoise dont on ne citait pas le nom, avait été prise en chasse par un inconnu et poursuivie, de rue en rue, jusqu'au chantier d'un bâtiment en construction, à proximité de la zone industrielle de Kergonan.

Complètement affolée, la victime avait fait une chute et s'était brisé la clavicule gauche. Malgré sa blessure, elle avait gagné, tant bien que mal, le poste de police du quartier où elle avait été prise en charge. Le quotidien précisait que l'agression datait de la nuit du 15 au 16 août et qu'elle avait été tenue secrète plusieurs jours, pour les besoins de l'enquête.

— Il faut vraiment que tu te décides, décréta Noëlle. Tu n'as pas le droit de garder le silence plus longtemps.

Solenn avait pâli.

Elle avala le reste de son café mais ne toucha pas à sa tartine.

— Tu dois prendre contact avec l'officier de police que tu connais, insista la libraire, et lui dire ce que tu sais. C'est trop important… De plus, tu es peut-être en danger.

— Oh ! Tu crois ?

— Réfléchis ! Le marché que tu as conclu avec Henri Le Barzic ne tient plus puisque tu as été congédiée. Tu n'as plus rien à perdre en le dénonçant. Et il le sait. Tu présentes donc une réelle menace pour lui.

— Je ne risque rien dans l'immédiat parce qu'il a dû quitter Brest. Quand nous sommes partis de Kergouadal, il devait embarquer d'un jour à l'autre. A l'heure qu'il est, il se trouve probablement quelque part au milieu de l'Atlantique.

— Peut-être, mais je n'en démords pas. Tu dois aller raconter ce que tu sais à la police. On ne peut pas laisser courir un maniaque pareil.

*

— L'armement vient de confirmer ce que vous supposiez, déclara le lieutenant Gilot. Henri Le Barzic a pris le commandement du “Monika”, le 21 août dernier. Il a embarqué à Dunkerque et fait route, actuellement, vers l'Afrique du Sud. Si ce que vous m'avez révélé s'avère exact, les Brestoises ne seront pas importunées dans les semaines à venir.

Les coudes sur son bureau, le menton dans les mains, elle considéra Solenn d'un air préoccupé.

— Savez-vous que vous pourriez être poursuivie pour rétention d'informations ? Aux yeux de la loi, c'est un délit aussi grave que le faux témoignage. Je me demande si vous vous en rendez compte ?

— Oui. Mais dites-vous aussi que j'aurais pu continuer à me taire. Personne ne court volontiers au-devant des ennuis, ce qui m'attend apparemment…

Sophie Gilot secoua la tête.

— Non ! J'ai bien écouté votre récit. Vous étiez dans une situation difficile. A votre place, j'aurais peut-être agi de même. Et puis, mieux vaut tard que jamais !

Comme Solenn saisissait son sac et s'apprêtait à se lever, elle lui fit signe de rester à sa place.

— Attendez, j'ai encore quelques questions à vous poser. Vous ne trouvez pas curieux, ces deux affaires qui s'imbriquent l'une dans l'autre ? Cela n'arrive pas souvent, vous savez.

— Euh oui… effectivement.

— Si vous aviez témoigné plus tôt, j'aurais peut-être orienté mon enquête différemment. Le cas d'Henri est intéressant. Sa manie obsessionnelle et, surtout, la nécessité absolue de la dissimuler, font de lui quelqu'un de particulièrement vulnérable au chantage. Vous-même y avez recouru quand on vous a accusée du vol des bijoux. Admettons que sa mère ait appris sa déviance et qu'elle ait voulu s'en servir contre lui… Cela aurait pu devenir un mobile de la supprimer.

— D'accord ! Mais vous avez démasqué le coupable. Pourquoi revenir en arrière ?

— Parce que rien n'est encore joué ! s'exclama le lieutenant. La présomption d'innocence, vous en avez entendu parler, je suppose ? Yoann Colin a été mis en examen et placé en détention préventive, mais cela ne signifie aucunement qu'il soit coupable. Pour l'instant, on instruit son affaire et on peut très bien découvrir des éléments nouveaux qui accréditeraient la thèse de son innocence… J'en veux pour preuve le témoignage que vous venez de m'apporter ! Maintenant, dites-moi, qui, selon vous, a introduit les bijoux dans votre voiture ?

— Je… je n'en sais rien.

— Vous n'avez aucun soupçon ?

— Si, mais pas de preuve.

— Qu'une chose soit claire, fit Sophie Gilot en adoptant une attitude plus décontractée. Ce dont nous discutons là, n'a plus rien d'officiel. J'ai juste envie de satisfaire ma curiosité.

Elle se tut quelques secondes puis lâcha :

— Vous pensez que c'est Gwenola ?

— O… oui. Nous ne nous entendions pas bien, toutes les deux.

— Et elle a essayé de se débarrasser de vous en vous faisant passer pour une voleuse ?

— J'en suis persuadée.

— Pour vous dire la vérité, je n'ai éprouvé aucune sympathie pour cette gamine quand je l'ai rencontrée.

— Elle a pourtant des côtés attachants.

— Quoi ! Vous la défendez après le sale tour qu'elle vous a joué !

— Oh ! Ce n'est qu'une gosse et ses parents ne se conduisent pas en adultes responsables avec elle. Son père s'en désintéresse et sa mère ne songe qu'à ses bouquins.

— A ce propos, que pensez-vous d'Estelle ?

— Rien de particulier. Mes contacts avec elle se réduisaient au minimum. On ne fraie pas avec le petit personnel, dans son milieu.

— Je vois. En définitive, il faut reconnaître que l'arrestation de Yoann Colin en a arrangé plus d'un. Seule Annaïg semble en avoir été affectée.

— Affectée ! s'écria Solenn. Dites plutôt anéantie… Ce qui se comprend d'ailleurs. Cela faisait je ne sais combien de temps qu'elle couchait avec ce type, en cachette. Là, elle pouvait enfin vivre sa passion au grand jour quand patatras !… Son amant est accusé de meurtre et jeté en prison. Avouez qu'il y a de quoi péter les plombs ! Le jour où elle a demandé à tout le monde de s'en aller, je peux vous dire que personne ne s'est fait prier pour prendre le large… Seule Gwen traînait les pieds. Mais comme il était question qu'elle revienne s'installer pour de bon à Kergouadal, à la rentrée scolaire, elle n'a pas fait trop de cirque.

— Quoi ? Elle va vivre avec sa tante ? Et elle est d'accord ? s'écria Sophie, abasourdie.

— Elle ne demande même que ça.

— Stupéfiant ! Comment peut-elle avoir envie d'aller s'enterrer dans une propriété isolée, aux côtés d'une vieille fille aussi ennuyeuse qu'Annaïg Le Barzic ?

— Celle-ci sait s'y prendre avec la petite.

— J'ai du mal à cerner la personnalité de cette femme. Parlez-moi donc un peu d'elle.

— Il n'y a rien à en dire.

— Voyons ! Vous avez vécu presque six semaines sous le même toit.

Solenn réfléchit puis soupira :

— Non vraiment, je regrette. Elle est si terne, renfermée, timide… C'est à peine si on s'aperçoit de sa présence.

— Pourtant, Yoann Colin et Gwenola lui semblent extrêmement attachés, rétorqua Sophie. Et le moins qu'on puisse dire de ces deux-là, c'est qu'ils ont un caractère bien trempé ! Qu'est-ce qui les séduit chez Annaïg ? Elle doit posséder des talents insoupçonnés…

— En dehors de la broderie, je ne lui en connais aucun. Mais ne dit-on pas que les contraires s'attirent ? Annaïg est lente, calme, extraordinairement peu expansive. Elle ne possède aucun esprit critique. Ne juge pas, ne contredit pas, ne suggère rien. Près d'elle, on peut déposer les armes et se montrer tel que l'on est. En outre, comme édifié autour d'elle, il y a Kergouadal, solide, immuable… La maison plus la femme offrent l'image idéale d'un refuge. C'est peut-être ce dont Gwenola et Yoann ont besoin.

— Finement analysé, reconnut Sophie Gilot. Maintenant, répondez-moi franchement, est-ce qu'Annaïg aurait pu tuer sa mère ?

— Honnêtement, cela paraît invraisemblable. Mais aux qualités que j'ai citées, il faut ajouter l'opacité.

— Ah ! je vois… l'eau qui dort dont on doit, paraît-il, se méfier.

XXI

Solenn se rendit à Kergouadal une dizaine de jours plus tard, afin de récupérer quelques objets oubliés au moment de son départ, lunettes de soleil, réveille-matin et autres bricoles…

Dès son arrivée, elle constata qu'Annaïg n'était pas remise de son choc. Elle avait le teint terreux et les yeux battus des gens qui dorment mal. Ses cheveux pendaient autour de son visage amaigri. Elle portait une sorte de caftan violet sur un pantalon de jersey qui pochait aux genoux. Plus inquiétant, on discernait dans son regard, un fond de désespoir qui n'y était pas auparavant.

Elle accueillit néanmoins Solenn avec ce sourire naïf et retenu qui était le sien, puis l'invita à s'asseoir au salon, comme si elle recevait une amie proche. La jeune fille remarqua alors que le ménage n'était plus aussi bien tenu que durant l'été. Sur les marches de l'escalier traînaient des chaussures, des livres, des revues. Au bas de la rampe, la boule de verre servait de portemanteau et toutes sortes de vêtements s'y amoncelaient en désordre.

— J'ai mis vos affaires dans un sac en plastique. Il est là, près de la porte-fenêtre.

Posé par terre, il s'était renversé et une partie de son contenu jonchait le tapis. Gênée, Annaïg alla le relever et, au passage, remit en place l'embrasse d'un rideau qui était décrochée.

— Paulette Le Foll vient faire le ménage un matin par semaine, dit-elle. Pour le reste, je me débrouille seule.

— Au téléphone, vous m'avez dit que Gwen vivait avec vous. Est-ce que ça se passe bien ? N'a-t-elle pas eu de difficultés à s'adapter ?

— Pas du tout ! Elle s'est toujours sentie chez elle à Kergouadal.

— Et l'école ?

— Elle s'y plaît beaucoup. Ses résultats sont meilleurs qu'en primaire. Elle est intelligente, vous savez.

— Oui, je m'en suis aperçue quand je lui donnais des cours, cet été.

Annaïg esquissa un sourire puis proposa d'aller préparer le thé. Les deux femmes se rendirent à la cuisine.

— C'est ici que nous mangeons depuis que nous sommes seules. C'est beaucoup plus facile et pas désagréable du tout.

Solenn qui n'y était venue qu'en de rares occasions, Paulette Le Foll ne désirant pas être dérangée, lui donna raison. La pièce était grande, lumineuse, bien agencée. Une belle table, des chaises paillées, un buffet ancien, un fauteuil à bascule dans un coin…

Lorsque le thé fut prêt, Annaïg s'assit en face de Solenn et se mit à tourner lentement sa cuillère dans la tasse.

— Je… il y a une chose que j'aimerais vous dire. Je ne sais pas ce que vous allez en penser mais il faut absolument que j'en parle à quelqu'un. C'est terriblement lourd à porter… Voyez-vous, malgré tout ce qui est arrivé… je n'arrive pas à… à croire que… que Yoann a fait ce dont on l'accuse.

Puis, devant l'expression effarée de la jeune fille, elle poursuivit :

— Je… je sais bien que tout est contre lui. Que le lieutenant Gilot est un policier de premier ordre qui… qui a fait son travail sans parti pris, avec sérieux et rigueur. Seulement moi, je ne peux pas croire Yoann coupable.

— Tant que le jugement n'a pas été prononcé, il a pour lui le bénéfice du doute, lâcha Solenn. Il n'est qu'en détention préventive.

— Je sais. Mais combien de temps celle-ci va-t-elle durer ? Des mois, voire des années…

— Oh non ! Peut-être pas tant que ça !

Annaïg soupira.

— C'est si dur la prison, surtout pour un homme comme lui…

— Vous… vous êtes allée le voir ? s'enquit la jeune fille, déroutée.

— Oui.

— On vous en a donné l'autorisation ?

— J'ai dit que j'étais sa… sa fiancée.

— Et alors ?

— Quand il m'a vue, il a été stupéfait. Il ne s'y attendait pas, vous comprenez… Ensuite, il s'est mis à parler. Il m'a juré qu'il n'était pour rien dans toute cette histoire. Il se sent complètement dépassé par les événements… Je l'ai écouté puis j'ai essayé de lui redonner courage. Je ne pouvais pas faire autrement parce que, moi non plus, je ne comprends pas…

Solenn qui ne savait que répondre, but son thé à petites gorgées.

— Je… je lui ai aussi procuré un avocat…

— Oh !

— J'ai pensé qu'il méritait d'avoir toutes les chances de son côté. Les erreurs judiciaires, ça existe, vous savez…

— Et vous avez trouvé quelqu'un de valable ?

— Mon père avait un très bon ami dans la magistrature. C'est à lui que je me suis adressée. Il m'a conseillé Maître Lemberg, du barreau de Brest qui a accepté d'assumer la défense de Yoann.

— Votre frère et sa femme sont-ils au courant ?

— N… non.

Solenn allait lui demander comment l'avocat voyait toute cette affaire, quand le fracas d'une porte qui se refermait retentit dans la maison.

— C'est Gwen qui rentre de l'école ! s'exclama Annaïg en se précipitant à la rencontre de sa nièce. Nous sommes ici, ma chérie !

Quelques secondes plus tard, figée sur le seuil de la cuisine, Gwenola fixait Solenn d'un regard noir.

— Qu'est-ce qu'elle fait ici ?

— Gwen, je t'en prie ! protesta Annaïg. Solenn est venue chercher des affaires qu'elle avait oubliées… Assieds-toi, je vais préparer ton goûter.

Sans mot dire, la fillette alla prendre place à l'autre bout de la table et se plongea dans la lecture d'une bande dessinée. Elle avait troqué son short contre un jean, ses sandales contre des baskets mais, pour le reste, rien n'avait changé. Toujours le même caractère de chien, songea la jeune fille en la regardant engloutir ses tartines. Peu à peu pourtant, Gwen se radoucit et se mit à raconter sa journée. Rassérénée, Annaïg débarrassa la table en écoutant sa nièce rapporter, en rigolant, les déboires du prof d'histoire qui n'arrivait pas à imposer la moindre discipline dans sa classe. Enfin, la fillette sortit un papier de son cartable et le tendit à sa tante.

— Le principal organise une séance d'information pour les parents des élèves qui entrent en sixième. Paraît que c'est important.

— Oh ! Je n'ai pas envie d'y aller. Les réunions publiques, je n'aime pas trop ça.

— Tu dois !

— Mais ma chérie, ce n'est pas indispensable…

— Tu dois ! répéta Gwenola d'un ton péremptoire.

— Sortir le soir. Te laisser seule ici. Non vraiment, ça ne me dit rien…

— Gwen a raison, déclara Solenn. Vous n'avez aucune expérience de la vie scolaire ni des méthodes pédagogiques actuelles. C'est l'occasion de vous y mettre.

— La réunion a lieu le 22 septembre, à vingt heures, au collège. Note-le ! dit la fillette en allant punaiser le papier, à côté d'un calendrier. Et maintenant, il y a mes devoirs à faire !

Alors que Solenn s'attendait à la voir monter dans sa chambre, elle demeura plantée au milieu de la cuisine, les yeux braqués sur Annaïg qui essuyait la table.

— Alors, on s'y met ?

— Tu ne travailles pas toute seule ? s'étonna la jeune fille. A partir de la sixième, c'est une habitude à prendre. On ne vous l'a pas dit, au collège ?

Gwen la fusilla du regard tandis que sa tante lui suggérait timidement de commencer ses exercices, lui promettant de les corriger une fois qu'elle les aurait terminés. La fillette hésita quelques instants puis saisit son cartable et quitta la pièce en claquant la porte.

— Il ne faut pas la couver, c'est un mauvais service que vous lui rendez, dit alors Solenn. Je peux vous assurer que du point de vue scolaire, elle est tout à fait capable de se débrouiller seule !

Annaïg vint s'asseoir à côté d'elle et lâcha à voix basse :

— Je suis contente de pouvoir en parler à quelqu'un… Je me fais du souci pour Gwen, j'ai l'impression qu'elle est en pleine régression. Elle… elle se comporte comme un enfant de six ans.

— Oh ! Je la croyais plutôt en avance pour son âge.

— Moi aussi, seulement depuis qu'elle vit avec moi, elle exige que je l'assiste dans tout ce qu'elle fait. Vous venez d'en avoir un exemple, avec ses devoirs. Mais c'est pour tout la même chose. Sa toilette, le choix de ses vêtements… Elle refuse aussi de dormir seule, il a fallu dresser un lit de camp pour elle, dans ma chambre.

— C'est de l'asservissement !

— D'un autre côté, elle est aux petits soins avec moi, et plus affectueuse qu'elle ne l'a jamais été.

— Ah ! Je n'aurais pas imaginé que Gwen puisse se conduire ainsi. Je la voyais plutôt tombant dans l'excès contraire.

— C'est vrai, approuva Annaïg en tortillant nerveusement une mèche de cheveux autour de son doigt. Que… que me conseillez-vous ?

— Mettre un terme à tout ça, et vite ! Menacez-la de la pension si elle refuse.

— J'ai essayé et savez-vous ce qu'elle m'a répondu ? « Tu ne peux pas faire ça ! Tu me dois trop… » Je lui ai demandé de s'expliquer. « Pense à ce qui te serait arrivé si je n'avais pas été là ! Ce méchant homme serait venu habiter ici et il t'aurait rendue très, très malheureuse. » Ensuite, elle m'a juré qu'elle resterait toute sa vie avec moi, qu'elle apprendrait le métier de brodeuse et qu'on ne se quitterait plus.

— Ce sont des paroles d'enfant, il ne faut pas les prendre à la lettre. Tout changera avec l'adolescence.

— Oui, mais qui sait ce qui se passera d'ici là ?

— Est-elle au courant de vos visites à la prison ?

— Oh non !

— Vous devriez tenter de lui expliquer que tant que le jugement n'a pas eu lieu, Yoann n'est pas vraiment considéré comme coupable.

— Elle ne comprendrait pas. Elle a onze ans et demi, ne l'oubliez pas. Je préfère laisser ce sujet de côté.

— Vous avez tort ! Imaginez qu'au procès, votre ami soit disculpé. Qu'arrivera-t-il s'il vient frapper à la porte de Kergouadal ?

Une lueur d'affolement passa dans le regard d'Annaïg.

— Mon Dieu ! Je… je ne sais pas. Je n'ose même pas l'envisager… Pour Gwen, il ne fait aucun doute que Yoann est définitivement sorti de ma vie.

Solenn était atterrée. A force de privilégier le moyen terme et de vouloir à tout prix associer les contraires, la pauvre Annaïg risquait d'aller droit dans le mur. Mais elle n'eut pas le cœur de le lui dire. Le mieux était de laisser se dérouler le cours des choses, en espérant que la situation se dénouerait d'elle-même.

— Donnez-moi de vos nouvelles, dit-elle alors qu'elles s'embrassaient au moment du départ. Et si vous avez besoin d'aide, n'hésitez pas à m'appeler.

Annaïg lui adressa l'un de ses indéfinissables sourires puis resserra les pans de son caftan violet car un vent froid, venu de la mer, balayait la terrasse.

Après un dernier signe d'adieu, elle pivota sur elle-même comme une poupée mécanique et regagna le salon dont elle ferma sans bruit la porte-fenêtre derrière elle.

*

Les jours suivants, ce qu'elle avait découvert à Kergouadal ne cessa de hanter Solenn Mercier.

L'étrange couple formé par la tante et sa nièce, dans cette demeure qu'envahissaient le désordre et le laisser-aller, avait quelque chose de morbide qui la dérangeait.

Elle ne pouvait chasser de son esprit l'image de cette enfant tyran qui, sûre de la pérennité de son pouvoir, en usait à l'excès, et celle de la femme qui laissait faire, tout en sachant combien cette situation était fragile et éminemment éphémère. Une relation où se mêlaient aussi intimement l'asservissement et l'adulation n'était à l'évidence pas viable. Et Solenn se demandait comment elle se terminerait. Elle aurait aimé pouvoir en parler à Noëlle mais, depuis la rentrée, celle-ci était surchargée de travail. Face à la menace de plus en plus précise d'un dépôt de bilan, elle tentait de rééquilibrer son budget en faisant le commerce des livres et des fournitures scolaires. Début septembre, elle avait placardé l'information dans sa vitrine et son initiative était couronnée de succès. Les commandes affluaient, les livraisons encombraient la boutique et la libraire ne savait où donner de la tête.

Comme son malaise persistait et qu'un doute sur la culpabilité de Yoann Colin commençait à s'insinuer dans son esprit, Solenn décida d'en discuter avec Étienne Bréhant qu'elle appela, un soir, sur son portable.

— Est-ce qu'on peut bavarder un moment ? Si tu n'es pas libre, dis-le moi, je te téléphonerai plus tard.

— Non, ça va. Qu'est-ce qu'il y a ? Tu as un problème ?

— Pas vraiment. La semaine dernière, je suis retournée à Kergouadal récupérer des affaires que j'avais oubliées. Depuis, ce que j'ai vu là-bas continue à me tracasser.

La jeune fille rapporta sa visite et les impressions qu'elle en avait tirées puis elle demanda à Étienne ce qu'il en pensait.

— Ce que je pense de quoi ?

— De la culpabilité de Yoann Colin ?

— Elle paraît indubitable. Je ne comprends pas pourquoi tu te biles pour ça.

— Annaïg a semé le doute dans mon esprit. Elle est la seule à bien connaître cet homme. Si elle soutient qu'il n'est pas coupable, peut-être a-t-elle raison…

— Il y a les pièces à conviction, les témoignages.

— Voilà de quoi j'aimerais discuter avec toi. Quand tu campais à Kergouadal, tu avais souvent la visite de Gwenola…

— Ah ! Ne m'en parle pas ! Ce qu'elle pouvait m'enquiquiner avec ses histoires à dormir debout !

— C'est précisément là où je voulais en venir. Dans tout ce qu'elle t'a raconté, est-ce qu'il n'y a rien qui ait retenu ton attention ? Des détails qui auraient pu prendre une signification, à la lumière de ce qui s'est passé par la suite ?

— Ce dont je me souviens surtout, c'est que cette gamine furetait partout et n'arrêtait pas de se vanter. Comme ego surdimensionné, elle se posait un peu là !

— Elle prétendait mener une enquête sur la mort de sa grand-mère. Elle devait te parler des pistes qu'elle suivait…

— Oh ! Ça changeait tout le temps. Je suis sûr qu'elle nous a tous soupçonnés, les uns après les autres ! s'exclama Étienne. Mais c'était du vent !

— En dehors de ses fanfaronnades, elle n'a jamais mentionné d'indices bien réels sur lesquels elle serait tombée par hasard ?

— Non, jamais.

— Si elle avait trouvé quelque chose, crois-tu qu'elle aurait été capable de garder ça pour elle ?

— Franchement, ça m'étonnerait !

— Dans ce cas, comment expliques-tu qu'après avoir découvert la fameuse manille sur le promontoire, elle l'ait fourrée au fond de son tiroir, sans en souffler mot à quiconque ?

— C'est vrai ! Ça ne colle pas avec le personnage !

— Quelles sont les raisons qui auraient pu l'obliger à tenir sa langue ?

— Je n'en vois pas, répondit le jeune homme. A mon avis, elle a ramassé cet objet machinalement et n'y a plus pensé, jusqu'au moment où le lieutenant Gilot l'a interrogée, à son retour de l'hôpital.

— Explication qui serait valable pour la plupart des gosses. Mais Gwen, avec son esprit affûté et son goût pour la mise en scène, n'a pas pu oublier une pièce à conviction d'une telle importance !

— Ce n'en était pas une, au moment où elle l'a ramassée, objecta Étienne.

— Elle aurait dû la sortir dès que la police a mis son nez dans cette affaire, poursuivit Solenn sans tenir compte de sa remarque. Selon moi, quelqu'un, ou quelque chose, l'en a empêchée. Et je donnerais cher pour savoir qui ou quoi !

XXII

Plantée derrière la fenêtre de sa chambre, Annaïg contemplait le parc malmené par un furieux vent de nord-ouest. C'était la première tempête d'automne et, depuis deux jours, toute la côte la prenait de plein fouet. Soudain, une rafale plus violente que les autres coucha un massif de dahlias, plantés au milieu du gazon. Il y aurait des tiges cassées et des fleurs à ramasser avant le soir…

Alors que le vent mollissait un peu et qu'un rayon de soleil embrasait le jardin, une silhouette à vélo surgit du petit bois. La tache rouge d'un anorak voleta comme un papillon dans la lumière. Cela ne dura qu'un instant. Le jour s'assombrit, la verdure vira au bleu ardoise et la tempête reprit de plus belle. Tête baissée, la cycliste se mit à pédaler en danseuse, comme pour pénétrer de force dans la masse d'air en mouvement.

Annaïg jeta un coup d'œil à sa montre. Cela faisait une demi-heure que Gwen roulait comme une forcenée dans le parc. De la maison au portail, du portail au portillon, puis au sentier des douaniers, avant de revenir à son point de départ… Vent de face, vent de dos ou de côté, elle poussait sur les pédales, balançant son corps de gauche à droite, sans s'arrêter, malgré les grains de pluie qui s'abattaient sur elle.

Quand elle se déciderait à rentrer, elle serait trempée et exténuée, songeait Annaïg en se mordillant nerveusement le bout des doigts. Il faudrait qu'elle prenne une douche chaude et change de vêtements… Mais le voudrait-elle seulement ? Elle jeta au dehors un regard découragé. Après avoir longé la terrasse, la cycliste avait à nouveau disparu sous les arbres. Une bourrasque grondante monta de la mer. Le vent redoubla. Une frénésie de feuilles passa devant les vitres. Annaïg frémit en pensant aux branches cassées qui devaient s'abattre sur les chemins. Cela devenait dangereux, maintenant Gwen devait absolument cesser son manège et rentrer se mettre à l'abri.

Mais comment le lui dire ? Comment surtout espérer se faire obéir ? Plus les semaines passaient, plus la volonté de la fillette prenait le pas sur la sienne. En fait d'adaptation, elle avait plié sa tante à ses exigences, à ses caprices, à ses propres habitudes.

Les conseils de Solenn étaient restés lettre morte. Le seul qu'Annaïg ait suivi, avait été d'essayer d'expliquer à Gwen le fonctionnement de la justice. Avec, pour conséquence immédiate, une crise de fureur et cette course échevelée à vélo, dans le vent et la pluie. Joli résultat !… Il aurait mieux valu se taire et voir venir. A prendre le taureau par les cornes, on se fait piétiner, voilà une vérité qu'Annaïg avait eu tout le loisir d'expérimenter au cours de sa vie avec Mam !

Alors qu'une pluie rageuse se jetait contre la vitre, elle distingua la tache rouge qui resurgissait du bois et se dirigeait vers la remise servant de garage à vélos. Dieu merci ! La course semblait enfin terminée.

Et maintenant, comment ramener la petite à de meilleurs sentiments ?

La gorge serrée, Annaïg gagna le rez-de-chaussée. Au pied de l'escalier, elle plaqua sur son visage un sourire accueillant et attendit le retour de sa nièce. Lorsque celle-ci déboula dans le couloir, ruisselante, les joues rouges et le regard brillant, elle comprit tout de suite que la crise était passée. La fillette se débarrassa de ses vêtements dégoulinants et déclara qu'elle voulait prendre un bain.

— Bien sûr, ma chérie, fit Annaïg en courant lui chercher un jogging molletonné, des chaussettes et des pantoufles. As-tu besoin d'autre chose ?

— Non merci, Tatie, ça ira.

— Dans ce cas, comme il y a une éclaircie, je vais en profiter pour aller au jardin ramasser les fleurs cassées. Nous en ferons de jolis bouquets.

A son retour, elle trouva Gwenola affalée dans un fauteuil, en train de regarder la télévision. La fillette leva les yeux et lui adressa un large sourire.

— Veux-tu que je t'aide à les mettre dans des vases ?

— Pas la peine, ma chérie. Dis-moi seulement ce que tu désires manger.

— Des pâtes.

— Encore !

— Avec du fromage râpé.

— Et une tranche de jambon ?

— Si tu veux.

Annaïg gagna la cuisine en remerciant le ciel que le conflit se fût réglé aussi facilement. En y réfléchissant bien, tout était probablement de sa faute. Si Gwen s'était braquée ainsi, c'est qu'elle avait compris de travers ses explications, sans doute cafouilleuses, sur la culpabilité incertaine de Yoann.

Annaïg se connaissait suffisamment pour savoir le mal qu'elle avait à exprimer clairement sa pensée. Mam s'en plaignait sans cesse, et elle n'était pas la seule.

Elle aurait dû se rappeler aussi que pour les enfants, les choses sont blanches ou noires, justes ou fausses. On est coupable ou innocent. Pas les deux. Comment s'étonner, dès lors, que Gwen eût réagi aussi violemment ?

« — C'est pas juste ! Ce type a tué Mam. Il a essayé de me tuer aussi ! Il y a des preuves !...Et toi, tu le défends ! J'sais bien que c'était ton mec, mais quand même !... Tu ne peux pas être de son côté, après ce qu'il a fait. Ou alors il faut que tu sois complètement à la masse.

— Ma chérie, j'essaie seulement de te faire comprendre que la situation n'est pas encore complètement éclaircie et que... qu'il est possible que Yoann soit reconnu innocent et libéré.

— Tais-toi !

— Mais je...

— Fiche-moi la paix ! »

La porte d'entrée avait claqué et Annaïg s'était juré de ne plus jamais aborder ce sujet.

La course à vélo avait dû creuser l'appétit de Gwen car elle engloutit toute la platée de pâtes. Lorsqu'elle eut terminé, elle aida à débarrasser la table et à laver la vaisselle puis demanda à faire ses devoirs au salon. Elle travaillait depuis dix minutes lorsque le téléphone sonna dans le couloir. Annaïg lui fit signe de continuer et alla décrocher.

— C'était ton père, dit-elle en revenant. Tes parents arrivent nous voir demain.

— Demain ?

— Ça n'a pas l'air de te faire plaisir.

— Si mais…

— Ton père a débarqué hier à Marseille.

— Déjà !

— Hé ! On est le onze octobre. Cela fera bientôt deux mois qu'il est parti. Il a droit à un congé.

— Et maman ?

— Ils se sont retrouvés à Paris et feront le trajet en voiture jusqu'ici.

— Ils resteront combien de temps ?

— Deux ou trois jours.

— Ah bon ! fit la fillette visiblement soulagée. J'avais peur que ça dure plus longtemps.

*

Henri Le Barzic afficha un sourire épanoui puis tendit le bulletin scolaire de Gwen à sa femme.

— Cet été, si on m'avait dit qu'un changement d'établissement produirait de tels résultats, je ne l'aurais pas cru.

Estelle parcourut le relevé de notes et les appréciations des professeurs puis regarda sa fille, stupéfaite.

— Comment as-tu fait ? Jusqu'à maintenant, tu t'es toujours contentée d'avoir la moyenne. Et là, tu te retrouves en tête de classe. C'est magnifique !

La fillette sourit d'un air modeste et déclara qu'elle se plaisait beaucoup dans son collège.

— D'accord, mais ça n'explique pas de pareils progrès.

— Tatie m'a fait travailler.

Une lueur d'incrédulité passa dans le regard d'Henri. Depuis l'enfance, il tenait les capacités intellectuelles de sa sœur pour avoisinant le zéro.

Il se rappelait combien Mam s'était échinée à lui faire entrer quelque chose dans le crâne. Les séances de rabâchage, les explications interminables... Tout cela en vain, Annaïg n'avait jamais dépassé le niveau de la troisième. Et la voilà maintenant devenue répétitrice, et avec quel succès ! C'était proprement incompréhensible.

— Je ne sais laquelle des deux je dois féliciter, mais le fait est que je suis bluffé !

Puis, s'adressant directement à sa fille :

— Je ne peux que t'encourager à continuer ainsi... Si quelque chose te fait envie, dis-le moi, tu mérites une récompense.

Gwen secoua la tête.

— Merci, j'ai tout ce qu'il me faut ici.

Décontenancé, il jeta un coup d'œil à Estelle qui considérait sa fille, l'air songeur. Depuis leur arrivée, en fin d'après-midi, il n'y avait pas eu la moindre fausse note. L'enfant s'était montrée gentille, obéissante, serviable... en un mot, méconnaissable.

— Apparemment, Kergouadal te réussit et j'en suis très contente. Si tu as besoin ou envie de quoi que ce soit, nous te l'offrirons volontiers.

— Rester ici avec Tatie.

— Oui, cela est acquis. Mais peut-être souhaites-tu autre chose, un vêtement, un jeu… je ne sais pas moi.

La fillette leva vers ses parents un visage aussi lisse qu'un étang dans le brouillard et secoua à nouveau la tête.

Estelle qui ne croyait qu'à moitié à la réalité de cette métamorphose, n'insista pas. Henri conclut que la fillette mûrissait et qu'à Kergouadal, elle avait enfin trouvé ses marques. Satisfait, il se frotta les mains puis complimenta sa sœur sur la qualité du dîner qu'elle venait de leur servir. Celle-ci sourit et leur demanda s'ils avaient envie d'un café.

— Je préférerais une tisane, le soir cela me convient mieux, répondit Estelle en remontant frileusement le col roulé de son gros pull de laine.

Tandis qu'Annaïg et Gwen emportaient la vaisselle sale à la cuisine, elle alla se planter devant le feu qui brûlait dans la cheminée.

— On gèle ici ! J'ai tâté les radiateurs, ils sont froids.

— Tu as raison. Je ne sais pas si ma sœur fait des économies de fuel ou si la chaudière est en panne…

— Demande-lui ce qu'il en est parce que, s'il n'y a pas de chauffage demain, moi je rentre à Brest.

— Ne monte pas sur tes grands chevaux ! Je verrai ce que je peux faire, dit Henri en ajoutant quelques bûches dans le foyer.

— Ce n'est pas avec ça que tu réussiras à réchauffer cette pièce ! fit Estelle, acerbe. J'ai enfilé deux pulls l'un sur l'autre, sans compter une camisole en laine et un caleçon long sous mon pantalon. Malgré ça, je suis glacée. Je n'ose imaginer la température et l'humidité des chambres !

— Tu mettras une bouillotte dans ton lit ! Mais, je t'en prie… pas de remarque désagréable à ma sœur ! Cela pourrait compromettre les heureuses dispositions de Gwen à notre égard.

— Ah ! Parce que tu penses aussi que ce n'est qu'une façade ?

— Je ne veux surtout pas le savoir ! répondit Henri qui se préparait à allumer un cigare. Théâtre ou pas, Gwen s'est montrée tout à fait agréable, c'est ce que je retiens. A quoi c'est dû, je…

Il s'interrompit car Annaïg revenait, les mains chargées d'un plateau.

— Je boirais volontiers un cognac, dit-il. Est-ce qu'il en reste ?

— Certainement, je ne touche jamais à l'alcool fort.

— Où est passée Gwen ?

— Elle est montée dans sa chambre réviser ses leçons.

— Sais-tu que tu as accompli un vrai miracle avec elle ! Nous n'en sommes pas encore revenus.

— Ne croyez pas que ce soit facile tous les jours mais je fais de mon mieux, répondit Annaïg dont l'étonnement, face à la soudaine transformation de sa nièce, était au moins égal au leur.

— J'ai pris contact avec le notaire ce matin, poursuivit Henri en faisant tourner son cognac au fond du verre. Tu es toujours d'accord pour que nous restions en indivision ?

— Oui.

— Bon ! Il n'y aura donc aucune difficulté, les actes pourront être établis sans tarder. Tu comptes, bien sûr, continuer à habiter la maison ?

— Naturellement. Où irais-je ?

— Ça, je n'en sais rien. Tu as le droit de vivre où tu veux… et avec qui tu veux.

— Pour le moment, je suis avec Gwen.

— Oui, mais ça ne durera pas éternellement. Elle va grandir ; dans quelques années, elle s'en ira. Et puis, tu peux trouver quelqu'un…

— Ça m'étonnerait.

Henri posa sa main sur celle de sa sœur.

— Ton aventure avec Colin est un épisode malheureux que tu dois oublier. Tous les hommes ne sont pas des criminels.

— Je ne pense pas que Yoann soit un criminel, murmura Annaïg.

— Que veux-tu dire ?

— Eh bien… il est en préventive et sa culpabilité n'a pas encore été vraiment démontrée. Tout le monde semble la tenir pour un fait acquis. C'est un tort.

— Oh ! Oh ! Tu as l'air d'en connaître un bout ! s'exclama Henri en fronçant les sourcils.

Décidément, sa sœur lui réservait aujourd'hui bien des surprises !

— Je… je m'y intéresse parce que cela nous touche de près.

— D'accord, seulement la police a éclairci l'affaire. Tout désigne Colin comme étant le coupable. Les faits sont là, les témoignages aussi. Il n'y a pas à ergoter.

— Justement, à propos de témoignages… Il paraît que ceux des enfants ne sont pas toujours très fiables.

— Qu'en sais-tu ?

— Je… je l'ai lu dans le journal.

Estelle qui avait terminé sa tisane, suivait l'escarmouche avec perplexité.

Puis, observant plus attentivement sa belle-sœur, elle devina que celle-ci mentait ou, du moins, leur dissimulait quelque chose.

Une bouffée d'inquiétude l'envahit. Dans quel micmac était-elle en train de les entraîner ?

— Tu n'aurais pas revu Yoann Colin ? lança-t-elle à tout hasard.

Henri la regarda, interloqué, puis se tourna vers sa sœur qui rougissait comme une gamine.

— Annaïg ! Dis-moi que je rêve ! Tu n'as pas fait ça ?

— Je n'arrêtais pas d'y penser. Je… j'avais besoin de l'entendre me dire lui-même que… que… Alors j'ai sollicité une autorisation de visite et on me l'a accordée.

— Et là, il t'a clamé son innocence ?

— Oui.

— Et tu l'as cru ?

— Oui.

Les coudes sur la table, Henri considérait sa sœur en secouant lentement la tête. Son cigare fumait dans le cendrier, le reste de cognac semblait oublié au fond du verre.

— Et ensuite, qu'est-ce que tu as fait ? jeta Estelle d'une voix glacée.

— Je… je lui ai trouvé un bon avocat.

— Quoi ? Mais tu es devenue complètement folle ! s'écria Henri, émergeant brusquement de son ébahissement. Tu lui paies un avocat ? On aura tout entendu ! Et qui as-tu choisi, sans être trop curieux ?

— Maître Lemberg.

— Eh bien, tu ne te prives de rien ! Sais-tu seulement combien cela va te coûter ?

— L'avocat de la défense rétribué par les plaignants, c'est vraiment le monde à l'envers ! renchérit Estelle.

— Yoann n'a aucune famille pour le soutenir, protesta faiblement Annaïg. Et puis, je… je suis sûre qu'il est innocent. On ne peut pas lui faire courir le risque d'une erreur judiciaire.

— Ah ! Ah ! Ah ! La voilà qui se prend pour Zola ! tonna son frère avant d'ajouter d'une voix rageuse : Mais de quoi te mêles-tu, bon Dieu ? Laisse la justice faire son travail ! Les avocats commis d'office ne sont pas là pour les chiens !

— Yoann mérite d'avoir quelqu'un de compétent à ses côtés, riposta Annaïg avec l'obstination des timides poussés à bout. Je lui dois bien ça… D'ailleurs, après avoir étudié son dossier, Maître Lemberg se montre optimiste.

— Évidemment ! Tu n'as pas compris qu'il a tout intérêt à faire traîner l'affaire ? Il va pomper ton pognon dans les grandes largeurs, comme tous les baveux de son espèce !

— Non, je ne crois pas. Maître Lemberg n'est pas comme ça.

— Ah bon ! Comment le sais-tu ?

— Il a expliqué à Yoann que le dossier était moins solide qu'il ne le paraissait, parce que basé essentiellement sur le témoignage d'un enfant… ce que je disais tout à l'heure.

— Il va donc tout reprendre à zéro ?

— Je… je l'ignore.

— Si c'est le cas, il remettra en cause la déposition de Gwen. Démontrera qu'elle s'est trompée ou la fera passer pour une fabulatrice, déclara Estelle. Je n'ose imaginer l'effet que cela aura sur notre fille. De victime, elle va devenir…

— Non ! Non ! Maître Lemberg est quelqu'un de très bien. S'il doit en passer par là, il prendra toutes les précautions possibles.

— Quand il s'agit de gagner un procès, un avocat ne s'embarrasse pas de considérations de ce genre.

Annaïg leur jeta un regard désolé.

— Je suis persuadée que vous vous trompez… au sujet de Maître Lemberg, et aussi à propos de Yoann.

Henri soupira. Il avala son fond de cognac, tapota son cigare sur le bord du cendrier.

— Tout est possible, dit-il. Seulement, ma pauvre fille, tu as toujours eu le don d'embrouiller les choses les plus simples. Tu n'as l'esprit ni clair ni logique. C'est de naissance, tu n'y peux rien.

— En l'occurrence, c'est ma conscience qui m'a poussée…

— Ta conscience et, surtout, le pouvoir de persuasion de Yoann, trancha Estelle d'un ton acide.

— Maître Lemberg s'est laissé convaincre, lui aussi. Aux dernières nouvelles, il m'a informée qu'il se faisait fort d'obtenir bientôt une libération sous contrôle judiciaire. Les charges retenues contre Yoann sont trop minces pour justifier sa détention.

— Quoi ? s'exclamèrent ensemble Henri et Estelle. Ce n'est pas possible !... Il y a les pièces à conviction. Elles ne peuvent être sujettes à caution, elles !

— Je ne sais pas...

— Moi qui croyais l'affaire réglée, lâcha Henri, voilà que nous risquons d'y être replongés jusqu'au cou.

— Mieux vaut un coupable en liberté qu'un innocent en prison, riposta Annaïg.

— C'est ce qu'on dit...

— Il faut donc nous attendre à voir revenir ton amant parmi les vivants ! conclut Estelle en se frictionnant vigoureusement les bras. Brrr... on gèle ici !

— Le chauffagiste doit passer demain. Le temps a été beau si longtemps que j'ai oublié de m'occuper de la chaudière.

Annaïg se leva pour aller ajouter du bois dans la cheminée.

— Tiens ! Gwen ! Mais, tu es là ? s'exclama-t-elle en découvrant la fillette blottie dans un fauteuil, juste en face du feu. Je te croyais dans ta chambre, en train d'étudier tes leçons...

— Il faisait trop froid en haut, je suis descendue travailler ici, rétorqua celle-ci en brandissant son livre de géographie.

Les trois adultes la rejoignirent près de l'âtre. Ils bavardèrent à bâtons rompus puis Henri annonça que le lendemain, il ferait un saut à Brest et ne rentrerait que tard dans la soirée.

— Qu'y a-t-il de si urgent ? lança Estelle avec aigreur. Tes congés durent plusieurs semaines.

Henri lui jeta un coup d'œil agacé puis déclara qu'il en avait suffisamment entendu pour aujourd'hui et qu'il montait se coucher.

*

Gwenola enfila sa vieille paire de baskets et un blouson fourré. Elle enfouit des gants au fond de ses poches, tortilla sa queue de cheval au sommet de sa tête et passa un bonnet de laine. Depuis midi, il soufflait un fort vent d'est et la température avait brutalement chuté. Lorsqu'elle fut prête, elle alla entrebâiller la porte de l'atelier.

— Je vais faire du vélo. Je rentrerai vers six heures.

— Tu as raison, ma chérie ! Profite du soleil mais couvre-toi bien. Il fait froid.

— T'inquiète !… J'ai tout ce qu'il faut dans mon sac à dos.

— Je ne peux pas t'accompagner parce que j'ai une commande à finir pour demain. Tu n'es pas fâchée au moins ?

La fillette entra dans la pièce et lui plaqua un baiser sur la joue.

— Où comptes-tu aller ?

— Pas loin. Sur les chemins habituels.

— Prends le portable que tes parents t'ont offert avant de s'en aller. C'est… c'est une sécurité.

— Je n'ai plus de crédit.

— Déjà ?

— J'ai téléphoné à toutes mes copines pour l'essayer.

— Ah ! Je vois. Eh bien, tant pis… A tout à l'heure !

Gwenola trottina jusqu'à la remise en chantonnant. Là, elle vérifia la pression de ses pneus et inventoria le contenu de son sac. Elle n'avait rien oublié.

Comme elle était à peu près sûre que sa tante avait quitté l'atelier pour aller se planter à une fenêtre et la regarder partir, elle prit l'allée principale. Le plus court eût été de passer par le portillon mais elle ne voulait pas qu'Annaïg devinât qu'elle se rendait chez Suzanne Le Couëdic.

La vieille dame avait passé six semaines chez sa fille, dans le Midi, et n'était rentrée que l'avant-veille. Dès qu'elle avait vu les volets de Coat Even ouverts, Gwen avait couru la saluer. Elles avaient bavardé, échangé quelques nouvelles. Et, le soir même, l'idée que la fillette cherchait fiévreusement depuis le départ de ses parents, lui était enfin venue.

Ah ! Si Suzanne savait combien son retour était providentiel ! Grâce à elle, la menace qui pesait sur Kergouadal serait écartée. Elle pourrait exécuter le plan qu'elle avait échafaudé et qui les sauverait, Annaïg et elle, d'une épouvantable catastrophe.

Le tout était maintenant d'amener Suzanne à entrer dans ses vues ! Le temps pressait. Si elle n'agissait pas très vite, la partie risquait d'être irrémédiablement perdue…

A cette idée, Gwen se sentait toute drôle. Son ventre devenait aussi dur qu'un bloc de pierre. Ses jambes flageolaient et elle avait du mal à marcher. Elle n'arrivait plus à avaler sa salive. Sa tête vibrait et bourdonnait comme un essaim d'abeilles. Elle avait envie de pleurer, de crier, de se rouler par terre…

Mais cela n'aurait servi à rien. A rien du tout. Il fallait, au contraire, garder son sang-froid et mener son projet à bien. C'était le seul moyen de conserver ce qui lui appartenait.

— Suzanne ! Tu es là ? cria-t-elle en poussant la porte de Coat Even.

La vieille dame venait de finir son goûter, un bol vide et un paquet de gâteaux étaient posés sur la table, devant elle.

— Comme c'est gentil de passer me dire bonjour ! Tiens ! Prends un gâteau, ils sont au chocolat, je les ai rapportés de chez ma fille.

La fillette se servit puis ouvrit son sac à dos.

— Je suis venue te voir parce que j'ai besoin de ton aide… Je t'ai apporté deux photos. Mets tes lunettes et dis-moi si tu reconnais l'homme qui est dessus. Prends ton temps et regarde bien. Je suis presque sûre que tu l'as déjà rencontré.

Suzanne obéit, un peu éberluée par l'accent incisif de la fillette.

— Oui, tu as raison… Ce visage ne m'est pas inconnu, déclara-t-elle d'un ton assuré.

Gwen ouvrit des yeux ronds. Elle s'était attendue à des atermoiements, des hésitations, pas à une réponse aussi catégorique.

Elle laissa la vieille dame examiner consciencieusement les photos qu'elle avait subtilisées, la veille, dans la table de nuit d'Annaïg.

Sur la première, on voyait Yoann Colin à bord de son bateau, en bottes et en ciré.

La seconde était un portrait de lui, exécuté par un professionnel.

— Il n'y a pas à tortiller, je l'ai déjà vu quelque part, répéta Suzanne. Mais où ? Ça, c'est une autre affaire.

Elle parut réfléchir puis serra son châle autour d'elle en frissonnant.

— J'ai froid. Pas toi ?

— Non, pas du tout.

— J'ai bien envie d'allumer mon feu.

— Tu feras ça plus tard, quand je serai partie, répliqua Gwenola. Maintenant, on doit parler. C'est très, très sérieux.

En voyant le petit visage pointu levé vers elle, la vieille dame comprit que la fillette était réellement tracassée.

— Essaie d'abord de te rappeler où tu l'as rencontré. Fais un effort ! C'est hyperimportant.

— Ma pauvre petite, tu sais bien qu'avec l'âge, ma mémoire a baissé…

Suzanne paraissait sincèrement désolée. Elle reprit néanmoins les photos et les fixa longuement.

— Attends ! Je crois que ça me revient !… Cet homme, je l'ai vu dans le parc de Kergouadal. Il parlait avec ta grand-mère. Oui ! C'est ça ! Je m'en souviens maintenant, c'était près du magnolia, à l'angle de l'allée principale. Je les ai aperçus de loin. Je me suis approchée mais aucun d'eux n'a fait attention à moi. Ils étaient en grande discussion et Marie-Louise avait sa tête des mauvais jours. Quand j'ai été assez près, j'ai toussé. Je ne voulais pas paraître indiscrète. L'homme s'est tourné vers moi puis il a salué ta grand-mère et dit qu'il reviendrait plus tard.

— Tu es sûre de ce que tu racontes ?

— Oui ! La scène est très nette dans ma tête.

Gwenola plongea ses yeux dans ceux de Suzanne.

— Cet homme, tu l'as rencontré une deuxième fois !

— Ah bon !... Quand ?

— Essaie de te rappeler.

— Je... je ne vois pas.

La fillette se raidit puis saisit la vieille main ridée et la serra dans les siennes.

— Souviens-toi, environ deux semaines après la mort de Mam, je suis venue ici pour t'interroger... Tu m'as dit alors que, cet après-midi-là, au cours de ta promenade sur le sentier des douaniers, tu avais rencontré un promeneur, peut-être deux.

Suzanne la considéra, l'air désemparé.

— Eh bien, poursuivit la fillette, un de ces hommes était forcément celui de la photo.

— Ah ! Comment le sais-tu ?

— Parce que je l'ai croisé, moi aussi, à peu près à la même heure et au même endroit.

— Ah ! répéta la vieille dame.

Gwen la considéra en silence puis elle respira un grand coup et asséna :

— Mais moi, je l'ai dit à la police !

Suzanne battit des paupières et attendit la suite.

— Moi, j'ai fait mon devoir ! martela la fillette. Mais pas toi !

— Oh !

— Quand il y a une enquête, on doit tout raconter à la police. Tout ce qu'on a vu, tout ce qu'on a entendu. C'est la loi, on y est obligé. Si on ne le fait pas, c'est très grave. On risque même d'être jeté en prison !

— Mon Dieu ! Tu en es sûre ?

— Absolument.

— Alors tu penses que je devrais, à mon tour…

— A toi de décider ! Ce n'est pas mon problème.

— Que… que ferais-tu à ma place ?

— Tatie dit qu'il faut toujours agir selon sa conscience, décréta la fillette d'un ton sentencieux.

— Elle a tout à fait raison !… Seigneur ! Comment ai-je pu me montrer aussi négligente ? Et maintenant, comment réparer cet oubli ? Si je vais au commissariat, ils vont me demander pourquoi j'ai tant attendu. Je serai peut-être sanctionnée…

Gwen secoua la tête.

— Possible, mais je pense qu'ils tiendront compte de ton âge. Et ils seront plutôt contents d'avoir un témoignage supplémentaire.

— Tu crois ? chevrota la vieille dame, une lueur d'espoir dans les yeux.

— J'en suis sûre !

— C… comment faire ? Il faudra que j'explique que c'est grâce à toi que…

— Non ! Non ! Pas du tout ! Moins tu en diras, mieux cela vaudra ! Tu prétendras simplement que ça t'est revenu comme ça, d'un seul coup. Et tu t'en tiendras là ! Maintenant, regarde bien ces photos une dernière fois, pour les avoir en mémoire si tu décides d'aller voir la police.

— Oui ! Oui ! Je le ferai… C'est mon devoir de citoyenne, déclara la vieille dame en se plongeant dans la contemplation des deux portraits.

Lorsque la fillette jugea que cela avait assez duré, elle les reprit et les enfouit dans son sac puis elle gagna la porte.

— Il est temps que j'y aille ! J'ai plein de leçons à apprendre pour demain.

Au portail du jardin, alors qu'elle la regardait s'éloigner, Suzanne songea qu'elle avait oublié de lui demander le nom de cet homme. Puis elle haussa les épaules, cela n'avait pas d'importance. D'ailleurs, Gwenola ne le connaissait probablement pas.

XXIII

— L'instruction de l'affaire "Colin-Le Barzic" s'avère plus délicate que je ne le pensais, déclara le juge Auffray d'un air soucieux. Maître Lemberg et son équipe font du bon travail.

Sophie Gilot hocha la tête.

— C'est le rôle de la défense ! Tant mieux pour le prévenu s'ils parviennent à mettre à mal le dossier de l'accusation.

— Oh ! Comme vous y allez !

— J'ai mené mon enquête le plus consciencieusement possible… Maintenant, si les charges retenues contre Yoann Colin sont réfutées, ce n'est plus mon problème.

— Rendez-vous compte que Maître Lemberg s'apprête à demander une libération sous contrôle judiciaire !

— C'est pour me dire ça que vous m'avez convoquée ?

— Pour ça… mais surtout, parce qu'un témoin de dernière heure a demandé à être entendu. Je l'attends d'une minute à l'autre. Comme vous connaissez mieux que personne les protagonistes de l'affaire Le Barzic, votre avis me sera précieux.

Sophie Gilot afficha une moue dubitative et fit remarquer qu'elle avait du travail par-dessus la tête. Puis, comme l'occasion s'en présentait, elle aborda l'affaire de harcèlement dont on l'avait chargée.

— Savez-vous que l'armement de la CGTM m'a avisée que le porte-conteneurs commandé par Henri Le Barzic a touché Marseille, il y a huit jours. Henri a débarqué et il est en congé depuis. J'ai mis son appartement de la rue du Château sous surveillance. Sans résultat jusqu'à maintenant. Il est vrai que l'immeuble possède plusieurs issues et que nous manquons d'effectifs.

— Vous croyez vraiment que c'est lui le maniaque que nous recherchons ? Moi, j'ai de sérieux doutes, ça paraît tellement inconcevable…

A cet instant, on frappa discrètement à la porte et une secrétaire annonça que monsieur et madame Le Couëdic étaient arrivés.

Après les salutations et les présentations, Jean Le Couëdic expliqua que sa mère était aux cent coups depuis qu'elle s'était rendu compte qu'elle avait, bien involontairement, passé sous silence une information qui pouvait être déterminante, dans l'affaire Le Barzic.

— Elle s'en veut terriblement et espère pouvoir réparer son oubli.

— Si… s'il n'est pas trop tard, chevrota Suzanne agrippée à son sac à main comme à une bouée de sauvetage.

— Il faut ajouter, pour sa défense, que ma mère a passé près de six semaines chez ma sœur, à Montpellier, ce qui l'a coupée de toute cette histoire.

Le juge afficha un sourire poli.

— Eh bien, Madame, nous vous écoutons !

Suzanne regarda son fils d'un air perdu, bredouilla un peu puis, recouvrant son sang-froid, elle relata le déroulement de sa promenade, le 10 juillet précédent, en insistant sur le fait qu'elle avait croisé un ou deux promeneurs, sur le sentier côtier.

— C'est ce détail-là que j'ai omis de vous rapporter. Je n'ai pas pensé à la portée qu'il pouvait avoir.

— Quelle heure était-il ?

— Je ne suis plus très sûre… environ dix-huit heures.

Le juge Auffray qui avait griffonné quelques notes, leva les yeux : « C'est tout ? »

Suzanne tripota son sac et se racla la gorge.

— Allons, maman ! fit Jean Le Couëdic. Tu n'as pas dit l'essentiel.

— J'allais y venir… L'un de ces deux hommes ne m'était pas complètement inconnu. Je l'avais déjà vu parler à Marie-Louise, dans le parc de Kergouadal. C'était au printemps, je le sais parce que le grand magnolia était en fleurs.

— Vous êtes sûre de ce que vous avancez ? lança le juge dont l'intérêt s'était brusquement accru.

— Certainement.

— Connaissez-vous son nom ?

— Non.

— Seriez-vous capable de l'identifier ?

— Je le pense. J'ai gardé une bonne mémoire des visages.

La vieille dame souriait. Manifestement, elle avait le sentiment du devoir accompli. Son fils lui tapota la main.

— Ma mère craignait que vous ne lui teniez rigueur de son retard. Nous espérons qu'il n'aura pas eu de conséquences fâcheuses.

— Non, mais il s'en est fallu d'un cheveu ! lâcha le juge.

Sophie Gilot qui observait le témoin, se demandait comment un détail d'une telle importance avait pu demeurer enfoui dans les replis de son cerveau et, surtout, par quel prodige il en avait soudain resurgi. Elle allait poser la question lorsque le juge proposa à sa visiteuse de la soumettre à un test. Celle-ci quêta des yeux l'approbation de son fils.

— Quel genre de test ?

— Oh ! Très simple... Nous allons montrer à Madame votre mère, une série de photos d'identité et lui demander de nous désigner l'homme dont elle parle, à condition qu'elle le reconnaisse, naturellement. Si le test est concluant, nous organiserons alors une réelle séance d'identification.

— Derrière une glace sans tain, comme dans les séries télévisées ? s'écria Suzanne, les yeux brillants.

— C'est ça.

— Oh oui ! Je suis tout à fait d'accord !

Visiblement enchantée, la vieille dame semblait avoir oublié sa nervosité. Perplexe, Sophie Gilot s'interrogea alors sur le crédit qu'on pouvait accorder à quelqu'un qui se comportait de façon aussi puérile. Mais semblable réticence ne paraissait pas effleurer le magistrat. Il gagna le bureau de sa secrétaire afin de mettre en place le test des photos. Quelques minutes plus tard, il demanda à tout le monde de venir le rejoindre.

*

*   *

— Décidément… Cette affaire nous aura réservé des surprises jusqu'au bout ! s'exclama le juge Auffray après avoir raccompagné à la porte Suzanne Le Couëdic et son fils. Chaque fois que nous l'avons crue résolue, nous en avons été pour nos frais !… Tant de rebondissements, c'est vraiment hallucinant !

— Vous avez raison, j'ai rarement été confrontée à une situation pareille, reconnut Sophie Gilot.

— Vous avez vu ça ?… La vieille dame a identifié Yoann Colin, sans la moindre hésitation.

— Je dois dire que ça m'a épatée. D'autant que plusieurs mois se sont écoulés et qu'avec l'âge, la mémoire comme la vue sont généralement déficientes.

— Il faut admettre que Yoann Colin a une gueule qui ne passe pas inaperçue. Sa moustache, ses rides d'expression…

— Je vous le concède volontiers.

— Et pourtant, je vous vois songeuse.

— Je pense aux terribles conséquences que ce témoignage aura pour le prévenu.

— En effet, c'est mal parti pour lui ! La déposition de la petite Gwenola est entièrement corroborée par ce que nous venons de voir et d'entendre. Résultat : le point faible de l'accusation disparaît… La défense aura fort à faire pour espérer tirer Colin de là.

— C'est certain.

Sophie imaginait le désarroi que ressentirait non seulement Yoann, mais aussi la personne qui avait confié sa défense à Maître Lemberg. Elle ignorait de qui il s'agissait mais, connaissant la situation financière du prévenu, elle savait qu'en aucune manière, celui-ci n'aurait pu se payer les services d'un cabinet aussi réputé.

— En tout cas, une question ne se pose plus, fit le juge en se frottant les mains, celle d'une éventuelle libération sous contrôle judiciaire. Je vais en aviser immédiatement le Procureur de la République ainsi que la défense, et les informer du tournant que vient de prendre cette affaire. Croyez-moi, Lieutenant, ce n'est pas demain que Yoann Colin quittera sa prison !

Son évidente satisfaction fit douter un instant Sophie de l'impartialité à laquelle il était pourtant astreint.

Le jeune magistrat avait encore bien du chemin à faire pour acquérir un véritable esprit de justice ou, du moins, le vernis qui souvent en tient lieu… Mais elle garda cette réflexion pour elle.

Le temps et l'expérience se chargeraient de les lui inculquer. Grâce au ciel, la formation des juges n'entrait pas dans les fonctions d'un simple officier de police !

— Oui, dit-elle, en tout état de cause, Yoann Colin n'est pas près de recouvrer la liberté. Pour crime de sang, l'instruction peut durer des mois, voire des années. Ensuite, même s'il est acquitté, sa vie ne sera jamais plus ce qu'elle était auparavant.

*

*   *

C'est décidé,
cela se passera comme ça.
Oui, c'est ainsi que les choses se feront.

D'abord, rien ne changera.
Kergouadal ne sera ni vendu ni restauré.
Les meubles demeureront à leur place,
les tapis et la vaisselle aussi.
Dans le jardin, les arbres et les bosquets
Pousseront à leur guise.
Seules les plates-bandes
continueront à être entretenues,
pour empêcher les fleurs et les plantes rampantes
de se répandre partout.

L'immobilité sera la règle.
Tout devra rester tel quel parce que les changements
sont une porte ouverte vers l'extérieur
et que rien, désormais, ne devra venir du dehors.
Tout ce qui gêne, contrarie, dérange, sera repoussé.
Pas de courants d'air.
Pas de regards curieux ni de remarques malveillantes.
Personne pour dire ce qu'il faut faire ou ne pas faire.

Chacun a le droit de vivre comme il l'entend.
Chacun doit pouvoir défendre ce qu'il aime
contre les visées d'autrui.
Il ne s'agit pas de caprice, de lubie ou d'amusement
mais d'une chose beaucoup plus importante.
En vérité, on peut dire que c'est une question
De vie ou de mort.

Voilà pourquoi Kergouadal doit devenir
une forteresse
où rien ne pourra nous atteindre.
Les heures se ressembleront toutes.
Le temps s'écoulera comme un long sommeil
où deux dormeuses flotteront face à face.
C'est ce que je veux.
C'est ce que j'ai décidé,
pour mon bien et pour son bien à elle aussi.

Maintenant Kergouadal
sera pour nous comme une île en fleurs
au milieu de l'hiver.

ÉPILOGUE

« Gwenola Le Barzic

Maître Lemberg,
avocat au barreau de Brest

Kergouadal,
Juillet 2006

Maître,

J'aurai bientôt vingt ans et je suis une meurtrière. A cause de moi, un innocent purge une peine de prison pour un crime qu'il n'a pas commis.

Les événements dont je veux vous entretenir ici se sont déroulés à Kergouadal, au cours de l'été et l'automne 1998. Depuis, leur souvenir est resté enfoui au fond de moi, comme écrasé sous l'accumulation des jours, et aucun remords ne m'a jamais effleurée.

L'existence monotone et quasi recluse que j'ai menée durant des années, aux côtés de ma tante Annaïg Le Barzic, sans parler d'autre chose que du quotidien, est la seule explication que je trouve à cette hibernation de la mémoire. C'est en effet après le décès de ma parente, en février dernier, que de vagues réminiscences ont commencé à me revenir et que, peu à peu, j'ai saisi la terrible portée des actes que j'avais commis, alors que je n'étais qu'une petite fille.

Au départ, je ne pense pourtant pas avoir été une enfant différente des autres. Ma mère prétendait que j'avais un caractère assez difficile. Personnellement, je garde une image très floue de mes premières années mais je me rappelle, cependant, les crises de rage qui me prenaient lorsque quelque chose me contrariait.

Ce doit être au cours de l'une d'elles qu'à six ans, j'ai brutalement poussé mon petit frère en arrière, alors que nous jouions dans l'eau au bord de la mer, et que je l'ai laissé se noyer sans tenter de lui porter secours.

L'amélioration que sa disparition a apportée dans ma vie, a complètement gommé la culpabilité que j'aurais dû ressentir. En effet, dès sa naissance, seize mois plus tôt, Lionel n'avait cessé d'importuner tout le monde. Ses pleurs, ses cris, les soins incessants qu'il exigeait et, depuis qu'il marchait, ses constantes intrusions dans mon domaine, m'étaient devenus insupportables.

Un seul geste de ma part et j'en avais été délivrée ! Évidemment, il avait fallu endurer les larmes de ma mère et le chagrin de mon père, mais ce n'était rien comparé au bénéfice que j'en retirais. D'ailleurs, assez vite, mes parents cessèrent de manifester leur chagrin. Maman se replongea dans ses bouquins, papa reprit la mer et moi, je redevins l'enfant unique, seul point de mire de mon entourage.

Est-ce cette expérience qui a imprimé, dans mon cerveau, l'idée qu'il est plus simple de supprimer un obstacle que de le contourner ? Je pense aujourd'hui que si cet acte n'avait pas été aussi facile et les avantages aussi notables, ce qui s'est produit cinq ans plus tard, n'aurait jamais eu lieu.

Bien sûr, le contexte avait changé. J'avais grandi, mûri, je commençais à raisonner, j'observais mes proches…

C'est ainsi que je découvris en Mam, un être malfaisant qui passait son temps à houspiller les siens – moi en particulier – et dont le plus grand plaisir était de tourmenter sa fille Annaïg, la personne que j'aimais le plus au monde.

Ma grand-mère était quelqu'un de répugnant, au moral comme au physique. Le dégoût qu'elle m'inspirait dépassait le supportable. Ses bourrelets de graisse, ses jambes boudinées dans des bas de contention, ses mains jaunâtres, les poils et les verrues de son menton, ses yeux perçants, perdus dans les replis de ses paupières… Et, comme si ça ne suffisait pas, il y avait son odeur. Transpiration, haleine fétide ? Je l'ignore. Toujours est-il qu'elle exigeait que je l'embrasse matin et soir, en dépit de l'évidente aversion que j'éprouvais pour elle.

Ma grand-mère avait-elle conscience du danger qu'elle courait en me poussant, jour après jour, à bout ? Avait-elle la moindre idée des plans que j'échafaudais pour nous délivrer de sa présence ?

Assurément non ! Elle était la matriarche devant qui chacun courbait le front. A Kergouadal et ce, depuis des années, toute velléité de rébellion était impitoyablement étouffée dans l'œuf par cette vieille effrayante. Aussi, lorsqu'elle me notifia qu'à la rentrée scolaire de septembre, je serais pensionnaire dans un établissement alsacien, était-elle persuadée que je me soumettrais sans discuter.

« — T'éloigner de nous te fera le plus grand bien. La distance et la séparation adouciront ton caractère. D'autre part, tu te détacheras d'Annaïg qui te gâte à outrance et n'a pas bonne influence sur toi. Sache que j'ai d'ores et déjà pris contact avec le directeur d'une école près de Colmar et...

— Non ! Tu ne feras pas ça !

— Bien sûr que si !

— Mes parents...

— Je me chargerai de les convaincre.

— Je n'irai pas !

— On ne te demandera pas ton avis ! »

Elle avait eu ce rire grinçant et cette expression de plaisir sadique que je craignais et détestais par-dessus tout :

« — N'oublie pas, ma petite, qu'ici c'est moi qui commande ! »

Quelque chose s'est rompu en moi. Une vague de rage, de panique et de haine m'a envahie et je décidai de me débarrasser d'elle. Elle ne me laissait pas le choix.

Le soir même, vers dix-huit heures, je la rejoignis à l'extrémité du promontoire, là où elle avait l'habitude de venir admirer la mer. Le fauteuil roulant se trouvait tout au bord de la pente. Du bout du pied, je débloquai le frein puis je poussai de toutes mes forces. L'engin a commencé à rouler sur l'herbe rase, d'abord lentement puis de plus en plus vite. Mam a crié... Quelques secondes plus tard, tout a basculé dans le vide.

Je ne me souviens pas de ce que j'ai pensé à ce moment-là. Je me sentais vidée et, en même temps, aussi légère qu'une bulle de savon.

Aujourd'hui, avec le recul, je crois pouvoir affirmer que Marie-Louise Le Barzic était une femme détestable et que sa disparition a été un réel soulagement pour ses proches. J'en étais déjà fermement convaincue quand j'ai rejoint ma famille, un peu plus tard, à Kergouadal.

Lorsqu'on a retrouvé le corps de Mam, tous ont cru à un accident. Je me rappelle que j'aurais bien voulu pouvoir raconter la vérité. J'avais vraiment envie de leur dire que c'était à moi qu'ils devaient leur délivrance. Je me suis retenue parce que je n'arrivais pas à imaginer leur réaction. J'avais conscience d'avoir brisé un interdit mais cela ne me tracassait pas. J'avais éliminé un obstacle qui empêchait la vie de s'écouler normalement.

J'étais la plus forte mais personne ne le savait, ce que je jugeai vite extrêmement frustrant.

Voilà pourquoi, au bout de quelques jours, j'ai commencé à insinuer que l'accident n'en était peut-être pas un, qu'il avait pu être provoqué…

Ça a marché. L'enquête a repris, pour mon plus grand plaisir. Je trouvais, en effet, particulièrement excitant de voir la police s'activer à Kergouadal. Cela nous distrayait de la routine quotidienne. J'avais même subtilisé quelques bijoux de Mam pour corser les choses ! Ensuite, j'ai fait semblant de découvrir des pistes, des indices. Je suis allée jusqu'à proposer mon aide à l'officier de police chargé de l'enquête, qui l'a refusée naturellement.

Bien que vexée, je continuai à nager dans le bonheur. Cela d'autant plus que mes parents se mirent à envisager très sérieusement de me confier à ma tante Annaïg, dès la rentrée de septembre. Cet arrangement correspondait à un désir profondément ancré en moi, mais que je n'avais jamais osé exprimer du vivant de Mam.

J'ai beau y réfléchir, tenter de me souvenir, je ne parviens pas à comprendre ce qui m'attirait tellement chez Annaïg Le Barzic. C'était une femme douce, gentille, malléable… mais aussi mortellement ennuyeuse. Malgré ça, je voulais à tout prix vivre avec elle à Kergouadal. Je l'avais décidé. Il en serait ainsi. Plus rien ne me l'interdisait désormais.

C'était du moins ce que je croyais. Mais je tombai de haut…

Si la mort de Mam nous avait tous soulagés, elle avait aussi permis l'émergence de certaines choses tenues secrètes jusqu'alors. Je savais que ma tante avait un amoureux. Cet homme que l'on ne voyait jamais et dont nul ne parlait, ne possédait pas de réelle existence pour moi. Seulement la situation changea quand Annaïg me fit part d'un projet qu'elle caressait depuis quelque temps et que le décès de sa mère avait rendu réalisable. Elle envisageait, ni plus ni moins, de se mettre en ménage avec lui. Et, dans son incommensurable naïveté, elle rêvait pour nous trois, d'une famille recomposée.

Elle était bien la seule à y croire !

Lorsque je rencontrai Yoann Colin pour la première fois, je compris tout de suite que, pas plus que moi, il n'accepterait le partage. Je devinai aussi que je ne ferais pas le poids et serais évincée. Comme mes parents aspiraient, l'un et l'autre, à reprendre leur liberté, je finirais immanquablement par me retrouver en pension. Perspective totalement inadmissible à mes yeux !

A nouveau, je n'avais pas le choix. Il fallait prendre une décision. Annaïg et Kergouadal étaient à moi, à moi seule. Je devais défendre ce qui m'appartenait et chasser l'intrus. Par n'importe quel moyen !

Seulement, si noyer un bébé et précipiter une impotente dans le vide avaient été à ma portée, éliminer Yoann Colin était une autre paire de manches ! Mais j'avais le couteau sous la gorge, je devais trouver une issue. Et vite !

Après m'être creusé la tête pendant des heures, j'ai fini par élaborer un plan.

Quelques jours auparavant, Annaïg m'avait emmenée à bord du Stivel, le navire de Yoann Colin, afin que nous fassions connaissance, lui et moi. A notre demande, il nous a fait visiter son bateau mais les odeurs du poste d'équipage m'incommodèrent et je remontai rapidement sur le pont. Tandis que le couple s'attardait à l'intérieur, je ramassai quelques-uns des objets disparates qui traînaient un peu partout et les fourrai dans mon sac à dos, sans avoir la moindre idée de ce que j'allais en faire. Parmi eux, il y avait une petite manille et un bout de fil de nylon. Grâce à ceux-ci, j'aurais peut-être une chance de me tirer d'affaire !

Le projet que j'avais concocté comportait une part de risque et je devrais payer de ma personne mais qu'importe ! J'étais prête à tout pour parvenir à mes fins.

Le lendemain, alors que ma famille était réunie à Kergouadal, autour du lieutenant Gilot, je me suis rendue à vélo sur le sentier des douaniers. La portion que j'avais choisie était escarpée et dangereuse car elle longeait une pente particulièrement raide, barrée en contrebas par des rochers. A l'endroit propice, j'ai serré les dents, fermé les yeux puis j'ai volontairement quitté le chemin et dévalé la pente. Après avoir roulé à fond de train sur plusieurs dizaines de mètres, j'ai percuté de plein fouet un gros bloc de roche. Le choc a été terrible et j'ai perdu connaissance.

J'ignore combien de temps cela a duré mais quand je suis revenue à moi, la première chose à laquelle j'ai pensé, fut de sortir le bout de fil de nylon de ma poche et l'entortiller autour du pédalier. Ensuite, je suis rentrée cahin-caha à Kergouadal.

Si les écorchures et les ecchymoses étaient bien réelles, je me souviens avoir forcé la note sur le reste. La claudication, le bras tordu, le dos courbé, l'air sonné… Tout le monde n'y a vu que du feu ! Et quand le lieutenant Gilot a annoncé qu'elle se rendait sur place, inspecter le lieu de l'accident, j'ai su que ma machination allait réussir !

Le jour suivant, je passai au deuxième acte. Alors que l'on m'interrogeait, j'ai incriminé Yoann Colin en affirmant l'avoir rencontré sur le sentier côtier, dans le laps de temps durant lequel Mam était morte. Ensuite, j'ai sorti d'un tiroir la petite manille et j'ai prétendu l'avoir trouvée, ce jour-là, au bout du promontoire. Ce que je n'avais pas prévu et qui a été la cerise sur le gâteau, fut la découverte d'une empreinte digitale de Yoann, sur cet objet.

Quelques jours plus tard, Colin était arrêté, mis en

examen et incarcéré, tandis que moi, je m'installais à Kergouadal, auprès de ma tante Annaïg.

Durant plusieurs semaines, ce fut la vie dont j'avais rêvé. Mais peu à peu, je pris conscience que, contrairement à ce que j'escomptais, Annaïg n'avait pas banni cet homme de son cœur. Non seulement elle continuait à penser à Yoann, mais elle se mit à parler d'une culpabilité qui n'était pas vraiment avérée, d'une possible erreur judiciaire et enfin... d'une éventuelle libération !

J'étais anéantie. Mon plan avait marché comme sur des roulettes et voilà que tout était à nouveau remis en question. Ça n'en finirait donc jamais ?...

Mes peurs, mes craintes refirent surface. Elles furent confortées par une conversation entre mes parents et Annaïg, que je surpris un soir et qui fut à l'origine de l'ultime initiative que je pris dans cette affaire. Je veux parler du témoignage tardif mais combien décisif de Suzanne Le Couëdic. Jamais contesté, il scella définitivement le destin de Yoann Colin.

A l'heure actuelle, j'ignore toujours à quel moment Annaïg s'est détachée de cet homme. Elle cessa brusquement de me parler de lui et ce fut comme s'il n'avait jamais existé. A partir de là, elle se consacra exclusivement à moi et nous vécûmes, à Kergouadal, une vie que rien ni personne ne vint troubler.

Mes parents divorcèrent l'année suivante. Ma mère s'installa à Paris, auprès de son cher éditeur. Mon père, après avoir eu quelques démêlés avec la justice pour je ne sais quelle sombre histoire de mœurs, quitta Brest et s'établit au Havre. Tous deux nous rendaient visite de loin en loin. D'un commun accord, ils avaient délégué à Annaïg la responsabilité de mon éducation, et elle s'en acquitta avec une conscience qui allait bien au-delà de ce qu'on lui demandait.

Pour ma part, j'ai poursuivi une scolarité sans problème, mes résultats comme ma conduite furent satisfaisants. Très rapidement, j'avais cessé d'être une enfant turbulente et effrontée. Je n'apostrophais plus mes professeurs, ne me battais plus avec mes camarades, ainsi que je le faisais à Brest. Rien dans mon comportement n'attira jamais l'attention des enseignants. De ce fait, aucun d'eux ne se posa de questions sur mon milieu familial. Heureusement, car s'ils avaient eu la moindre idée de notre façon de vivre à Kergouadal, ils auraient été littéralement horrifiés.

Sans doute à cause de son chagrin et de sa désillusion, Annaïg qui avait toujours été discrète et taciturne, se replia complètement sur elle-même. De plus en plus douce, de plus en plus muette, elle ne cessa pour autant de me vouer un amour sans faille. Comme elle, la propriété sembla se refermer sur nous. Le parc qui n'était plus entretenu, devint une jungle inextricable d'ajoncs, de genêts et de ronces. Dans la maison régnait un laisser-aller que rien ne contrecarrait. Les rideaux qu'on négligeait d'ouvrir tamisaient la lumière. La poussière recouvrait les meubles Un désordre monstrueux s'installa dans toutes les pièces. Seul le fait que j'aille à l'école imposait un semblant de discipline, un horaire à peu près régulier. Mais durant les week-ends et les vacances, rien ne scandait plus le temps. Nous vivions au gré de nos envies, entre la cuisine et l'atelier où Annaïg m'enseignait les secrets de la broderie. C'était là le seul domaine où elle prenait le pas sur moi. Pour tout le reste, elle était à ma botte… et à un point que personne n'est en mesure d'imaginer ! Elle ne s'en plaignait pas. Je crois qu'au contraire, c'était là son unique raison de vivre.

L'adolescence qui, d'ordinaire, éveille les sens et le goût de l'indépendance, n'a pas eu cet effet sur moi. Je suis devenue une jeune fille sage, calme, réfléchie, et je le suis restée. Je n'aime ni ne fréquente mes semblables. Je ne pratique aucun sport. Je ne sors pas. Je n'ai pas d'attirance particulière pour les arts. Seule la broderie m'intéresse et me plaît. C'est pourquoi, en fin de seconde, j'ai quitté le lycée après avoir décidé d'en faire mon métier. Mes parents ont un peu tiqué mais ne s'y sont pas opposés. Quant à Annaïg, mon choix l'a positivement ravie. L'existence que nous menions et qui lui convenait si bien, allait pouvoir se poursuivre indéfiniment… Mais nul n'est maître de sa destinée et la fatalité en avait, hélas, décidé autrement. En septembre dernier, Annaïg m'a révélé qu'elle souffrait d'un cancer du foie avec métastases et que son espérance de vie ne dépassait pas quelques mois. Tant que cela a été possible, nous n'avons rien changé à nos habitudes. Puis elle a été hospitalisée et elle est morte, trois semaines plus tard, le 15 février 2006.

En rangeant ses affaires, j'ai découvert des photos, quelques lettres, des coupures de journaux, des comptes rendus d'audience. C'est ainsi que j'ai appris qu'au terme de vingt-deux mois de détention préventive, Yoann Colin avait été jugé et condamné à dix-huit ans de réclusion, pour l'assassinat de Marie-Louise Le Barzic et la tentative d'homicide volontaire sur ma personne. A partir de là, ce fut comme si l'eau trouble et glauque d'un étang peu à peu se décantait. Les années que je venais de vivre semblèrent s'effilocher et je commençai à entrevoir le fond de moi-même, le fond de ma mémoire. D'abord, je n'ai pas vraiment saisi le sens de ce que je discernais. C'étaient des images qui dérivaient, sans lien ni signification. Je tentai de comprendre, de me souvenir... La torpeur mousseuse et tiède dans laquelle je m'étais lovée durant tant d'années, se dissipait avec lenteur. Un jour enfin, elle se déchira, me livrant sans défense aux vents glacés du passé.

Depuis, je suis une écorchée vive. Le sommeil m'a quittée. Je n'ose plus me regarder dans un miroir. Je suffoque de terreur dès que je sors de chez moi. J'erre dans la maison comme une hallucinée, me demandant de quelle façon je vais pouvoir vivre désormais. Je possède si peu de sens commun que jusqu'à ces derniers jours, il ne m'est pas venu à l'esprit qu'à cause de moi, un innocent se trouve toujours en prison. Ne sachant que faire car je ne connais rien au code de procédure pénale, j'ai pensé rédiger cette longue confession et vous l'adresser. Vous qui avez été l'avocat de Yoann Colin, saurez en faire usage pour que justice soit enfin rendue.

Soyez assuré que je me plierai sans restriction aux décisions que vous jugerez bon de prendre. Je me tiens, d'autre part, à la disposition des autorités judiciaires pour les suites qu'entraîneront ces aveux qui sont, j'en fais le serment, complets et sincères.

Gwenola Le Barzic »

*

« *Maître Arthur Lemberg*
Avocat au barreau de Brest

Mademoiselle Gwenola Le Barzic
Kergouadal

Mademoiselle,

J'ai le regret de devoir vous informer que monsieur Yoann Colin s'est suicidé dans sa cellule de la maison d'arrêt de Brest, le 19 juin 2000. Il a mis fin à ses jours peu après l'énoncé du verdict qui le condamnait à dix-huit ans de réclusion criminelle, fait qu'apparemment vous ignoriez quand vous avez rédigé votre confession.

J'ai lu celle-ci avec stupeur et consternation. La vérité que vous y révélez m'a profondément bouleversé. L'affaire Le Barzic m'a longtemps troublé et jamais je ne suis parvenu à l'oublier. Cependant, pas un instant, je n'en ai soupçonné la véritable nature.

Après mûre réflexion, j'ai résolu de garder vos aveux pour moi seul, et vous renvoyer, tel quel, le texte que vous avez cru bon de me confier.

Dévoiler la vérité ne ressusciterait pas les morts. Yoann Colin n'ayant aucune famille proche, la réhabilitation de sa mémoire ne consolerait personne.

D'autre part, peut-on imputer à celle que vous semblez être devenue, les crimes d'une fillette qui, à l'évidence, n'existe plus ?

C'est une question à laquelle je ne me sens pas en

mesure de répondre, pas plus que de décider quelle suite donner à toute cette affaire.

Voilà pourquoi j'ai pris le parti de vous laisser seule face à votre conscience et à une impunité qui sera, peut-être, plus lourde à porter qu'une peine tardive et sans réelle signification.

Le passé et les souvenirs sont une prison dont on ne s'évade pas.

A. Lemberg »

FIN